一流应用型本科教育教学改革研究

——重庆文理学院的探索与实践

漆新贵　王东强　陈本炎　阮吉　主编

中国广播影视出版社

图书在版编目（CIP）数据

一流应用型本科教育教学改革研究：重庆文理学院
的探索与实践／漆新贵等主编．－－北京：中国广播影
视出版社，2021.3

ISBN 978-7-5043-8599-4

Ⅰ.①一…　Ⅱ.①漆…　Ⅲ.①本科－教学研究－中国
Ⅳ.①G649.2

中国版本图书馆 CIP 数据核字（2021）第 000932 号

一流应用型本科教育教学改革研究——重庆文理学院的探索与实践

漆新贵　王东强　陈本炎　阮吉　主编

责任编辑　许珊珊　谭修齐
封面设计　贝壳学术

出版发行　中国广播影视出版社
电　　话　010－86093580　010－86093583
社　　址　北京市西城区真武庙二条9号
邮　　编　100045
网　　址　www.crtp.com.cn
电子信箱　crtp8@sina.com

经　　销　全国各地新华书店
印　　刷　天津雅泽印刷有限公司

开　　本　710毫米×1000毫米　1/16
字　　数　351（千）字
印　　张　19
版　　次　2021年3月第1版　2021年3月第1次印刷

书　　号　ISBN 978-7-5043-8599-4
定　　价　70.00元

┃ 作者简介 ┃

漆新贵（1966—），男，重庆江津人，中共党员，博士，教授，博士生导师。重庆文理学院副校长，重庆市职业教育学会副会长，重庆市高等教育教学改革研究项目评审专家。主要研究领域为教育基本原理、高等教育原理、高等教育管理，先后执教教育学、教育概论、教育基本原理与方法等课程；主持或主研全国教育科学规划课题、教育部新工科研究与实践项目、重庆市高等教育教学改革研究项目等重大、重点课题 10 余项，主编教材 1 部，参编著作 5 部，市级本科教学改革工程项目"教育学课程群教学团队"负责人。在《中国教育学刊》《高等教育研究》《中国高教研究》《中国教育报》等刊物上发表论文 30 余篇。获重庆市高等教育教学成果一等奖、二等奖、三等奖 6 项，获重庆市第八次社会科学优秀成果奖三等奖 1 项，重庆市发展研究奖三等奖 1 项。学术论文先后在省（部）级优秀论文评选中获得一等奖 1 项、二等奖 2 项。曾先后被授予"重庆市高校优秀共产党员""重庆市优秀教育工作者"称号。

王东强（1981—），男，山东郓城人，中共党员，博士，教授，硕士研究生导师。重庆文理学院教务处处长，重庆市社会科学专家库成员、重庆市社会科学普及专家、重庆市农业综合开发项目评审专家、重庆市教育科学规划项目评审专家，校级重点建设学科学术带头人，中国人才研究会领导人才专业委员会理事。主要从事人力资源管理和社会治理方面的研究。近年来在《城市发展研究》《教育发展研究》《行政论坛》等核心期刊或重要期刊上发表 60 余篇学术论文。主持国家社科基金项目 1 项、全国教育科学"十二五"规划教育部重点项目 1 项和民政部部级项目 1 项，主持重庆市社科规划、重庆教育科学规划、重庆市教委、重庆市农委等省级项目 8 项，主持重庆市高等教育教学改革研究重点项目或一般项目 3 项。主研国家社科基金项目、全国教育科学规划项目、民政部、教育部等国家和省部级项目 10 余项。公开出版教材 2 部。公开出版学术专著 3 部。获得民政部、教育部科研成果奖 2 项，重庆市人民政府教学成果奖 2 项。主要担任《管理学》《人力资源管理》《人员素质测评》《公共政策分析》等课程教学工作。

陈本炎（1983—），**男**，湖北武汉人，中共党员，在读博士，副教授，工程师（标准化），硕士生导师。QMS 国家注册审核员，四川省科技厅、重庆市教委项目评审专家，重庆文理学院工商管理重点学科学术骨干。主要从事区域经济与金融、质量管理与统计方面的教学和科研工作。主持省部级教学科研项目 9 项，横向项目 1 项，主研国家社科基金项目 2 项、国家级新工科研究与实践项目 1 项，主研省部级科研项目 10 项、省部级教学改革研究项目 10 项。主编和参编教材各 1 部。在国内外重要期刊发表论文 10 余篇。获重庆市教学科研成果奖励 2 项，重庆文理学院教学成果二等奖 2 项。主要承担《金融风险管理》《金融市场学》《微观经济学》《宏观经济学》《质量统计技术》《标准化管理》《企业标准化》《质量分析与改进》等课程的教学工作。

阮吉（1983—），**女**，重庆人，民盟盟员，重庆文理学院教学行政科副科长。英国曼彻斯特大学、意大利佛罗伦萨艺术学院访问学者，主要从事英语文学、高等教育管理等方面的教学科研和行政工作。主要讲授《大学英语》《英语写作》《西方艺术欣赏》等课程，积极树立新的教学观念，改革教学方式，深入推进教学内容、教学方法、考核评价方式等方面的教学范式改革，教学效果评估连年被获得"优秀"等级，先后获评学校"优秀教育工作者"、年度考核"优秀个人"等荣誉称号。积极从事教学研究工作，主持或者主研 10 余项部级、省级或者校级课题，发表多篇论文。

| 内容简介 |

　　本书是重庆文理学院对一流应用型本科教育教学改革探索与实践过程中形成的经验总结材料进行遴选，将其中优秀成果进行汇编而成。本成果共分为一流应用型本科教育改革探索与实践、"五大教学改革"探索与实践和课程建设探索与实践三个部分，既有二级学院推进一流应用型人才培养、深化课程建设和教学改革过程中形成的好的做法和成功经验，也有任课教师在课程和课堂教学改革过程中形成的各具特色的教学范式。以期通过结集出版的形式固化实践成果，为兄弟高校本科教育教学建设提供理论借鉴和实践参考。

前　言

　　自 2007 年通过教育部本科教学工作水平评估后，重庆文理学院即开始探索转型发展之路，于 2008 以来组织"本科教学大讨论"活动，对地方本科高校转型发展、高水平应用型大学建设和应用型人才培养体系构建进行了深入研讨，并在学校第一次党代会上确立了"创建区域性、多科性、应用型大学"的办学目标，明确了"建设应用型学科、开展应用型研究、培养应用型人才、创建高水平应用型大学"的办学定位，确立了培养高素质应用型专门人才的目标定位。多年来，学校围绕办学目标和定位，聚焦应用型人才培养的核心要素，以转变教育教学理念为先导，以优化专业结构为基础，以提高教师教学能力为关键，持续深入推进"五大"教学改革，扎实推进"应用 + 一流"教育理念、"标准 + 特色"专业建设、"合格 + 多元"培养模式、"要素 + 示范"教学范式、"双师 + 跨界"师资培训等五大教育创新，初步构建起了富有特色的应用型人才培养体系。

　　什么样的教育是好教育？我们的回答是："适合学生的教育就是好教育"。自 2010 年以来，学校围绕应用型人才培养先后发布 10 余个党委或行政 1 号文件，进一步优化顶层设计，在全校范围内持之以恒地推行以"教学内容改革、教学方式改革、考核评价方式改革、公共课教学改革、毕业论文（设计）改革"为内容的"五大教学改革"，取得了显著成效。"五大教学改革"直面高校教学改革的核心难题，改变了"教师中心、知识本位"的知识灌输式教学模式，形成了"学生中心、能力本位"的应用型教学模式，学生的实践创新能力不断增强。在"挑战杯"、数学建模、电子设计、机械设计、化工设计、大学生艺术展演等竞赛中屡获佳绩。仅 2019 年，学生就获得国家级奖项 146 项，省部级奖项 445 项，获得第五届中国"互联网 +"创新创业大赛重庆赛区选拔赛5金7银的优异成绩。以"五大教学改革"为核心内容的"师范新升本院校的转型发展与应用型人才培养体系建设"获2013年重庆市高等教育教学成果一等奖，在同类院校中起到了引领示范作用。近年来共有100余所高校专程来校考察、学习。重庆市教委围绕"大力开展教学改革，加快应用型人才培养体系建设"主题印发了3期简报以推广我校"五大教学改革"的典型经验和做法。时任教育部党组成员、部长助理陈舜来渝调研时，高度评价我校的教学改革："重庆文理学院在应用型转型发展中，形成了完备的应用型人才培养体系，各项教学改革已深入核心地带。"

在此基础上，我校2018年12月召开了重庆文理学院第七次教学工作会，在一流应用型本科教育、一流专业、一流课程与课堂、一流教师发展、一流学风以及新工科、新文科、新农科、新商科"四新"建设方面发布了"5+1"建设行动计划，制定了具体目标和实施举措，为进一步扎实推进一流应用型本科教育指明了方向。近年来，重庆文理学院紧紧围绕应用型深度转型发展和一流应用型本科教育建设，制定出台了一系列制度文件和实施举措，引导和激励二级学院和广大教师积极开展一流应用型本科教育探索，在实践中形成了各具特色的办学模式和教学范式，并于2017年和2018年召开了"二级学院院长说一流应用型本科教育建设""二级学院院长说五大教学改革""教师说课程建设与教学改革"等系列活动，不断总结经验成效，做好示范应用推广，充分发挥了示范和引领作用。

为进一步发挥教学改革成果的应用推广工作，在学校的大力支持下，我们对一流应用型本科教育教学改革探索与实践过程中形成的经验总结材料进行了遴选，将其中优秀成果进行了汇编。本成果共分为一流应用型本科教育探索与实践、一流应用型本科教学改革探索与实践和一流应用型本科课程建设探索与实践3个部分，既有二级学院推进一流应用型人才培养，深化课程建设和教学改革过程中形成的好的做法和成功经验，也有任课教师在课程和课堂教学改革过程中形成的各具特色的教学范式。以期通过结集出版的形式固化实践成果，为兄弟高校本科教育教学建设提供理论借鉴和实践参考。

　　本成果是重庆市深化教育领域综合改革试点项目"应用型本科高校卓越教师'321'人才培养模式改革试点"（项目编号：20JGS48），重庆市高等教育教学改革研究重大项目"新工科建设试点高校产教融合人才培养模式的创新与实践"（项目编号：181020）、"新工科建设试点高校'合格＋'多元人才培养模式探索与实践"（项目编号：191025）和重庆市高等教育教学改革研究重点项目"新兴应用型本科院校一流课程建设的探索与实践"（项目编号：202073）的阶段性成果，并获得重庆文理学院特色应用型教材出版资助。因本成果是重庆文理学院依据自身办学实际，在不断探索和实践中形成的特色办学模式和教学范式，难免存在疏漏，本着持续改进的思想，我们将不断改进和完善，同时恳请各兄弟高校和广大读者批评指正。

编者

2020 年 7 月

目　录

第三编　一流应用型本科课程建设探索与实践

第一编

一流应用型本科教育改革探索与实践

聚焦新文科，谋求新作为，
培养新文科应用型人才

——文传学院"一流应用型本科教育"探索与实践

李天福

众所周知，高水平应用型本科教育是一项宏大的系统工程。中共中央已经发出"发展新工科、新医科、新农科、新文科"的号令，我们是否也应该因时而进、因势而新，关注新文科这个话题呢？

所以，我的思考围绕"如何以新文科建设为引领，更好地融入我校高水平应用型本科教育"而展开。

一、夯实基础，明确定位

夯实思想认识基础。如何建设新文科？当前，我们应该关注文科的新要求和新的文科建设两个视角，既要提升现有专业的内涵质量，又要追踪建设新兴的文科专业，还要向文科课堂要教育质量。

为此，我们需要确立"学科交融、文理共生"的教学新理念，落实文传学院既定的"人文艺术技术融合"的办学新策略，探索文学、艺术、传媒与新一轮科技革命和产业变革的适度交叉融合，搭建互通、互补、互融的育人新平台，着力提高学生的表达、写作、创意、摄制、编导等专业技能，探索文学、传媒类新文科办学新路。

夯实教师素质基础。高教改革改到深处核心是课程，关键是教师。为此，我们全面夯实教师素质基础，优化以"课程＋"为导向的教研室，逐步强化"以研促教、跨界融合"的教研共识，建设3—5个特色鲜明、亮点突出的新文科教学团队。

我们将多形式开展师德师风教育活动，以身边的榜样向琢之、时代楷模曲建武等引导教师以德立身、以德立学、以爱施教，不断强化"课程思政"观念，引导文科教师具有更广的胸怀、更高的境界、更大的格局，真正做到知行合一、立德树人。

夯实学生专业技能基础。我们将以师范专业认证为契机，全面启动师范生汉字书写、即兴演讲、说课、课件制作等专业技能训练工作，逐步形成"时间有保障、内容有规划、训练有检查、评价有反馈、个别有强化、成果能展示"的技能训练体系，确保教师广泛参与，学生全部覆盖。在此基础上，向非师范专业拓展，力争让我们的文科学生学得更专一点、更技术一点、更擅长动手一点。

我们将指导学生社团专业化发展，引导社团活动与专业实践、成长成才紧密结合，弘扬具有文科特色的学生自我成长机制，进一步强化文科学生的家国情怀、人文情怀、社会责任感。

二、突出特色，提升内涵

重构课程特色。以师范专业认证为起点，适度借鉴工程教育认证标准，重构人才培养方案，将专业认证的理念和做法全面引入专业建设，从应用型人才的知识、能力、素质结构出发，构建高水平应用型新文科课程体系。

探索多元化整合型教学方式，聚焦课程建设与运用，推行混合式教学和翻转课堂，推动部分课程线上线下深度融合，引导教师上"好"课、建"好"课、用"好"课，在改变课堂、共享教育等方面寻求新文科"变轨超车"之道。

凝练专业特色。只有真正把课程、教师、教学、学生及教学方法技术在专业这个平台上整合好，才能把专业建扎实。为此，我们将搭建专业平台互通课，让汉语言文学专业的"说写教"与传媒专业的"编创摄"适度交融；汉语言文学重"教科创"结合，影视传媒专业重产教融合；汉语言文学专业掘深国学根底与师能素养，影视传媒专业拓宽大数据、虚拟现实、智能化内涵；强化国际合作开放办学，适时申报汉语国际教育、智能传媒类专业，强化游学体验与新技术变革意识。

突出人文特色。将专业教育与通识教育融合，充分发挥文学与传媒专业在人文教育中的独特优势，充分发挥省级、国家级金课《纪录片创作》的示范效益，储备建设更多的专业"金课"资源，建设跟着《孔子去游学》《文学与人生》《国学与智慧》《写作与沟通》《礼仪与职业》《影视与生活》《媒介与素养》等精品通识课程，致力于提升学生的人文素养，发挥新文科在高水平应用型本科教育中的积极作用。

三、凸显应用，回归本质

人才培养体系及方向凸显应用性。探索新文科人才差异化指导、分层次培养体系，尝试把工作标准、文创项目引入人才培养全过程，让教师和学生走进生活、走向社会，把行业专家教学嵌入专业课堂。

注重提升文科学生的创意创新创业意识、灵活就业能力、锐意革新素质，提升应用型文科人才适应新技术、新时代发展需要和新业态变革的竞争力。

学科专业设置和建设凸显应用性。将新技术、新业态与文科专业交叉，搭建教育教学共同体，将书院教育理念与师范教育融合，探索建立孔子文化学院和博雅书院等特色学院，实质性开展实训室共建共享、应用型人才共培共育、学科赛事共管共办，在人才培养、社会服务与文化传承融合方面进行突破，形成特色和品牌学科专业，促进专业发展、学科建设与区域文化发展协同。

科学研究及成果转化凸显应用性。紧密结合文科专业特色及永川打造西南文创高地需要，运营好传统文化研究所、重庆方言文化研究中心，搭建文化创意产业研究院，建设《跟着孔子去游学》虚拟现实体验馆，建立师道教育培训认证基地，探索政府牵线、企业入校、学校搭台、三方联动、产教融合、共育英才的新文科应用研究模式。

新时代呼唤新文科建设。我们深知，前途漫漫，困难重重，但我们坚信：路虽远，行则将至；事虽难，做则必成！

以新工科建设为抓手，促进专业发展与区域产业发展同步

——数学与财经学院"一流应用型本科教育"探索与实践

卢成武

何谓一流本科教育？有无标准？应该是没有标准答案的。既然没有标准答案，我们可以换个思路对其进行思考。首先要搞清楚两个基本问题：第一，一流大学应该具备什么样的气质？第二，一流大学的"游戏规则"是什么？

关于一流大学的气质，可以通过一个案例予以说明。2011年清华大学迎来了百年校庆，校庆的主题是"学术性、文化性、社会性和国际性"。这场百年校庆的规格和规模，可谓是空前的，整个校庆主要分为庆祝活动、校庆展览、建筑物、雕塑落成、论坛大会等，共计19项。就在同一年，世界理工之王——麻省理工学院（MIT）迎来了150周年校庆。150年之间，MIT共诞生了76位诺贝尔奖获得者，MIT校庆的主题是"反思"，反思过去办学、反思如何继续走在研究的前沿以及世界面临的最紧迫的问题，并没有大谈学校的卓越成就。校庆期间，校园内根本就没有一点校庆的气氛，仅举办了一场校庆大会和一场学生发明成果展。这使我们不难体会到一流大学所具备的气质：大格局、大目标、勇于自我超越。

关于一流大学的"游戏规则"，不妨通过世界大学四大排行榜，US News、THE、QS和软科的指标体系追寻答案。事实上，除了THE的指标体系和高等教育有点关系，其他大多指标和本科教育没什么直接关系，均与学科相关。不难发现，关于一流大学，四大排行榜给出的游戏规则就是一条：一流学科成就一流大学。简单说，要建设一流大学，必须得拥有一流学科。因为教育教学质量难以客观量化，该规则恰恰淡化了一流大学的本科教育水准。哈佛大学的本科生院长哈瑞·刘易斯在其《失去灵魂的卓越》一书中道出了一流大学应该遵循的游戏规则："没有一流本科的一流大学是失去了灵魂的卓越；没有一流本科的一流学科是忘记了根本的一流。"

开篇已经提及，一流本科没有标准可遵循。既然没有标准，应用型本科也能建设一流。为此，我们首先要对应用型本科有个再认识。一流应用型本科也得有大格局、大目标、勇于自我超越的气质。其次，我们过去建设应用型大学的标杆是德国的应用技术型大学，比如慕尼黑应用科技大学，但它们也在转型、也在发展学科。所以我认为，我们建设一流应用型大学的标杆应该设定为 MIT。之所以以 MIT 为标杆，是因为 MIT 的校训恰恰是"Mind and Hand（既动脑又动手）"，这不正是我们所追逐的应用型教育吗？所以我把它叫作"文理梦"。习近平总书记说过："中国梦就是一场接力跑，我们要一棒接着一棒跑下去，每一代人都要为下一代跑出一个好成绩。"文理梦也应该如此。

我们该怎样跑出我们这一代的好成绩呢？这里面有一个关键点就是：因时而进、因势而新地做好顶层设计。以我们学院为例，我们的顶层设计是：以"夯实基础、守正出新、提高质量、彰显特色、争创一流"为方略，以"顺势、聚焦、个性、定力"为原则布局未来学科专业，以学科和专业内涵建设为核心，以新工科建设为抓手，以"修改设计图、调整施工方案、全面施工、内部装修"为流程。

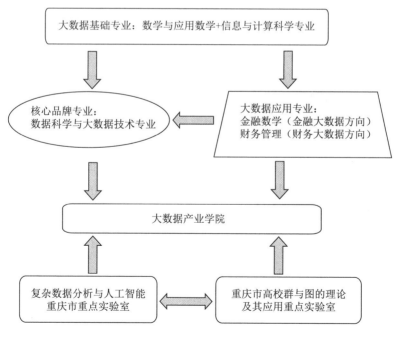

图 1

我们的设计图是，构建新型产教融合的开放协同平台——"一院两平台"。

一院即大数据产业学院,两平台即两个省部级数据科学应用基础研究重点实验室。

我们的施工方案是以"数据科学与大数据技术"新工科专业为核心品牌专业,赋能再造现有专业,形成集"交叉、融合、应用"特质于一体的数据科学特色专业集群;将"云物大智移虚"融入创新创业教育和职业素养教育,构建"实训-研发-创新创业"一体化新实践体系,促进教育链、人才链与产业链、创新链的有机衔接;围绕数据科学这一新型交叉学科,形成基于数据科学特色学科和专业的"跨界融合学术共同体",在人才知识结构和能力体系方面进行突破,促进专业发展与区域产业发展同步。

我们当前的重点任务是,围绕要素抓关键,聚焦课程建设,向课堂要质量。课堂教学的关键点是坚持回归教育本位,这就要求我们,一要强化知识"本位",不能唯书本论;二要落实课堂"本位",一节好的课堂不是热热闹闹,而是实实在在,在有限的时间内让学生获得最大限度的收获;三要凸显学生"本位",教师不是单纯的知识传授者,应该能有效激发学生旺盛的求知欲,引导学生主动学习。

为此,围绕当前重点任务,我们已逐步进入全面"施工"。(1)以专业基础课程和专业核心课程为切入点,于2016年启动实施了"项目、团队、内容、范式、考核"五位一体的"金课"工程,我们把它称为学校专业核心课程建设的自定义版。(2)提升生源质量,2019年拟实现数据科学与大数据技术专业一本招生,金融数学专业在招生中拟追加数学成绩要求;(3)继续推进国际化合作办学,力争使教育部获批的数学与应用数学专业(大数据方向)国际合作办学项目顺利落地实施。

新一轮科技革命和产业革命扑面而来,我国高等教育面临千载难逢的历史机遇和挑战。围绕当下如火如荼的"双一流"建设和新工科建设要求,结合学校办学定位和学院发展实际,因时而进,因势而新,主动适应区域产业发展需要,打造一流应用型本科教育是学院未来发展的核心目标,同时也是一项艰巨的系统工程。尽管学院过去在人才培养、专业建设和科学研究等方面取得了长足进步,但距一流应用型本科教育目标要求仍有很大差距,尚有许多瓶颈问题有待破解。

聚焦认证，"软硬"融合，特色发展，培养新工科应用型人才

——电子电气工程学院"一流应用型本科教育"探索与实践

石东平

电子电气工程学院作为我校培养电子信息类、电气类应用型工程人才的工科学院，必须深入理解和准确把握新时代赋予高校建设一流应用型大学的新使命、新要求。我院拟以工程教育专业认证理论为指导，以新工科建设为契机，以跨界融合校企协同育人为手段，推进新工科专业建设，瞄准就业岗位（群），做好专业人才培养目标、课程体系、实践教育平台一体化建设，扎实培养电子电气类本科专业一流应用型人才，加快一流应用型本科专业建设步伐。

一、专业现状与建设瓶颈

（一）办学定位

理科基础，强弱并举，"软硬"融合，特色发展。

阐释：理科基础——强调大学物理、高等数学等理科类基础课程在工科人才培养中的奠基作用。强弱并举——强电、弱电、微电、信息类专业交叉融合，培养复合型新工科人才。"软硬"融合——硬件技术与软件素养有机结合，硬技术与软实力融合培养。特色发展——进一步打造专业特色。

（二）专业现状与建设瓶颈

电子信息类专业：电子信息科学与技术（以下简称"电信"，专业代码080714T）、微电子科学与工程（以下简称"微电子"）。电信专业在我院工科专业中办学历史相对较长，虽然已经形成了"四维融通"特色培养模式，但毕业生就业岗位宽泛分散，就业特色不太明显；微电子专业招生情况不太好，专业对口师资欠缺，设备与就业岗位差距较大，毕业生就业似乎"高不成低不就"。

0807	电子信息类
080701	电子信息工程（注：可授工学或理学学士学位）
080702	电子科学与技术（注：可授工学或理学学士学位）
080703	通信工程
080704	微电子科学与工程（注：可授工学或理学学士学位）
080705	光电信息科学与工程（注：可授工学或理学学士学位）
080706	信息工程

图 1　电子信息类专业

电气类专业：电气工程及其自动化（以下简称电气）、智能电网信息工程（以下简称"智电"，2018 年申报，2019 年开始招生）。电气专业对口师资仍然欠缺，过于注重后端培养，向前端延伸不够，导致学生在国网招考遭遇瓶颈，进入电力能源部门前端企业工作存在一定困难。我们一直在思考，智电专业，它与电气专业相比较，培养目标、培养过程和毕业生就业岗位（群）应该具有什么区别？

806	电气类
80601	电气工程及其自动化
080602T	智能电网信息工程
080603T	光源与照明
080604T	电气工程与智能控制

图 2　电气类专业

三、未来建设规划

（一）建设思路

工程教育专业认证是提高专业建设水平、提升人才培养质量的重要途径。我们的建设思路是：遵循工程教育专业认证"学生中心，成果导向，持续改进"3大核心理念，调整思路——深刻认识合格专业的本质特征；坚持原则——办学过程中真正体现"认证促进持续改进"；统一方法——以认证标准证明所办专业达到要求；提高水准——建设并保持一支高水平的师资队伍。

（二）建设举措

教育部高等教育司吴岩司长讲道：建设高等教育强国，要做好"四个一流"，即一流大学、一流学科、一流本科、一流专业的统筹。一流本科是根本。没有一流本科，建设一流大学是自娱自乐。一流专业是基础，一流专业是一流人才培养的基本单元。只有真正把课程、教师、教学、学生及教学方法技术都在专业这个平台上整合好，把专业建扎实，把一流本科办好，培养一流人才的目标才可能实现。

一流本科教育是"双一流"建设的根本，一流专业是"双一流"建设的基础，一流专业建设的最终目标是培养一流人才。"一流应用型大学""一流应用型专业"是我校"双一流"建设的重要目标。

1. 基于专业认证理念，重构人才培养方案

按照"学生中心、产出导向、跨界交融、多元培养"思路，根据学校特色应用型大学的办学定位，围绕社会对新工科人才的要求，重构人才培养方案。

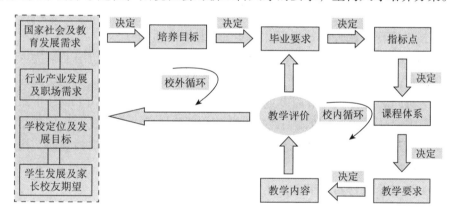

图3　人才培养方案思路

走"校企深度合作，产学协同育人"之路。与东软集团共建智能硬件产业学院，以"软硬融合"模式改造电信专业，学生就业主要面向智能家居、智能可穿戴设备、智能汽车电子，办出特色；

微电子专业：通过大类招生，改变"入口难"；寻找可靠大型企业，校企协同订单式培养；

电气专业：扎根后端，适度延伸。扩展学生就业岗位。

利用好学校电子信息类专业优势，强弱并举，以"电气工程＋信息控制"为特色，办好智电新专业。

2. 契合新工科建设步伐，提升教师工程化教学能力

工程人才培养，必须解决师资工程素质欠缺问题。通过"校企合作"工程型师资建设平台，以课题合作为切入点，以研发创新为目标，以双师培训为窗口，以教师进企业挂职锻炼为途径，抓实"软硬"融合双师型师资跨界培养，着力解决现有师资工程素质欠缺问题，真正实现工科专业教师向"工程型"角色转变，提高教师工程化教学能力、应用研究水平、应用研究成果转化能力。

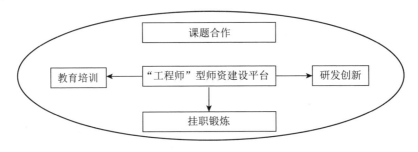

图4　工程培养方案图

3. 推进课程（课程群）建设，落实工程教育本质

首先，以工程教育认证为契机，组织开展学习讨论，从思想层面解决工程教育观念问题；其次，组织教师进行工程型教育教学改革研究，从实施层面解决工程教育落实问题。再次，精简专业核心课程，优化课程内容；改革专业知识结构，制定跨学科课程融入机制；深化创新创业课程体系，构建线上线下相结合的教学模式；开发在线开放课程，打破传统单一学习方式，以需求为导向，构建学科交叉课程群。

4. 共建校企联合实践平台，扎实培养学生工程能力

鉴于经费紧张、设备更新换代迅速的特点，电气工程、微电子两专业，主抓校企共建 VR 虚拟仿真平台。与安博教育 + 新思科技，联合组建微电子 VR 专业实践平台；用好现有的动模实验室，抓好电气专业实践教学。

电信专业，采用校企共建模式，建设软硬融合实践平台。针对硬件功能实现，与东软集团、粤嵌科技联合共建智能家居等 3 个软件平台。

5. 依托政策经费支持，实现专业认证目标

工程教育专业认证是国际通行的工程教育质量保障制度，是实现工程教育国际互认和工程师资格国际互认的重要基础，是应用型工科教育建设大势所趋。但二级学院推动此项工作举步维艰，建议像申硕一样，在校级层面成立以校领导挂帅的工程教育专业认证指挥部（或专门工作组），全面指挥工程教育专业认证建设和人财物的协调工作。我们坚决服从学校指挥，用好政府和学校的政策、经费，为实现专业认证目标，"撸起袖子加油干"。

四、预期建设成效

形成高质量的电子电气类专业应用型人才培养体系；建设一支高水平的应用型师资队伍；建设一批高质量的应用型课程（群）；建设高质量的应用型校企合作实践平台；产出一批高水平应用型科研成果；培养一批社会欢迎的拔尖创新应用型工程技术人才。

打造大数据平台，深化教育教学改革，
建设一流专业

——体育学院"一流应用型本科教育"探索与实践

唐建忠

2016 年，学院在学校"五大教学改革"的基础上，适时提出了"合格＋"多元人才培养模式改革，完善了卓越人才协同培养机制。近两年，围绕一流应用型本科专业建设，特别是全国教育大会召开后，提出了"坚持以本为本 推进四个回归"的论述。新形势下，如何搞好应用型本科教育，是摆在我们面前的一个重大课题。

一、建设瓶颈

（一）专业配置不合理，缺乏运动训练专业高水平成绩的学生

体育学院现有体育教育、社会体育、运动康复 3 个专业，3 个专业中社会体育专业的位置较为尴尬，其人才培养与休闲体育或体育教育专业有诸多共同之处，却无固定的行业背景，选择该专业多是学生无奈之举，生源质量和就业都面临困难，是三个专业中考生志愿报考率最低的。除高水平运动队外，学生整体运动水平不高，无法在大学生运动竞赛中选择到合适的参赛人选，而目前用人单位优先考虑与已出台就业政策均向二级以上或有运动特长的毕业生倾斜。

（二）政策资金瓶颈造成高学历人才引进困难

全国体育院校博士点相比其他学科较少，体育专业博士毕业生成为各校引进的重点对象，博士毕业生就业选择多为东部经济发达省份高校。西部高校要想引进满意的人才，多以高额的人才引进费或解决家属工作为吸引条件。但西部各省经济落后，政策不够灵活，体育博士点稀少，人才引进较为困难。这就对我院硕士点申报、人才储备和学科建设带来了阻碍。

（三）大学体育俱乐部改革和大学生体质健康水平提升缺乏新动力

大学体育俱乐部改革在我校进行了将近 10 年，通过改革，学生健康水平有一定提升，但不明显。目前东部高校通过智慧校园大数据平台介入学生的课余锻炼，并通过数据收集进行评价，出台相关政策刺激学生自觉锻炼，效果明显。我校在这方面还存在较大差距。

（四）体育场馆建设管理滞后

与东部发达省、市高校差距太大，甚至与重庆市重点中学比较都还落后许多，体育专业教学训练甚至大学体育俱乐部项目的落实都存在较大困难，无法完全满足学生的需求。

二、改革思路

（一）争取学校支持，力争高水平运动队及运动训练专业申报成功

学校对高水平运动和运动训练专业申报给予了政策支持，但这两个项目属于特殊政策招生渠道，均为国家重点管控的对象。在政策允许范围内，积极争取社会、企业支持，利用各种资源和渠道，争取获批成功。

（二）外引内培，广泛宣传，力争学校政策资金为高学历人才引进增速

积极鼓励有条件的教师考取博士，送培部分能力突出的教师到国外培训学习，以提升学历和学术水平；利用国家政策，如惠台31条，在适当时机引进国外或中国港澳台师资来院任教；与本地企事业单位合作，外聘行业高水平人才任教。广泛宣传，搭建平台，争取获得体育专业硕士点，同时争取学校资金和政策，引进博士来校任教。

（三）专题研究改革

创新大学体育俱乐部的课程内容和考试评价方式，争取学校在智慧校园与学生体质监测方面加大设施设备投入。争取学校支持，加强与企业合作，努力建成学生健康大数据平台，监控分析学生健康数据，为大学体育俱乐部项目推进和考试评价方式改革提供依据，通过深入改革，提升全校学生健康水平。

（四）加强校地合作

改善体育场馆条件，完善场馆管理方式和办法，为专业教学训练和全校师生健康提升提供条件。利用2020年重庆市第六届运动会在永川区举办的契机，达成与永川区政府共建体育馆，同时争取地方政府支持，达成校地共建、校地共享、免费共用的体制；同时引领地方体育文化建设，为地方体育活动服务，提供学生实践实习机会，锻炼学生组织协调能力。此外，引进专业体育管理公司，通

过服务外包，完善管理服务水平，在优先满足体育教学训练和师生课余锻炼的前提下，发挥体育场馆功能，通过免费开放和低收费开放，为永川民众健康提供服务；通过举办大型赛事和体育培训活动，为学校节省管理使用成本。

三、举措及创新

（一）与重点高校合作

通过与重点高校合作进行学术交流，提升本院教师学术水平，建立研究生联合培养实习实训基地，搭建学科建设平台。我院先后与成都体育学院、辽宁师范大学体育学院、西南大学体育学院建立研究生联合培养机制与平台。送培本院教师到武汉体育学院、成都体育学院、台北市立大学体育系，以及俄罗斯、美国和英国高校，分别进行博士学习和短期培训，为硕士点建设进行师资储备。同时引进台湾籍教师和博士来校任教和训练，全方位提升教学、训练、学术水平。

（二）多样化校企合作

多样化校企合作，一方面通过引进智慧校园大数据平台，提升学生健康体质；引进体育公司服务外包体育场馆管理，合理利用体育场馆服务体育专业教学训练和师生健康，通过举办大型赛事和体育培训活动，为学校节省管理使用成本。另一方面通过与际华园、凯健、天柏等企业合作，解决学生实习和就业问题。

（三）丰富多彩校地合作

通过与永川区政府共建体育馆，完善场馆硬件建设；与永川区文化委、体育局签订双方合作协议，共享体育场馆、免费开放使用，共同举办大型体育赛事和多种体育培训；与市民族宗教委员会签订横向课题和少数民族运动项目训练协议，服务少数民族体育运动项目的传承与推广；与重庆医科大学永川附属医院、永川中医院签订实习基地协议，为运动康复学生提供实习就业平台；与永川及周边区、县基层中小学签订支教和实习基地协议，为体育专业学生提供实习就业机会。

申报高水平运动队和运动训练专业，完善专业结构调整，为高水平运动生源提供新平台，提升竞技运动水平，彰显学校声誉。

四、预期成效

成功申报体育专业硕士点，提升专业办学层次，更好地留住高层次人才，提升学科建设水平，为冲击博士点做好铺垫。

通过智慧校园、体育场馆服务外包等方式，大学体育俱乐部改革成效明显，全校师生健康水平大幅度提升，校园体育文化氛围更加彰显，场馆使用更加合理规范，带动体育产业发展和体育专业学生就业。

融入地方体育文化建设，服务大众，形成学校篮球特色品牌、永川区足球（女足）品牌、重庆市民族运动传承品牌。

完善专业布局，以篮球为引领，带动高水平竞赛成果不断涌现，"教训赛创"一体化发展，体育本科专业建成重庆市一流、西南地区领先、全国知名的新格局。

一流应用型本科人才培养的边界与途径

——机电工程学院"一流应用型本科教育"探索与实践

罗天洪

针对"新工科"建设对应用型人才培养的要求，在理解应用型人才内涵与边界基础上，探索应用型人才培养的"变轨超车"的新途径，提出"点—线—面"人才培养模式，以专业导师队伍为抓手，不断提高学生的素质、技能及创新能力，以达到培养一流应用型本科人才的目的。

首先思考一个经常提及的老问题：学生想通过大学的学习获得什么以及大学应该给学生带来什么？用英国威尔逊爵士调查报告的结论来回答是最为简单和直接的：学生关注的首要问题是就业能力，绝大多数学生学习的目标就是为了具备就业所需的知识和技能，学校就是要给学生提供获得这样的知识和技能的基本条件。本文在"新工科"建设对应用型人才培养的要求下，在理解应用型人才内涵与边界基础上，以如何提升学生就业能力、提升学生培养质量为初心，探索地方本科院校一流应用型人才培养新模式与新途径。

一、应用型本科人才的内涵

从"天大行动"到"复旦共识"再到教育部高等教育司发布《关于开展新工科研究与实践的通知》，"新工科"建设在"新理念""新结构""新模式""新质量""新体系"等方面进行探索，形成了普遍的共识并引起了高等教育界的普遍重视。[1,2]同时，地方本科高校培养应用型人才是国家人才培养战略调整的重要举措，是教育在经济社会发展中转方式调结构的必然选择。

因此，首先应弄清应用型人才的边界（如图6所示）。目前，在应用型人才的定义上，尚无权威的界定。有专家认为，应用型人才是利用科学原理为社会谋取直接利益的工作人才，或者是能将专业知识和技能应用于所从事职业的一种专门人才，是熟练掌握社会生产或社会活动一线基础知识和基本技能、主要从事一线生产技术的专业人才。这些界定都是属于理论与应用的二分式定义方法。但理论和应用是相互联系的，是互为发展基础的有机统一。对应用，既有操作性技术

应用，也有知识和技术的开发和应用，后者也属于学术范畴。[3,4]

图 1 应用型人才的边界问题

在国内，人们习惯认为应用型人才培养是职业院校人才培养的基本定位，本科高校则是培养学术型或理论型的高级专门人才，并以此区分高校与职业院校在人才培养定位上的不同。有专家认为，职业学院培养的应用型人才包括技术操作型和技能应用型，前者强调具体岗位的实际要求，后者强调按职业和岗位设置专业，要求掌握生产一线的实用知识和技术应用或具备从事某一职业、工种或岗位的工作能力。[5,6]

在德国，应用科技大学对应用型人才的界定为把理论知识转化成实际应用技术的桥梁式职业人才。要求培养的人才要适应经济社会发展需求、充分满足企业人才需求、全力满足学生成才的需要。课程设置注重实践性，按照基础课、专业基础课及专业方向课程由宽到专安排课程，教学内容灵活，5—8 人一组参与老师的项目，实施项目化培养，要求毕业设计时间 3 个月以上，设计题目来自企业的占 60%—70%，实行校企联合培养等。[7-9]

在美国，早在 1904 年威斯康星大学就创造性地提出并实施了"威斯康星大学模式"，将"为地方政府开展技术咨询和社会服务"视为大学的主要职能之一，确定了"高素质、强能力、重应用"的人才培养模式，立足培养"宽口径、厚基础又有一技之长的应用型人才"。课程设置以培养学生交流与表达、包含人文社会科学和自然科学等为导向，且定期进行"课程市场实效性"分析并及时进行调整。实行导师制，每位教师负责指导 7—8 名本科学生，学生可参与教师的科研项目，培养自己的综合能力。[10,11]

在英国，应用型人才培养的课程设置和教学方式不再是教给学生"知道什么"，而是培养"能做什么"。总目标就是培养学生的就业能力，即广泛交流、问题解决和创新的能力，专业学科知识以及转化应用的能力。充分利用产学合作与互动机制，开设灵活、多样的产业认证课程等。广泛采用曼彻斯特项目教学法（Manchester Methods），即组织学生以分组讨论的形式研究真实的、来自企业的项目，使学生了解真实的问题。并且，实行了专门的就业能力培养计划——个人发展计划和学术导师制。学生通过专业的学习了解，对个人的教育和职业发展做出规划，并在第一学期就指定导师，每学期导师将对学生提出的就业能力培养计划进行讨论，交换意见，提出建议，学生进行调整修改，帮助学生成长和发展。[12]

二、一流应用型本科人才的边界

作为本科院校所培养的应用型人才，应主要是知识应用型人才，强调按学科设置专业，应面向社会生产生活领域中的职业群和行业而不是特定的岗位。所以，在知识、能力和素质的要求上，应不过于强调技术的熟练程度以及岗位所要求的操作能力，而是强调具有宽厚的知识基础、应用性专业知识和技能。

应用型人才培养

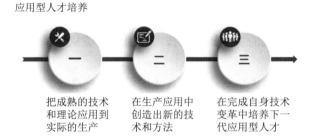

把成熟的技术和理论应用到实际的生产　在生产应用中创造出新的技术和方法　在完成自身技术变革中培养下一代应用型人才

图 2　应用型人才的层次

如图 7 所示，应用型人才培养应具有 3 个不同的层次：能够把成熟的技术和理论应用到实际的生产→在生产应用中创造出新的技术和方法→在完成自身技术变革中培养下一代的应用型人才。同时，注重学生的全面性、个性化、发展力及创造力的培养，达到培养一流应用型本科人才的目的（如图 3 所示）。

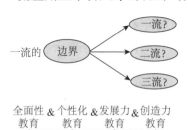

全面性 & 个性化 & 发展力 & 创造力
教育　　教育　　教育　　教育

图 3　应用型人才的边界问题

三、变轨超车的教学新模式

积极探索专业定位，适应市场需求，明确培养目标。根据社会需求，制定出特色明显、目标明确、适应市场需求、符合社会发展的各专业业务培养要求及目标。改革教学计划设置体系，培养学生创新能力。建立新的课程体系及内容，采用现代化教学手段，课堂教学与实践性教学环节密切结合，做到新体系、厚基础；新手段、重实践、促自学。改变传统的以教师为中心的"满堂灌"的教学模式，逐步建立以学生为中心的"主动型"教学模式，培养学生创新意识和创新能力。通过精选、优化、整合教学内容，将各专业领域的最新研究成果、发展趋势和学术动态引入课程，建立创新的课程体系。着力解决当前实践教学体系中忽略理论教学的倾向和问题，建设核心的特色课程群，以此作为实践教学的理论平台。教学手段上，学校大量采用多媒体课件和课程网站的使用，在学时数不变的前提下，增加了授课信息量；通过多媒体课件和课程网站的使用，在学时数不变的前提下增加授课信息量；利用网站、邮件发布教学资源，可以突破师生交流在时间和空间上的限制，成为课堂教学的有益补充。以毕业实践教学为支撑，构建标准化实习教学模式。

加强理论教学与实践教学相结合，完善协同育人机制，加强实践平台建设，强化科教协同，深化国际交流合作。实施工科教师与行业人才双向交流，建设"科教合作人才培养基地"。机器人工程专业以专业核心能力为基础，以工程能力培养为重点，全面构建了"一基双能、校企协同"及"2+4"工程技术人才培养新模式。学科专业群建设全面引入行业标准和企业案例，校企联合开展教学与评价；采取理实一体、项目驱动、课堂翻转、赛训结合、机器人文化节等多种教学方式，注重将工程实践能力与创新创业能力相结合（二元），利用市级"机电创客空间""e创空间"、机器人与智能装置设计应用技能大赛及全国工程训练能力创新大赛等平台开展多层次、模块化的教学，将创新思维与毕业设计、科研项目和学科竞赛有机结合，并向创业延伸，实现了课程教学与创新创业的有机结合，实现了"理论教学、实验实训、学科竞赛、创新创业"四位一体的育人模式。机械工程专业充分利用永川国家级高新区、国家级机器人与高端智能装备产业园，与30多家企业签订校企合作协议，共建学生实践教学、技术研发和创新创业平台；与中国科学院重庆绿色智能技术研究院、重庆广数机器人有限公司、重庆华数机器人有限公司等知名企业达成了共建机器人工程专业合作协议；与华中数控、重庆红江机械有限责任公司等企业共建共享"重庆市工业机器人集成应用工程技术研究中心"；大力推进产学合作、协同育人，一举获得 2017 年国家级产学合作协同育人项目 13 项，为创新性地探索应用型工程技术人才培养提供了坚强有力的保障。学院与中国长江航运集团重庆长江轮船公司开展深度校企合作，在机械电子工程专业开办了定向特色人才培养班（"长航班"）。长航班依托我校机器人与智能装备领域特色专业——机械电子工程专业作为母体专业，按照中国长江航运集团重庆长江轮船公司船舶轮驾的企业标准，实施"3＋1"校企联合贯通教学，推行面向行业、贴近企业岗位的"工程双通（课程体系和培养标准），一标双能（工程能力和创新能力）"培养模式，全面提升学生技术应用与工程实践能力的培养，办学成效显著。

四、一流应用型人才培养途径

探索"点—线—面"一流应用型人才培养途径。如图 4 所示，借助智能制造工程新型二级学院、典型智能生产虚拟仿真项目及智能产线 2011 协同创新中心等平台，实行教学模式变革。以人才培养方案、奖学金制度、经费保障及运行管理作为保障，探索实行学业导师制度。

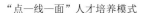

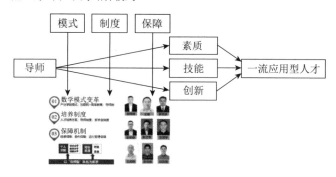

图 4　"点—线—面"一流应用型人才培养模式

以一流的导师队伍为抓手，以他们良好的学术水平、教学水平和技能水平，借助其实在企业行业背景资源，通过导师项目、各种学科竞赛、各种技能竞赛等，培养素质过硬、技能突出及具备良好创新能力的一流应用型本科人才。学业导师引导学生撰写个人职业规划，并随着学生认识的变化及时修改自己的职业规划，引导学生制定"专业特长"计划，鼓励符合条件的学生积极参加职业资格考试，着实提高学生的就业能力。

参考文献

［1］吴爱华，侯永峰，杨秋波，等．加快发展和建设新工科主动适应和引领新经济［J］．高等工程教育研究，2017（1）：1-9．

［2］胡波，冯辉，韩伟力，等．加快新工科建设，推进工程教育改革创新——"综合性高校工程教育发展战略研讨会"综述［J］．复旦教育论坛，2017，（2）：20-27．

［3］郑晓梅．郑晓梅．应用型人才与技术型人才之辨析［J］．现代教育科学（高教研究），2005（1）．

［4］刘焕阳，韩延伦．地方本科高校应用型人才培养定位及其体系建设［J］．教育研究，2012（12）．

［5］李永久．新建地方本科院校职业化取向办学定位的思考［J］．辽东学院学报（自然科学版），2012（4）．

［6］齐秀丽．本、专科的区别和新升本科院校的发展思路［J］．黑龙江教育学院学报，2005（6）．

［7］卢亚莲．德国应用科技大学（FH）应用型人才培养模式及其启示［J］．海外纵览，2014（13）．

［8］孙晓莉，朱方来．德国应用型人才培养教学特色初探与思考［J］．深圳职业技术学院学报，2011（5）．

［9］杨敦雄．中德应用型高等教育人才培养比较研究［J］．民族高等教育研究，2016（3）．

［10］杜才平．美国应用型技术教育发展轨迹及未来走向分析［J］．教育研究与实验，2012（6）．

［11］周江林．美国应用型本科人才培养模式的启示［J］．上海电机学院学报，2005（4）．

［12］徐同文，陈艳．英国大学应用型人才培养机制探析及启示［J］．高等工程教育研究，2013（4）．

强基固本、特色发展、彰显应用

——扎实推进美术与设计学院"一流应用型本科教育"建设

陈龙国

为了全面贯彻全国教育大会精神和落实新时代全国高等学校本科教育工作会精神，进一步加强本科教育建设，构建起富有特色的应用性人才培养体系，全面提高人才培养质量，根据学校确立并实施的"顶天立地"发展战略，建高水平应用型大学的办学指导思想。学院结合美术与设计专业教育教学规律与专业发展实际，不断深化专业定位、突出专业主线、强化专业特色，扎实推进学院一流应用型本科教育建设。

一、科学厘清学院办学思路，明确美术与设计的专业定位

我院是学校专业特色鲜明的院系之一。历经 26 年的奋斗，积累了丰硕的办学成果和发展经验：富有审美力、实践力、创造力的人才培养是美术与设计学专业教育的目标；因材施教、差异化、个性化培养是美术与设计专业教育的规律；教学的"非理性化"感悟、传授方式的"非语言化"、成果呈现的"非文本化"、教学评价的"非量化"是美术与设计专业教育的特点。

学院一直遵循美术与设计教育教学的规律和特点，突出学生"动手实践＋创意创新"的专业能力和意识培养。提出了"立足本土传统文化，保持开放学术视野，实施艺术技术共生，熔铸艺术教育特色"的办学思路；强化目标导向，确立了"精艺、善用、尚品"的美术与设计人才培养标准。强化方法优化，探索"学科专业交叉融合，艺术技术特色共生，合格＋卓越"的应用型艺术人才分类分层分段培养模式。强化实践育人，构建"认知实习、课题实训、仿真实作、工程实践"四位一体的美术与设计专业实践教学体系。学院在美术与设计人才培养的全过程强调培养环节的实践性，倡导培养方式的开放性，彰显培养成果的可视性。最终实现学院培养适应美术创意、艺术设计行业要求的高素质、应用型人才的培养定位目标。

二、深入扎实推进教学改革，提高美术与设计应用型人才培养质量

（一）编辑教学大纲

美术与设计专业具有极强的理论性、应用性特点，其知识和技能更新速度加快，倒逼设计教学内容的更新必须跟上时代步伐。学院组织全院专业教师根据各专业发展趋势和人才质量要求修订设计类专业技术课程的教学大纲达 192 门 780 人次，并按学院要求编制了符合专业特点的教学大纲体例，清晰地指导了教师教学，增强了教学大纲的时效性和针对性。教师踊跃探究，编辑出版了《环境手绘设计与表现》《景观设计概念构思与过程表达》《软装艺术—陈设设计》等校本教材近 20 部。

（二）推行课外技能培训

美术与设计专业还具有很强的实践性特点，形成了有效的"理实一体化"教学特色。学院在继承中也不断创新改革，探索课堂实训与课外实作相结合的多元实践教学方式。在保留传统有效但数量偏少的外出艺术写生课的基础上，全院推行每学期一届学生课外技能训练和技能大赛，动员要求全院全员参与，至今已经连续举办了 15 届，受训学生累计达 1700 人次，增强了学生实践动手能力。

（三）开展毕业设计和论文改革

美术与设计作品具有极强的可视化特点。学院根据专业特点和应用型人才培养要求，大胆探索开展毕业设计和论文改革，变本来文字写作能力差又不突出专业教学特点的论文写作，为毕业作品设计和创作，用强烈可视的作品感来展示和检验师生 4 年来的教学成果和毕业水平。在毕业作品设计和创作组织上积极强化过程监控，从选题上严格要求设计类专业必须选真实社会应用项目来强化应用实践能力培养；要求美术学专业选择相应创作风格的创作手段来强化具有完整作品感的应用创作能力。学生毕业设计与创作的作品质量持续提升，作品种类更加丰富，环境设计、视觉传达专业毕业设计选题达到真实社会应用项目全覆盖；服装工程与设计专业的毕业设计作品达到市场成衣的应用转化要求。

（四）注重考核评价方式多样化改革

对美术学、环境设计等 5 个专业 11 个方向 138 门课程优化了考核评价方式，即在专业主干课程（学期单门课程总学时在 60 课时以上的专业基础和技术课程）

推行"作业展评"考核方式180余场次,这一举措的实施,对师生双方起到了鞭策和促进作用。由于美术与设计教学成果具有"可视"特点,其展示效果的好坏直接与作业好坏相关,也可以折射出教师教学质量高低和教学态度;同时,作业展评的推出加强了同学间、班级间、年级间的互动交流学习和学习竞争。因此,该考试评价方式的实施一改过去少数老师闭门教学、敷衍塞责,学生井底之蛙、自我陶醉的局面,教师认真教学、学生刻苦学习的良好风气得到明显增强,教学质量得到有效监控。

三、持续改进,不断优化美术与设计应用型人才培养体系

(一) 多元化与优化培养

面对学生入学层次和毕业就业去向的多元性,学院必须选择分类分层的多元化培养理念与优化美术与设计应用型人才培养模式。学院将按美术学和设计学两大类专业特点,在校内建立"教授工作坊"和"外来艺术家工作坊"共计24间,开展具有工匠精神的"艺术拔尖人才"培养,让真正热爱和立志在本行业发展的学生有更高的提升平台和机会,使学院最终形成"课堂＋工作坊"融合教学的"合格＋艺术拔尖人才"的多元培养格局。

(二) 服务地方文化经济社会发展

面对当今美术与设计专业快速发展的夹缝生成环境,学院必须选择人才培养载体特色化发展之路。学院将立足本土传统文化,将得天独厚的大足石刻、荣昌安陶与夏布、永川茶竹等地方文化的艺术创意资源作为美术与设计人才培养的载体,使学生的艺术作品向艺术产品转化,真正实现校产对接、应用转化,服务地方文化经济社会发展。特聘请著名雕塑家、美术教育家江碧波教授担任学院名誉院长,成功引进韩国江原大学张乃千博士、韩国国立群山大学韩清波博士,聘请行业双师型教师20余人,长期聘任俄罗斯、乌克兰、意大利、马来西亚等外籍教师来校任教。与中国美术学院、四川美术学院等知名院校共建"大足石刻具象表现艺术研究所",以科研成果反哺艺术人才培养教学。将毕业设计创作主题定位为服务地方传统文化发展范畴,经过未来几年的积累形成独有的美术与设计人才培养特色。与香港凤凰卫视集团、达瓦集团联合开办"数字媒体艺术"校地合作班、广东华浔品味装饰集团有限公司、广东星艺装饰集团重庆总公司、溯源国际设计(香港)有限公司、广州南雕装饰设计有限公司、向家窑陶艺工作室、重庆西里标识设计制作有限公司、重庆彩依服饰有限公司、成都原力锐游科技有

限公司、重庆思味特宠物用品有限公司、重庆艾诺弗戈动画设计有限责任公司等建立了 20 余个实习、创业和就业基地，致力于美术创作、艺术设计行业的高素质、应用型人才培养。

学院大力发展内涵建设，成果斐然。环境设计获重庆市特色专业称号；获重庆市教学成果一等奖 1 项、三等奖 3 项，立项重庆市精品课程《木版画技艺》、校级精品课程《版画》和校级重点建设课程多门；学院被评为全国美育示范基地和先进单位。"渝西版画"已经成为重庆地区最重要的艺术品牌，荣获"全国艺术美育教学成果一等奖""全国艺术美育版画教学特等奖"，受到中央电视台、《光明日报》等众多媒体报道；国画、油画、水彩、视觉传达设计、动画、服装设计等专业及方向教学与科研成果全面开花。获得教育部人文社科规划基金项目近 10 项，省部级以上研究项目近 20 余项，教育部产学研合作育人项目 8 项；教师作品在全国及省市美术、设计大展中入选获奖 120 余人次；在各专业期刊发表作品 800 余件，公开发表学术论文 170 余篇。学生作品在全国美术作品展赛、全国大学生广告大赛、全国环境设计大赛、全国动画作品大赛、真维斯国际服装设计大赛等赛事中屡获殊荣，获奖 500 余人次。不少学生考上中国美术学院、四川大学、意大利威尼斯国立美术学院、英国伯恩茅斯艺术大学等名校攻读硕士学位，毕业学生深受用人单位欢迎，历届毕业生就业率居于同类高校前列。

四、未来 4 年的规划与愿景

（一）建设瓶颈

美术与设计专业是一个实践性很强的专业，兼具学术性与市场性。学生经过 4 年阶梯式的学习，最后如果不能很好地就业，就意味着学院所教、学生所学与社会需求三者之间没有很好地衔接与交融。所以，美术与设计专业建设要真正考虑有用的理论和熟练的技能作为发展的基石，基于这两点可以让美术与设计专业更多的贴近现实，立足地方，实现用专业带动就业。

（二）改革思路

以学生就业工程为总览，围绕艺术与技术、大学生成人成才，不断强化科学与艺术的交融。即以美术基础教研室为平台，形成大美术教育观，夯实美术学、环境设计、视觉传达设计、动画和服装设计与工程 5 个专业的美术技能与审美能力；以 VR 艺术综合实验实训为突破口，带动教师发展、一流学风、一流课程和课堂建设，打通从学业到创业到就业的最后一公里，实现学生的成果由作品到产品到商品的价值转化，从而达到学生自主创业、高质量就业的宏伟目标。

（三）举措创新

1. 细化优化美术师资

一是引进 2～3 名美术学或美学博士，与现有的两名博士一道，在江碧波名誉院长带领下，进入碧波艺术工作室，系统夯实美术基础和文创能力；二是每年推荐 1～2 名美术专业老师进入意大利佛罗伦莎美术学院、俄罗斯列宾美术学院或英国伯恩茅斯艺术学院等世界级顶尖美术名校学习与深造，提升美术老师的软实力；三是不定期聘请企业行业的设计师到学院举办学术讲座、不定期派出优秀美术老师到利郎集团、兄弟装饰、西里标识等知名企业行业去短期学习设计技能，形成"大美术教育观"，使美术教师的设计能力得到全面提升。四是充分利用达瓦集团这一校企合作优势，利用专业老师给达瓦集团老师当助教的机会全面学习 VR 综合技术、利用学生周末或寒暑假到达瓦实习的机会提升 VR 综合技能，使师生全面了解与掌握现代虚拟技术，更好地适应与运用 VR 这一前沿网络技艺，更好地为课程建设和人才培养服务。

2. 硬化和强化专业平台

以 VR 综合艺术实验室建设为抓手，全面构建起实验实训室→专家工作室（坊）→校外实践基地→学生微型企业→教师有限责任公司→校外项目制工程中心"六位一体"的实践教学平台，把课程搬到工厂（企业），把学生放到生产车间，师生们在干中学、在学中干，干学一体化，通过大量立体式的、多维度的实践教学来不断补充、修复和完善人才培养体系，真正实现人才培养的精准化和市场化。

3. 基于市场找课程

知识与课程的更新不仅在于课程的扩展，更在于课程的设置。目前美术与设计专业的最大问题在于没有将创新设置于不同的文化背景和市场环境当中。不能立足于市场需求的创新，所以是没有竞争力的。改革后的课程那就是基于市场找课程。开设一门课程之后，将以学校所在地的市场作为基础，学生都基于市场上的美术与设计作品作为基础。比如开设名片设计的课程，就要求学生在所在的城市广泛收集名片，学生同时需要知道这一地区市场上所有的名片种类、材质、工艺、设计类型、成本、制作价格等。避免从书本到书本的生硬和不切实际。老师将根据学生收集回来的名片，进行归纳和总结分类点评，并根据学生的收集情况来评定学生的实践（部分）成绩。通过去市场收集的方式了解这一地区的设计水平和认识市场需要的设计类型。避免学生怪诞、不切实际的设计。设计水平在各个城市是有差别的，地方城市与一线还是有很大的区别的。市场的认可度和接受度并不是水平划一，让学生通过实践确立思考、对比的心态。有市场收集作为铺垫之后，老师开始讲授所要开设的课程，并要求学生在掌握市场既有类型的设计作品后的创新。并根据学生的设计成品做一个符合市场规律的核算，将材料、工艺、成本、盈利等都考虑在内。最大限度地按照社会实践的方式模拟。

4. 大力提倡工匠精神

没有工作效率也是大学生就业后的第一个突出问题。提高效率并没有诀窍，就是大量的重复训练。针对作业，一份作业也不再是一种类型的美术与设计作品一件，而是增大到之前的 10 倍。一个设计师的成功与否不是取决于一件作品而是取决于一系列作品所呈现的整体水准。所以学生作为设计师训练时也不能脱离实际，还是需要学生大量重复训练。考试成绩也不仅仅去看最好的一件作品，而是在一系列作品中考核。考核分为两部分：一部分是学生的 10 件美术与设计作品，另一方面就是学生模拟现实的考试。让学生在规定的时间内，按照规定的作业量完成作品，按照作品的完成时间打分。让学生的设计活动从一开始就具备效率、现实可能性、成本考虑等市场要素。

5. 设计产业化

凡是开设美术与设计专业的专业，都应该建立美术与设计专业的产业实体即设计公司、设计工作室（坊）等。美术与设计专业的老师，是老师的同时还应该是一个设计行业的从业者，我们不能让不会游泳的教练教授游泳的理论，设计也是同理。美术与设计老师要么参与实际设计工作，要么变成了设计师，没有将设计老师的角色扮演好。在学院建立设计公司、设计工作室（坊）才是解决好美术与设计专业老师角色的最好途径。学生通过在学校设计实体的实践中来实习，并且将实习实训在 4 年中贯穿，自然可以让学生在实际工作中实现学与用，将设计变成谋生的职业技能。也因为有了设计实体，美术与设计专业才能有更完整的学科建设和发展空间。

（四）预期成效

美术与设计专业如果在上述的 5 个方面都进行相关的改革的话，相信美术与设计专业的学生也一定可以通过正确的学习和训练，将美术与设计专业最本质的技能和能力得到充分的训练。相信对于增强美术与设计专业学生的就业和美术与设计学科的学科建设都将大有裨益。

学院将按照艺术教育发展规律，坚守美术与设计应用型人才培养定位，持续改进，不断优化美术与设计应用型人才培养思路和培养体系，提高人才培养质量，达成"精艺、善用、尚品"的美术与设计人才培养目标。

第二编

应用型本科"五大教学改革"探索与实践

以改聚力，以改促管，以改活教，以改强技

——文化与传媒学院"五大教学改革"探索与实践

李天福

4 年来，文传学院着力意识提升、实施运作、效应延伸、长效推进，"五大教学改革"实现了以改聚力、以改促管、以改活教、以改强技的良好效果。

一、主要工作与成效

（一）思想上重视，认真理清教改思路与工作程序

为做好"五大教学改革"工作，落实教改管理理念，学院先后出台了 30 多个二级学院教学改革管理文件。其中在本学期，学院制定了《文化与传媒学院本科教学质量与教学改革工程建设项目管理办法》《文化与传媒学院实践教学管理办法》《文学与传媒学院教学项目管理实施方案》《文化与传媒学院教研室管理办法》等 20 多个文件，保证每项改革有依据，稳妥有效推进各项改革措施。

在实际操作中，明晰教学管理基本责任：院长整体策划、资源保障、人力调配、综合协调；教学副院长组织实施，过程监控，整改提高；系主任负责专业建设；教研室主任侧重课程改革与建设。形成专项教学活动有实施方案、重大教学决策召开教学委员会议、教学副院长固定巡查、教学督导专项督查、教学活动有新闻展示等教学管理制度。尤其是教研室管理方面，要求各教研室每学期专题研讨，研究教学改革事项。

在实际工作中，各教研室能做到积极开展教研室活动，主动配合学院开展各项日常教学活动，积极组织教研室公开课，部分教研室还注重拓展视野、整合资源，与美术与设计学院等开展联合教学研讨活动，充分发挥教研室教研教改的核心功能，有效提升了教学管理与改革的质量。

由此，文传学院搭建了"政策导向支持教改，资源配置指向教改，教研活动聚焦教改"的工作格局，形成了人人关心教改、个个参与教改的良好氛围。

（二）行动上落实，全面探索教改举措与实践策略

学院依据教学改革工作思路和程序，注重全面探索、深入推进"五大教学改

革"工作。

教学内容改革方面，根据调研确定人才培养定位，依据岗位能力确定课程定位。在此基础上，制定课程教学大纲固化教学内容，优选、活用教材重组教学内容，贴近行业领域更新教学内容，渗透前沿成果深化教学内容，充分体现了基础理论以"必需、够用"为度，技术课凸显针对性和应用性。学院充分利用多学科的综合优势，形成文学、文化、语言、传媒等多学科交叉、渗透的课程体系，打造非物质文化概论、中国古代文学、中国传统文化、写作、社交礼仪、演讲与口才等院通特色平台课程，拓展学生的人文素养。《中学语文课程教学论》等课程合理分配理论课时与实践课时，出版校本教材多部；文学史、文学概论等课程，通过"增、删、并、留"等方法，减少史论讲授，增加作品选读讲授；《新闻采访与写作》等课程注重引入实践案例；《美学概论》等课程注重引入学术研究前沿成果。

教学方式改革方面，鼓励教师根据课程性质与内容需要，采区灵活多样的教学方式，推进理论主导型教学向理实并重型教学转变。教师们广泛采用探究教学、案例教学、模拟教学、项目教学、现场教学、故事教学、陌生化教学、专题讲座、讨论辩论和自主学习等方式，加强了教法和学法的优化组合，调动了教与学两个积极性，改变了以讲授为主的单一教学格局，克服了"填鸭式""满堂灌"的诸多弊端。傅钱余"故事教学法"深受师生好评，引起教学部及多位校领导的关注；王长武《现代汉语》推广"陌生化"教学方法，极大调动了学生学习的积极性；雷璐荣《新闻采访与写作》实施"项目制"教学，有效提高了学生学习效率；李东平《中学语文课程教学论》使用"案例教学"，促进学生讨论辩论学习氛围的形成；蒋永平、周杰《会议策划与组织》构建"团队合作模拟教学"，使学生形成团队比拼与自主学习的良好意识。

课程考核方式改革方面，切实进行考核观念、内容、形式、评价等改革，逐步探索以"能力测试"为中心、知识与技能并重的考核模式。

目前已有40多门课程实施考核方式改革，占比41.7%。通过闭卷考试、开卷考试、口试、成果性考试（综合文献调研报告、设计项目训练、作品展示、课程论文等）、合作操作考试等方式，侧重考查学生运用知识分析问题、解决问题的能力，较好地调动了学生主动学习的积极性。汉文专业学生阅读经典风气日益浓厚，文秘专业学生课程技能竞赛已成惯例，传媒专业学生课外作品创作蔚然成风。邱飞、韩永青、雷璐荣、陈怡冰等《电视纪录片创作》《电视节目文稿写作》《纪录片创作》等课程，选用作品创作与展示的考核方式，促进学生实践操作能力的形成；李芹燕、李东平《社交礼仪》《教师语言艺术》等课程采用口试考核方式，强化学生语言表达能力。

毕业论文（设计）改革方面，突破单一的学术论文写作模式，针对不同专业的特点，形成了教学设计、调查报告、报刊设计、电视作品创作等毕业设计新模式。从2011、2012届试点以来，做毕业设计的学生越来越多。2013届至2016届，全院学生选作毕业设计的比例占36%。同时，毕业设计的类型越来越丰富，越来越契合专业特征。汉文专业首创教学设计形式深受学生欢迎，毕业设计占比31%以上（2014届高达70%）；文秘专业毕业设计以调查报告为主，占比28.77%；传媒专业学生毕业设计形式最为多样，占比37.09%。特别是2020年广电专业有49.09%的学生选作毕业设计，一共创作了47部作品，涉及纪录片、剧情片、广告片、宣传片、实验片以及报刊等7个门类，质量和水平得到了漆新贵副校长的高度评价。

公共课改革方面，学院成立了通识课程教研室，对通识课程进行统筹管理。学院要求《大学语文》《现代教育技术》课程组集体备课，促进统一大纲、统一教材、统一课件、统一考试机制的形成；《大学语文》充分挖掘人文内涵，注重经典篇目讲读；《现代教育技术》确立统一大纲、统一教材、统一课件、统一考试，凸显多媒体课件制作等实用技能；文理指导选修课重点培养学生的人文与科学素养、批判与独立思考能力，加强对学生的价值观、道德、情操的教育和社会责任感的培养。

（三）内涵上延伸，深入拓展工作融合与教改效应

学院注重将教学改革工作与相关工作融合起来，有效扩大了"五大教学改革"的效应。

一是结合学风建设，在课堂教学改革中，针对不同课程特点，增加课堂考勤、课堂讨论、平时作业、课外阅读、课外实践等环节考核比例。

二是结合技能训练，将教学改革与技能训练工作紧密结合，以"补充课程教学不足、提高课程教学效果"为目标，以项目化、课程化、可视化原则，严格遴选项目、扎实开展训练。

三是结合学科专业建设，以学科专业建设为目标，适度引导教学改革方向，促进师资转型发展，为新专业申报与建设奠定良好基础。

四是结合学生活动，建立健全"教学学工联动机制"，使人才培养向机制一体化、工作全程化方向发展。

五是开展卓越人才培养探索。学院成立了"未来语文名师工作室""儿童文

学工作室""语言文化基地班""未来人文学者培育计划""影视制作中心""1551 纪录片工作室"等，通过作坊式研修，以师傅带徒弟等模式，多维探索卓越文科人才培养。

通过精英化培养的学员，在各专业内形成了良好的示范带动效应，进一步促进了良好学风的形成。同时，经精英化培养的学员，又以担任小先生、创业等方式，参与学院应用型人才培养，达到了以点带面，全面激活学院应用型人才培养的局面。

（四）探索中完善，有效开展信息反馈与整改提高

在学院"五大教学改革"工作思路中，"分析总结、整改提高"占有非常重要位置。

学院要求在学期末教研室活动中，承担改革任务的任课教师向所在教研室汇报教学改革情况，各教研室主任在期末工作总结中，将教学改革工作列为中心内容，分析所在教研室教学改革工作成效，提出具体问题及对策。

学院教研室主任工作策划会成为常态，重点研讨前一阶段教学改革情况，针对具体问题提出解决问题的建议，做好下一阶段教学改革工作。

结合学校要求，每学期向上汇报学院工作总结教学部分，详细介绍本学期教学改革工作情况，客观分析教学改革中存在的问题，提出解决问题的可行性方案。

同时，学院狠抓落实，务求实效。教学副院长在落实各项教学工作的同时，坚持带头深入教师、学生，到一线了解教学工作执行情况；教学办坚持每天巡教制度，及时完成反馈、整改工作；教研室扎实开展教学活动，在教改项目申报、教材建设、公开课开展等方面配合学院做了大量工作。

（五）长效上推进，全面开展配套制度与机制建设

良好的教学运行机制是学院"五大教学改革"顺利推行的基本条件，也是将本科教育教学质量提高到一个新水平的基础。

为更好推行"五大教学改革"，学院在关键教学与管理岗位职责、实践教学、教案编写、考试管理、实验室管理、督导工作、青年教师教学能力提升等方面，制订了系列文件及实施方案，确保了教学工作改而有序，高效运行。

为进一步推动学院教学工作内涵建设，学院专门制订了《教学质量工程项目培育实施办法》，从学改革与研究、课程建设、教学成果凝练、示范（特色）项目建设、教学团队建设、校本教材建设、卓越（特色）文科人才培养、教师教学竞赛等方面，为长效推动"五大教学改革"打下了坚实基础。

二、主要特色与亮点

（一）全面统筹和重点突破相互结合

我院既注重教改的整体策划与宏观协调，确保要素不缺项，又选准实践教学这个关键环节，抓住课堂教学这个核心要素，强化"靠技能立足，拿作品说话"的教学理念，创造条件让师生参加各种学科竞赛，有效释放了教学团队和学生创作团队的实践创新活力。学生借用设备蔚然成风，参加学科竞赛获奖捷报频传。

（二）共性导向和个性施策相互兼顾

我院既充分利用多学科融合的个性优势，形成文学、文化、语言、传媒等多学科交叉、渗透的课程体系，打造中国文学、传统文化、写作、社交礼仪、演讲与口才等院通特色平台课程，拓展学生的人文素养，又针对专业的个性差异精准施策。汉文专业构建联盟式语文教学共同体，聚集永川区乃至川渝优质资源为我所用，通过名师进课堂，名校开放课堂等，着力强化师范生核心教学技能；文秘专业树立"生活即课堂、社会即职场"的理念，让学生主动寻找实训机会，随时介入职业角色，将课堂实训转化成技能比赛；传媒专业课程实训成为实践常态，工作室成为作品孵化载体，学科竞赛成为精品催生动力，媒体互动参与成为长效激励的重要推力。

（三）教改探索与卓越培养紧密关联

黄高庆率先成立"未来语文名师工作室"，有效推进教改与卓越人才培养的有机结合。此后，"儿童文学工作室""语言文化基地班""影视制作中心""纪录片工作室""未来人文学者培育计划"项目组等相继出现。这些团队教改理念一体化、实践全程化，注重将教改成果与卓越人才、特色人才培养有机结合。

（四）教师成长与教学相长相得益彰

伴随着"五大教学改革"的推进，学院优秀教师不断涌现。李东平、蒋永平、邱飞、胡亚非、唐霞、钟聿新、王长武、雷璐荣、韩永青、傅钱余、曹锐、韩宇峰，等等。这些老师先后在全国或省市级、校级各类教学比赛中脱颖而出，在教研教改中取得优异成绩，起到了示范引领作用。

与此同时，学院学生近4年来参加学科竞赛获奖量大、面广、层次高，极大增强了专业自信，有效改善了学风，《重庆日报》等媒体进行了专题深度报道。汉语言文学师范专业学生先后多次在全国师范生教学技能大赛，重庆市师范生教学技能大赛，全国真语文课堂教学大赛中多次荣获一、二、三等奖数10项。文秘专业学生参加重庆市公文写作大赛先后获得团体一等奖 2 项、个人一等奖 15 项，参加全国文秘专业职业技能大赛获一、二等奖数十项。汉语言文学、文秘专业学生参加重庆市成语大赛，以远超第二名 20 多分的成绩获得团体特等奖的殊荣，并且连续两年蝉联重庆唯一的团体特等奖。广播电视学、广播电视编导专业学生在全国各种专业赛事中获奖 100 多项，他们曾和北京电视台等省级卫视以及中国传媒大学等名校同台竞技，一举获得纪录片大赛金奖。这些，不仅是学院的自豪，更是学校应用型人才培养的底气！

三、存在问题与整改

（一）存在的主要问题

1. 部分教改停留在表浅层面

部分教师受制于观念的束缚和能力的限制，教学方法、考核评价改革还停留在表浅层面；相关专业毕业设计形式还显得较为单一。

2. 分类教改有待进一步深化

目前我院的教改共性多于个性，分类探索不够深入，如何更加有效地针对专业特点、课程差异、教师个性开展教学改革还有待进一步探索。

3. 师资队伍存在结构性矛盾

随着教改的深入和转型发展的需要，我院教师学历、职称、年龄等结构性隐忧日益凸显，需要我们采取切实有效的措施积极应对。

4. 校企全面深度合作不充分

在学院深度转型过程中，如何更加有效地整合校内校外资源？如何更加有效地对接教学改革与行业前沿？如何突破体制束缚实现专业共建？需要学校和我们一起联动破局。

（二）整改的基本思路

1. 强化意识，营造教改环境氛围（意识转变）

继续通过思想引领、能力提升、榜样示范、项目培育、制度管理等，引导教改方向，激励教改行动，树立教改榜样，形成"践行教改者主动，懈怠教改者被动"的氛围。

2. 分类探索，分层级分专业布局（教改转向）

根据专业特点、课程差异、教师特长、已有积淀实施分类指导策略，通过适度跨界、优势互补、综合统筹的理念组建教改团队、交流教改思想、确定教改方向，逐步实现教改探索在各专业、各领域、相关教师之间的均衡发展。

3. 多措并举，改善教师队伍结构（师资转型）

通过课程转向、能力转型、学历提升、海外培训等内培举措和柔性引进、行业兼职等外引措施，引进兼职树榜样、考博攻读升品质、双能锻炼强能力、专业交叉求融合，做细做实课程群（组）教学教研项目拓展，跨界打造特色项目攻关团队，逐步解决教师、专业及学院的结构性转型。

4. 贴近行业，探索校企合作新路（面向转位）

寻求学校支持、加强行业调研、深化专业共建，建立一批稳定且有品位的校企合作基地，与永川区语文教育校地联盟、江津网、永川电视台、指南针教育、腾讯大渝网、纳德集团等开展深度合作，夯实实践教学基础，持续优化人才培养方案，务实开展多元化、应用型、复合及卓越人才培养探索。

构建团队、项目、内容、范式、评价"五位一体"课程体系，提升应用型人才培养质量

——数学与财经学院"五大教学改革"探索与实践

卢成武

一、办学思路

坚持"崇德尚学、知行合一、求实创新、追求卓越"的办学理念，以学科建设为龙头，以内涵建设为核心，以人才培养质量为根本，以教师教学和科研水平为保障，坚持质量强院、人才兴院，突出实践能力培养，彰显特色发展。

二、办学定位

（一）发展目标定位

立足重庆，面向全国。把学院建设成为学术影响力较高，教学品质优良，特色鲜明的示范二级教学单位。

（二）培养目标定位

培养具有专业基础扎实、实践能力强、富有创新精神和职业素养的高素质应用型中小学数学教育和金融服务业专门人才。

（三）层次类型定位

做强本科生教育，争取研究生教育，发展国际合作教育。

（四）学科专业定位

以数学学科为支撑，突出数学学科在信息、经济和管理学科中的应用研究。做精数学与应用数学专业（师范类）；做强财务管理专业；做特信息与计算科学专业；做新金融数学专业和经济统计学专业。

三、举措与成效

针对现开设的数学与应用数学（师范类）、财务管理、信息与计算科学、金融数学和经济统计学 5 个本科专业发展实际，按照"做精、做强、做特、做新"的分类定位。学院采取了如下举措：

（一）优化结构，主动转型

自 2011 年开始，学院出台一系列激励措施，通过学历提升、课程培训、企业顶岗实践、校外专项培训、校内实训助教和外出参会交流等多种形式，鼓励存量师资主动转型，先后有 7 人由数学与应用数学专业教师转型为财务管理、金融数学和信息与计算科学专业教师。有 11 人获得学校"双师型"教师认证。

（二）校企合作，协同育人

自 2010 年开始，学院与安博教育集团合作，全方位引入企业资源，对信息与计算科学专业进行了大胆的改造，依托市场需求，校企双方共同修订人才培养方案，植入全真项目驱动的实训体系，突出金融行业软件开发特色。该专业现已有 3 届毕业生，一次就业率均达到 98% 以上。

学院与"同浩财务""雍静财务""达内集团""桐果财经"等企业合作，引入企业真实经济业务，对财务管理专业大三学生开展暑期综合技能实训周，进行"真账实做"演练，为毕业实习和就业打下良好的实践基础。

表 1　暑期技能实训

年度	实训项目数	实训人数	实训学时
2014	4	253	280
2015	4	284	280
2016	7	388	1088
2017	11	949	1181

学院与"网中网""红亚科技""慧科教育集团"等企业合作，开展师资培养、课程建设、实习实训。2017 年获得教育部产学合作协同育人项目 6 项。

表 2　教育部产学合作协同育人项目

项目类型	项目名称	支持公司	负责人
大学生实习实训项目	财务管理决策企业实践	厦门网中网软件有限公司	郑立
教学内容和课程体系改革	"新商科"背景下"市场营销"课程教学范式改革	慧科教育集团	漆沫沙

项目类型	项目名称	支持公司	负责人
师资培训	财务决策课程教学培训	厦门网中网软件有限公司	滕忠路
教学内容和课程体系改革	管理会计创新型会计人才培养模式研究	新道科技股份有限公司	闫永海
师资培训	基于红亚科技产学合作的师资培训项目	北京红亚华宇科技有限公司	罗章涛
师资培训	面向数据分析行业的统计教学师资培训	安博教育	罗章涛

学院与永川区统计局、公共租赁房管理局等政府部门建立了长期合作关系，经济统计学和金融数学专业学生协助开展社情民意、居民收入、社区满意度等多项调查项目。

表3　近3年学生参与统计调查项目

合作单位	合作次数	合作内容	学生人次
永川区统计局	20	永川区部分乡镇社情民意调查	400
青峰镇镇政府	8	6个村面访与电访	50
大安镇镇政府	1	16个村面访与电访	30
陈食镇镇政府	2	16个村面访与电访	40
永川区公共租赁房管理局	1	居民收入	10

学院与重庆立信市场研究公司合作共建学院CATI生产型实验室，面向学院大金融专业学生，以企业市场化营运模式，设立开放项目，共计完成15项商业调查项目，从而有效提升了从统计调查方案设计、数据采集、数据处理、数据分析到统计报告撰写全流程的综合实战能力。

（三）分层进阶，强化实践

1. 遵循规律，构建实践教学体系

在各专业人才培养方案中，突出实践能力培养，加大实践教学比例，探索"理实一体化"教学模式，通过实践教学环节的课程化、模块化和项目化，构建了各专业"基础技能、核心技能、综合技能"的分层进阶实践教学体系。

表4　分层进阶实践教学体系（以财务管理专业为例）

	项目名称	学时	学分	学期	
专业技能训练模块	财经基本技能实训	16	1	1	基础技能
	财务 ERP 实训	24	1.5	3	
	EXCEL 在会计中的应用	24	1.5	4	
	财务决策技能实训	16	1	4	核心技能
	纳税申报与筹划实训	16	1	5	
	财务分析实训	16	1	5	
	预算管理、成本管理与责任会计实训	32	2	6	
	会计综合实训（会计）	32	2	6	综合技能
	审计综合实训（审计）	32	2	6	
	财务综合实训（公司财务）	32	2	6	

2. 以赛促训，强化实践能力培养

结合专业实际，固化特色学科竞赛。各专业精心遴选出层次高、影响面大的学科竞赛，有力补充课堂实践教学。鼓励教师将课程实验实训内容与学科竞赛对接，以赛促学，以赛促训，依托学科竞赛开设开放性实验项目 10 余项，提升学生的实践能力。

表5　各专业学科竞赛

专业	学科竞赛
数学与应用数学	全国大学生数学竞赛
	全国大学生数学建模竞赛
	重庆市师范生技能大赛
金融数学	全国大学生市场调查分析大赛
	全国高校学生量化投资策略大赛
	全国大学生数学竞赛
	全国大学生数学建模竞赛
信息与计算科学	全国信息技术应用技术水平大赛
	中国软件杯大学生软件设计大赛
	全国大学生数学竞赛
	全国大学生数学建模竞赛

专业	学科竞赛
财务管理	全国财务决策大赛
	全国大学生会计信息化技能大赛
	全国大学生沙盘模拟经营大赛
	全国大学生税务技能大赛
经济统计学	全国大学生市场调查分析大赛
	全国大学生统计建模大赛
	SAS 数据分析大赛

（四）五位一体，全程改革

根据专业人才培养目标定位，探索"合格＋"多元应用型人才培养模式，学院围绕课程建设要素，以构建"团队、项目、内容、范式、评价"五位一体的课程体系为抓手，以专业核心课程为突破点，积极推进"五大教学改革"，全面提升人才培养质量。

1. 全员参与，共促教改

通过全员参与教学大讨论等活动，转变教育教学观念，提升教研教改意识。近几年，主持市级教研教改项目 2 项，校级教研教改项目 14 项。发表教改论文40 余篇。拥有校教学改革示范岗 4 个、示范教研室 1 个。在重庆市青年教师教学比赛中，获二等奖 1 个。在学校"说课程·教改课"比赛中，获得一等奖 3个，二等奖 2 个。

2. 分类探索，多元培养

为促进学生个性化发展，学院立项了"名师梦工场""企业好会计""知数学堂"等 3 项"合格＋"多元人才培养模式探索项目。精心设计项目实施方案，挑选校内外优秀教师或企事业单位优秀技术人员担任课程教师，确保项目实施质量。

表6 "合格＋"多元人才培养模式项目

项目名称	项目类型	项目面向	项目特点	实施年级	学生人数
名师梦工场	卓越类	数学与应用数学	培养优秀中小学数学教师	2011	88
企业好会计	卓越类	财务管理	培养优秀的财务主管	2016	12
知数学堂	深造类	数学与应用数学	考研强化	2015	38

3. 聚焦要素，全程改革

学院对课程教学内容、教学方式和考核方式进行了全程改革。目前，对 56 门课程进行了全程改革，占所有专业课程总数的 42%。结合课程所属专业的定位与特色，在课程内容上进行遴选和重组，修订完善教学大纲。在教学方式上，采用了"互联网+"、翻转课堂、问题导向、案例教学、分组讨论和项目驱动等多元化的教学方式。在课程考核上，近 80% 的课程进行了考核评价方式改革。

在《统计学》课程教学中，以"互联网+统计学"为基本思路，利用"爱课程"网站的课程资源，使用翻转课堂模式，以学生为主体，教师为主导，采用了"学、教、做、赛、考"一体化改革模式。学生通过该课程学习，参加历届全国市场调查与分析大赛获得多项全国奖，2016 年更是获得了全国一等奖一项，取得历史性突破。该课程主讲教师骆小琴在 2017 年学校"教师说课程建设与改革"活动中荣获二等奖。

在《中级会计实务》课程教学中，实行"课证融合"，将会计专业技术资格考试大纲融入教学大纲，将教学内容融入考试内容，以资格考试用书作为课程教材，并辅以自己精心设计的课堂实训综合练习，实现了考证与学习的完美结合，学生反映通过课程的学习，既顺利地完成了学习任务，又为职业资格考试打下了优良的基础，学生在校期间参加财政部会计专业技术初级资格考试的合格率达到 60% 以上。该课程主讲教师王平安在 2017 年学校"教师说课程建设与改革"活动中荣获三等奖。

4. 创新模式，推行多元

着眼于学生实践能力与创新精神的培养，学院制定了《毕业论文（设计）替代认定办法》《毕业论文（设计）答辩方案》等制度，改革传统毕业论文（设计）的模式，实施毕业论文（设计）多元化改革，鼓励学生在校期间积极申报科研项目、参加学科竞赛，获得立项或获奖达到规定级别，即可替代毕业论文（设计）。同时，实施了毕业论文（设计）答辩的"集中答辩 + 分散答辩"的"双轨"模式，随机抽取同学参加集中答辩，其他同学分小组进行分散答辩，确保毕业论文（设计）质量。实施改革以来，打破了单一的学术论文模式，毕业设计的比例由 13% 提高到 32%，毕业论文替代比例由 9% 提高到 28%。

四、问题与设想

问题一：内涵建设的实质是人才培养质量的提升，其关键在于教师和学生两个主体，目前，教师投入教学改革的内生动力仍显不足，学生的学风尚未得到实质性扭转，如何从根本上解决这两个主体问题，将是摆在我院未来发展之路上长期的、最大的问题。

设想：

1. 教师端

（1）切实加强师德师风教育；

（2）建议建立校内教学岗职称认定机制，外加"双驱"激励，即学校教学奖励和学院绩效激励；

（3）建议建立课堂教学质量末位淘汰转岗机制；（含课堂组织管理）

（4）建议建立重修考核跟踪审核机制；

（5）建立科学严格的考核方式改革审核追责机制。

2. 学生端

（1）切实加强学风教育；

（2）痛下决心，持续发力切实扭转考风。

问题二：现有课程建设已不适应教育供给侧改革和"互联网＋教育"思维的新要求，最为突出的是现有网络课程资源不够丰富和建设质量不高。

设想：

教学内容、教学方式和考核方式全程改革的重心应放在专业核心课程，并将专业核心课程改革和新型网络课程资源建设同步进行，力争在"十三五"末，实现专业核心课程网络新资源的全覆盖。建议学校增加专业核心课程的建设经费，并做好网络资源建设技术培训和服务。

问题三：在考虑办学效益和风险防范的同时，如何适应教育供给侧改革的新要求。

设想：

在专业人才培养定位和培养规格设计中应体现办学效益和风险防范，就我院各专业建设而言，今后的具有规划为：

（1）在保持数学与应用数学专业（师范类）传统办学优势的基础上，充分发挥数学学科的人才资源优势，积极探索多元化人才培养模式，做精数学与应用数学专业（师范类）。数学师范专业多元化培养架构："数学英才班" ＋（"名师梦工场" ＋ "应用型数学师范人才培养"）；

（2）财务管理专业实施分类培养，夯实专业基础课程平台，开设企业财务、审计、财务分析3个方向模块，并围绕三个方向模块做实三层进阶式实践教学，进而，做强财务管理专业；

（3）继续深化校企合作，培育教学模式改革成果，做特信息与计算科学专业；

（4）整合资源，优化结构，做新金融数学专业和经济统计学专业。在深入调研的基础上，以数学学科为支撑，面向市场需求，重构金融数学专业定位，探索"金融科技"专业试点建设。改造经济统计学专业，探索面向大数据的服务发展方向。

着力加强"五个一体化"建设，
助推"五大教学改革"

——材料与化工学院"五大教学改革"探索与实践

徐 强

一、学院简介

材料与化工学院现开设有化学、环境科学、化学工程与工艺、制药工程、高分子材料与工程、金属材料工程等 6 个本科专业，在校学生 1400 余人。

学院现有专任教师 80 人，其中，全国优秀教师 1 人、重庆市百人计划 1 人、省级优秀中青年骨干教师资助计划 6 人；正高级职称人员 25 人、副高级职称人员 36 人；具有博士学位教师 50 人、兼职硕士生导师 15 人、海外归国人员 10人；另有外聘兼职教授、高级工程师 25 人。

二、办学定位

坚持"学生中心，能力本位，需求导向，分类探索，多元培养"人才培养理念；紧扣"培养优秀工程师，建设特色交叉学科、打造特色学院"的办学定位；以人才培养为中心，学科建设为龙头，教学质量工程为抓手，深化 5 大教学改革为动力；建设以化学为基础，环境、材料、化工与制药交叉融合、协调发展的"大平台 + 分类培养"的应用型人才培养体系；稳步推进"质量立院、特色兴院、人才强院"战略，建设特色鲜明的应用型学院。

三、举措及成效

（一）学科专业一体化建设为 5 大教学改革提供基础

学院坚持学科专业建设的核心地位，通过夯实学科专业团队、凝练学科专业方向和保障学科专业条件等措施，逐步推进"学科 – 专业"一体化建设，根据学院各专业的学科基础均为化学的特点，构建"大平台 + 分类培养"的应用型人才培养体系，形成以化学为基础，环境、材料、化工与制药交叉融合、协调发展的学科专业集群，专业－学科－平台之间相互支撑，专业建设取得初步成效。

2011 年环境科学专业被评为校级首批"应用型"示范专业；2013 年立项为重庆市"三特行动计划"特色专业；2015 年环境科学与园林专业成功立项为林学与生态环境市级特色学科专业群。据腾讯微博网报道：2016 中国各地区大学最佳专业排行榜中，我校环境科学专业全国排名第 23 名，被评为中国区域一流专业（3 星级专业），使得环境科学专业建设水平跨入全国区域一流行列。此外，新建的高分子材料与工程专业 2013 年也被确定为校级特色专业建设点。

（二）科研教学一体化建设为 5 大教学改革提供支撑

学院坚持"教学促进科研，科研反哺教学"的双螺旋建设理念，坚持将科研成果转化为教学内容、课堂案例、实验项目、专题讲座等，推进教学内容改革；坚持将学生纳入教师科研团队，让科研过程融入人才培养，推进教学方式和毕业论文多样化改革；坚持将教学资源与科研资源协同配置，让教学条件支撑科研发展，实现教学科研资源人才培养效益最大化。

近年来，学院教师高水平科研工作为教学内容、教学方式和毕业论文的改革提供强有力的支撑。如教师科研专著《沉水植物生长恢复研究》中的部分章节进入了《环境科学专业导论》《环境生态学》等课程的教学中；编著的《化学实验技能训练与图析》中的大部分内容作为学院各专业《实验基本技能》课程教学内容。同时，结合教师科研成果和学院人才培养定位，正在筹划出版《水污染控制工程及实训》等 6 部应用型教材。同时，学院导师制的实施，使学生从大一开始，就进入教师科研课题组，全方位参与科研过程，学生的毕业论文选题质量得到显著提升，以 2016 届毕业论文为例：学生毕业论文选题 80% 以上源于教师科研项目，其中：应用设计类 94.8%，理论类仅占 5.2%，采用学科竞赛、发表论文等多种方式替代毕业论文 20 余人次。

（三）理论实践一体化建设为 5 大教学改革提供保障

学院始终坚持应用型人才培养过程理论实践一体化建设，将理论教学和技能培养有机结合。确立以"基本理论和技能为基础，能力训练为主线，不断更新理论和实践教学内容，培养具有较强实践能力和创新意识的应用型人才为目标"的改革思路，构建了"大平台—多层次—强应用"的理论实践教学体系。

大平台：是指将各专业的基本理论知识和基本技能进行有机整合和提炼，构建各专业基础理论和基本技能大平台。

多层次：是指设计从实验基本技能到创新实验技能、从专业基础知识到专业核心知识的多层次的理论、实验课程体系。

强应用：是指在理论、实践教学环节中，突出理论知识和实践能力的应用性。

近年来，学院以理论实践一体化建设为保障，有力推动教学内容、教学方式和考核评价方式等方面的改革。如，在专业核心课程改革方面，将企业真实项目引入到课程教学内容中，实施"校内＋校外"相结合的教学方式改革；在专业技术课程中，强化动手能力培养，分步实施理实一体教学模式；在基础实验课程教学中，采用徒手练习、心智技能训练、体验—反思型等教学方式；在工程、工艺类课程中采用模型嵌入式教学模式，直观呈现工艺过程和工程操作问题；在考核评价方式方面，更注重过程性评价和综合能力考核，采取多种形式（如笔试、口试、设计等），多个阶段（如作业测评、平时测试、课外阅读等）、多种类型（如产品、课堂讨论、学科奖励等）的考核制度改革，学院课程考核方式改革比例超过50%。

这些举措推动学院的教学改革和学生综合能力的提高，人才培养质量得到社会和行业单位的广泛认可。近5年，毕业生年终就业率始终维持在95%以上；学生考研录取率始终保持学校前列，2014届金属材料专业产生学校第一个考研学霸寝室，得到社会的广泛关注。

（四）创新创业一体化建设为5大教学改革提供活力

学院秉承创新常态化、培训系统化、创业整合化的指导思想，通过搭建创新创业实践平台，组建创新创业导师队伍，营造创新创业实践氛围，开展创新创业素质教育，构建"创新—创业"一体化人才培养体系，为教学内容和教学方式改革提供活力，取得实效。

一是"水族空间"获批市级众创空间平台；二是与多家企事业单位联合共建实验室。如与重庆永高塑业发展有限公司联合组建了"塑料高性能化"联合实验室，与重庆市水务局联合共建重庆市水环境监测中心永川分中心，创建"水环境监测特色班"。三是建设大学生路演基地，定期举办学生创客路演活动，提高了学生的创业能力。如：零废水排放水产养殖循环系统等学生创客作品引起投资人的高度关注。

这些举措有力推动学院的教学改革和学生的创新创业能力。近5年，学院获得市级以上大学生创新创业项目20余项，其中，国家级6项；获校级学生科研项目近100项，学生发表学术论文50余篇，其中SCI收录近20篇，申请/授权专利10余项。学生参加重庆市第四届大学生创业大赛获第一名，参加第七届挑战杯中国大学生创业计划竞赛获重庆赛区银奖，2012级张宗保同学创办的微型企业目前已崭露头角。

（五）竞赛育人一体化建设为5大教学改革提供载体

学院始终坚持把学科竞赛作为教学改革的载体，坚持学科竞赛与课程改革相结合。通过开放实验室，为学科竞赛提供了有力平台，激发了学生学习兴趣和激情，弥补人才培养环节中的不足，发挥了其在课程体系、教学改革中的助推作用。

近5年，学生参加省部级以上各类学科竞赛共计获奖52项，其中国家级奖励12项。如："新型环保材料创新团队"荣获2015年小平科技创新团队荣誉称号（全国50项，重庆仅2项）；学生参加第十二届挑战杯全国大学生课外科技作品大赛，荣获国家二等奖；在第十一届挑战杯中，获国家三等奖的好成绩；《年产21万吨乙二醇》项目在全国大学生化工设计竞赛获得国家级二等奖；2012级化学专业马若溢同学参加重庆市首届师范生技能大赛获得第一名，2015年该年级另两名同学参加第二届，又分获二等奖和三等奖；化工专业陈冬玲同学发明的神奇"布"可将污水净化成饮用水，被新华网、新浪网等媒体报道。

同时，通过5大教学改革，教师教学改革的积极性不断增强，教学能力和水平也得到提高。近5年，教师承担的各级教研教改项目20余项，发表教改论文30余篇，获校级教学成果奖2项；建成市级精品课程2门，市级精品资源共享课程1门；在刚刚结束的重庆市2016年高校青年教师教学竞赛中，我院青年教师孟江平以本组课堂教学得分排名第一，综合得分排名第二的好成绩脱颖而出，荣获自然科学基础组教学竞赛二等奖，教师参加学校"说课程·教改课"比赛，获得一等奖1名，二等奖1名，三等奖2名。

四、存在主要问题

1. 市级以上教学名师和团队缺乏，双师型教师不足，部分教师的专业能力和教学水平还需进一步提升。

2. 新专业多，实验实训室建设投入不足，实验室开放运行体系还不够完善。

3. 部分课程教学内容不能完全符合自身办学定位和服务面向，教学方法和考核评价方式还略显单一，工科专业毕业设计类选题比例偏低。

4. 5大教学改革激励措施有待完善，实践教学投入还有待增加。

五、下一步打算

1. 加大高层次人才引进力度，强化双师培养和教师培训力度，优化师资结构。

2. 加大新专业实验室投入力度，构建可操作性的实验室开放运行体系。

3. 加大教学激励力度，持续深入推进 5 大教学改革。

行业导向，能力本位，培养机器人及智能装备应用型人才

——机电工程学院"五大教学改革"探索与实践

罗天洪

为深化教学改革，提高应用型人才培养质量，服务地方经济建设，在学校党政的统一领导下，学院明确了教学改革目标和任务，加强了对教学内容、教学方法与手段、课程考核评价方式、毕业论文（设计）等重要教学环节的改革，确保改革落实在人才培养全过程中，促进了学院内涵建设的不断提升，提高了人才培养质量，成效显著。现将我院开展"五大教学改革"情况总结如下：

一、改革创新举措

（一）深化教学改革，打造"一基双能，四位一体"人才培养新模式

为满足机器人与智能装备新产业人才需求，我院及时调整重构了人才培养方案，构建了以机器人及智能装备集成与应用为主线，以"一基双能，四位一体"为核心的应用型人才培养新模式。人才培养过程中注重强化专业基础知识，突出培养工程实践能力与创新创业能力，即"一基双能"；全力打造"理论教学、实验实训、学科竞赛、校企合作"一体化培养模式，即"四位一体"，促进了人才培养的显著提升。

（二）特色发展，构建机器人及智能装备应用型人才培养新体系

为适应我国制造业的转型升级，特别是重庆市当前产业结构调整、布局（"6+1"支柱产业、"2+10"战略性新兴产业）和机器人应用领域迅猛发展的战略需求，我院机械工程专业及时调整设置了机器人维护维修方向，在全国本科院校中率先开展机器人维护维修及应用专业工程技术人才培养，目前该方向已成功培养了两届毕业生。机械电子工程专业瞄准机器人与智能装备产业，重点培养机器人集成应用与智能制造相关专业技术人才。现有专业在机器人的基础原理、使用与维护、运动控制、生产线应用、技术改造等方面已形成相对成熟的课程体

系，已组建了机器人与智能装备相关的师资队伍，建立起较完善的机器人实验实训体系，同时与本地机器人高新企业建立起了校外机器人应用实训基地、科研基地，开展了深入有效的校企合作。

（三）夯实核心课程的改革，带动专业课程群全面改革

每个专业根据自身与机器人及智能装备的结合特点确定8—9门专业课程为本专业核心课程，安排在3年内分步实施教学改革，以教学改革立项的方式推进和带动相关课程群的全面改革。

以机械电子专业为例：为确保本专业学生制图识图、信号检测、加工精度检测等基本技能，机电系统控制方案规划设计，本体结构及控制系统的初步研发设计能力，本专业重点遴选了《工程制图与CAD》《机械设计基础》《控制工程基础》《电工电子技术基础》《机电传动与控制》《PLC原理与应用》《单片机原理及接口技术》《机器人技术及应用》8门专业课程作为本专业核心课程。其中，《工程制图与CAD》和《电工电子技术基础》已通过重庆文理学院核心课程教学改革立项，并成立了专门的改革教学团队，在教学内容的整合、更新、案例优化，以及教学方式和考核评价方式的多样化改革上作了较深入的探索。

（四）课程教学内容改革

为满足重庆地区对机器人及智能装备行业的人才需求，学院积极开展了产学研合作，通过与企业合作，将行业企业的新知识、新成果、新技术引入课堂，促进教学内容的改革与优化。教学内容改革中，坚持"先进、有用、有效"的原则，减少一些原理和公式的逻辑推导，偏重基础知识的讲解和应用，注重课堂演练和学生的随堂练习，从而激发学生学习的主动性和兴趣性，进而培养学生养成良好的绘图习惯；坚持"实际案例"为主的项目教学，将一些偏深、偏难的理论知识融入案例教学中，使教学内容更深入浅出，学生更容易理解；增加理实一体化的教学，注重培养学生的分析问题与解决问题的能力，提升学生工程实践能力。

（五）教学方式改革

针对课程特点，在教学进程中采用不同的教学方法和手段。对一些基本理论课程教学，坚持采用了教室教学方式，但是在教学中引入测量工器具、模型及实物，使学生更加直观的了解机械或材料结构，如《理论力学》《材料力学》《机械原理》《机械设计》等课程。针对一些注重理论和实践的教学，理论授课过程中多采用视频或者flash动画的方式，增强学生学习的兴趣性和感官理解性，同

时，加强实践教学环节，结合课程需要，加强学生实践动手能力。针对一些工程实践性较强的课程我们主要采取了以下教学方法和手段。

1. 工学结合

改革了传统的教学模式，将理论教学与实践教学融合，探索出了理论教学与实践教学一体化的"案例式（或项目制）"教学模式。为了提高学生知识应用和工程实践的能力，改革了传统教学中理论与实践分离开设的教学模式，采取将理论教学与实践教学融为一体的"项目制（或案例式）"教学模式，如《工业机器人维护与维修》《数控加工技术》《CAD/CAM》《数控加工与特种加工》等。教学场所从教室转移到实训中心，由实践经验丰富的"双师型"教师示例并指导学生完成教学项目。通过"项目制"教学，学生不但增加了学习兴趣，并从生动具体的实践中掌握了理论知识，同时工程素质也得到了提高。

2. 赛训结合

采取"理论→实训→比赛"的教学组织模式极大地激发了学生的学习热情和钻研精神，具有鲜明的技术应用能力培养特色，课程教学和素质教育得以有机融合。如：《AutoCAD》《CAD/CAM》课程结合了学校"鹏程杯"CADCAM 技能大赛、全国先进成图技术及产品信息建模创新大赛和全国三维数字化创新设计大赛，《机械制造工艺学》《数控加工技术》《机床与数控机床》课程结合了学校"机电杯"数控加工技能训练、全国大学生工程训练综合能力竞赛和全国应用型人才综合技能大赛，《机器人技术》《机器人创新设计实训》课程结合了学校机器人创新设计与制作技能实训和中国机器人大赛，《机械原理》《机械设计》课程结合了机械设计实训和全国大学生机械创新设计大赛。

3. 软硬件结合

将数字仿真技术用于课堂中，采用 CAXA、UG、Pro/E、AutoCAD 三维设计与仿真软件，先进行机械零件设计与仿真，然后通过机床（加工中心）实践操作。

（六）毕业论文（设计）改革

1. 为了适应应用型人才培养，学院改革了毕业论文（设计）提高毕业设计题目中应用型项目的比例，突出对学生应用的培养，应用设计类题目占毕业论文（设计）题目的 76%。

2. 提高毕业设计的真题实作比例，课题选自生产一线，突出设计的实际应用性，来自企业一线实际生产类的题目占 14%。

3. 构建校企双导师指导队伍，实行校企双导师制，凡是选自企业生产一线的毕业设计课题，学生都是采取双导师制，即企业工程师（或技术人员）和校内院上教师共同指导。

4. 毕业论文（设计）环节制订了机电工程学院本科生毕业设计（论文）实行多样化形式的有关规定、本科毕业论文（设计）替代办法、机电工程学院实行多样化形式的计分办法（试行）等多项规章制度，鼓励学生采取多样化的方式替代毕业论文（设计），引导学生积极参与学科竞赛、课外科技活动、发明创造等。

二、实施成效

（一）理论与实践教学内容适用性更强，专业培养目标达成度更高

通过前期课程改革，理论课程的内容在"适用、实用、够用"各方面得到充分体现，既保障了课程的必要基础，又融入了专业前沿技术，同时更注重教学实施过程中的企业案例转化，工程应用性更强。

专业核心课程间相互协调，推陈出新，删繁就简，补漏查缺，使课程群间形成了改革的良性互补，综合应用型教学指向更明确，培养目标达成度更高。

（二）教学方式多样、考核评价规范灵活

针对课程特点，实施了一批如"现场教学、实物教学、探究讨论、项目驱动、仿真演练"等可行且有效的教学方式，以及"跟踪过程评价""现场技能考核""作品论文（报告、工程文档）""机试＋笔试""开卷＋闭卷"等灵活多样的考核方式，并形成了改革方案文档，为专业教学的后续改革积累了宝贵经验。

（三）教师"双师"能力提升

专业课程的改革，尤其是完成机器人与智能装备类新生前沿课程的改革，行业新技术新应用的学习，促进了我院专业任课教师的专业能力提升。我院教师2015年参加"全国高等院校工程应用教师大赛"荣获一、二等奖。适用且多样化的教学方式的推行，提高了教师的教学水平。多名教师通过了学校"双师"资格认证，达到了50%。同时，以课程改革为主的教师教学改革项目达到20余项。

（四）学生实践应用能力提升

专业课程的改革，尤其是实践类课程内容的工程化、贴近工厂现场的岗位化，选修课程的个性化，以及考核评价方式的多样化改革，让学生学习兴趣得到增强，"学有所盼，学有所用"，学习方式得到改进。学生学科竞赛成绩显著：

近 4 年来我院学生参加省市级以上各类竞赛，荣获第十三届"挑战杯"全国大学生课余科技作品大赛重庆赛区决赛特等奖，2014 年'尚和杯'中国机器人大赛暨 RoboCup（机器人杯）公开赛分项赛一等奖、二等奖，2015 年中国机器人大赛暨 RoboCup 公开赛一等奖、二等奖，第三届全国大学生工程训练综合能力竞赛（重庆赛区）二等奖，2014 年第六届全国大学生机械创新设计大赛（重庆赛区）二等奖，第四届全国大学生工程训练综合能力竞赛（重庆赛区）二等、第 12 届全国大学生"挑战杯"科技发明制作指导（重庆赛区）一等奖，2016 年第七届全国大学生机械创新设计大赛（重庆赛区）二等奖，2016 西部先进成图技术及产品信息建模创新大赛一等奖，二等奖，总计获奖 30 余项，其中一等奖 10 项，二等奖 15 项。学生科研课题立项 15 项，公开发表论文 10 篇。

通过课程教学改革的实施，学生对工程应用问题的分析和解决能力得到了明显提升。工业机器人方向 2015 届毕业学生共 31 名，已有 28 名进入重庆广数机器人有限公司、重庆固高自动化应用技术开发有限公司、重庆机器人有限公司、莱斯机器人（昆山）有限公司、重庆渝中青少年机器人集训中心、重庆威诺克智能装备股份有限公司等机器人及高端智能装备相关企业工作。

三、主要问题与不足

1. 教师与行业发展的紧密度不够
2. 教师的科研能力不够
3. 教师工作量太大
4. 教师团队力量不足
5. 教学硬件条件不完善、欠缺
6. 学生竞赛或作品类的量偏少

四、建设改革思路

（一）学院整体发展思路

进一步调整专业发展方向，主动对接重庆市"6 + 1"支柱产业、"2 + 10"战略性新兴产业，主动适应重庆市当前产业结构调整、布局，培养机器人与智能装备相关专业技术人才，满足机器人应用领域迅猛发展的战略需求。进一步夯实学科科研基础，努力建设校级独立研究机构"机器人与智能研究院"，"十三五期间"努力将其升级成为市级研究机构；培养引进一大批学科科研骨干，形成结构合理、特色显著的科研团队；设计并开发出多项具有自主知识产权的机器人与智能装备，在重庆乃至全国形成一定的影响力。

（二）专业建设思路

以"行业为导向，能力为本位"的专业建设思想，秉持"一基双能，四位一体"的专业建设理念，培养高素质的工程技术人才，将机械工程专业建设成为规模较大的市级特色专业，将机器人与智能装备专业集群打造成为重庆市机器人与智能装备技术人才培养基地，服务于重庆市"6＋1"支柱产业、"2＋10"战略性新兴产业。适时开办机器人工程专业，进一步从实完善专业结构。

专业建设具体措施如下：

1. 有计划委派教师到有代表性或行业龙头去学习锻炼，适时更新教师的知识结构、拓展视野；加强教师的科研能力；不断完善实践教学条件；

2. 教师引进；

3. 打造优秀教师团队；

4. 增加网络授课，实现"互联网＋"；

5. 聘请行业专家授课；

6. 完善教学硬件；

7. 打造更多特色、精品课程；

8. 鼓励教师多与企业横向联系，参与企业生产与科研、产品开发等，将与新工艺、新技术相关的设计，引入毕业设计课题中去

凝心聚力抓改革　创新教学促发展

——林学与生命科学学院"五大教学改革"探索与实践

杨　帆

根据《重庆文理学院关于深入推进五大教学改革的意见》，学院大力实施"顶天立地"发展战略，确定了"服务区域经济，面向生态城市、特色农业、绿色食品产业，开展应用研究，做特园林类专业，做精生物类专业，做优食品专业，培养具有实践能力、创新精神、创业意识的高素质人才"的办学思路，积极探索"合格＋卓越""合格＋深造"人才培养模式改革，大力建设林学、园艺学学科，开展特色种苗研究，学科引领教学，科研反哺教学，全面深化教学内容、教学方式、考核评价方式及毕业论文（设计）改革，教学改革成效突出。

一、改革举措

（一）深入调研，多方论证，人才培养定位准确

按照从出口往回找的思路，我院先后深入重庆市花卉协会、重庆市风景园林学会等行业协会，三色园林、渝西园林、重庆綦江工业园区（食品园）、华生园、益海嘉里粮油有限公司、聚慧食品有限公司等50多家企业，摸清企事业单位人才需求类型和数量。根据行业企业人才需求，确定专业人才培养目标，细化专业人才培养标准，优化专业课程体系。

（二）需求导向，对接岗位，优化专业课程体系

根据专业人才培养目标定位，按照主要岗位（群）—核心任务—核心能力—核心知识—核心课程的矩阵关系，编制专业人才培养方案。打破以学科为基础的课程体系，以企业真实工作任务和岗位能力分析为基础，构建了融素质教育、专业知识培养、专业能力训练、岗位培训、学科竞赛、技能证书课程为一体的课程体系。

（三）应用为本，能力中心，构建实践教学体系

园林类专业构建了"一、二、三"的实践教学体系，"一个中心"是以能力培养为中心；"两个层次"是专项技能训练与综合技能训练，"三个结合"即是理

59

实结合、研学结合、产教结合。生物类和食品专业初步构建"三、四、四"实践教学体系，三平台包括基础实验平台、综合实验平台、创新实践平台；四层次指基础性、综合性、应用型、创新型实验；四结合包括理实结合、科教结合、产教结合以及研用结合。完善的实践教学体系保证了学生专业基本技能、综合实践能力、创新精神的培养。

（四）统筹规划，学生中心，全力开展课程改革

以课程为载体，以课程教学大纲制定为契机，以核心课程改革为切入点，根据专业培养目标—课程目标—教学内容—教学方式—考核评价方式一体化改革设计思路，按照"能用、管用、够用"的原则，优化课程教学内容；以能充分调动学生学习积极性、充分发挥学生主体地位为目的，改革课程教学方式；以给学生传导适度学习压力，激发学生努力学习为初衷，改革课程考核评价方式，把教学内容、教学方式、考核评价方式等改革明确写进课程教学大纲，让改革落地生根，焕发活力。

1. 教学内容改革

整合教学内容课程42门，引入前沿成果课程35门，引入企业项目课程20门，植入行业标准的课程22门，编写应用型教材或实验实训讲义27本。（表1）

表1　教学内容改革统计分析表

改革形式＼专业	生物科学	生物技术	食品科学与工程	园林	风景园林	小计	比例
引入前沿成果（门）	7	4	8	9	7	35	23.0%
植入行业标准（门）	2	0	3	8	9	22	15.1%
引入企业项目（门）	1	1	1	7	10	20	13.7%
教学内容整合（门）	7	3	8	13	11	42	28.8%
自编讲义、教材（门）	3	2	2	11	9	27	18.5%
合计	20	10	22	48	46	146	100%

园林类专业教学内容改革课程占专业主干课程的近70%。例如《园林工程》《园林植物造景设计》等专业课程大量采用企业真实项目，教学内容与生产实际紧密结合。凝练教学内容改革成果，教师自编出版10部应用型教材。

生物技术专业教学内容改革课程占主干课程的28%。例如《免疫学及实验技术》引入最先进的检测方法。

生物科学专业教学内容改革比例占专业主干课程的40%。例如根据中学课

程特点,《动物学》取消解剖实验,《人体解剖生理学》添加保健、营养膳食等相关内容,《发育生物学》融入教师最新科研成果。

食品科学与工程专业教学内容改革课程占专业主干课程的44%。如《食品微生物学》等课程以有利于职业能力培养对教学内容进行整合;《食品机械与设备》引入企业项目;《食品质量管理》植入食品行业标准。

2. 教学方式改革

在传统的讲授式、讨论式及启发式教学基础上,确定了适合专业特点的项目导向式、情景模拟式以及现场教学等多种教学方式。其中,园林专业教学方式改革比例占专业主干课程的56%,制作实验教学视频18个,建成《插花艺术》《园林树木栽培学》《手绘表现》《工程材料》等4门网络课程和《园林规划设计》《观赏植物学》《园林施工图绘制》等3门在线开放课程,为教师开展翻转课堂教学改革奠定了基础。生物科学专业开展教学方式改革课程占28%;生物技术专业占24%;食品科学与工程专业占32%。

打破过去一讲到底的填鸭式教学,采用问题导向、任务驱动,通过学生汇报、师生点评、同学讨论等形式,让课堂活起来,让学生脑、手、口都动起来,成为课堂的主角。

3. 考核方式改革

考核方式改革坚持"四个结合",即过程考核与终结考核相结合、闭卷与开卷相结合、口试与笔试相结合、理论知识和操作技能考核相结合,确定适合课程性质和特点的考核评价方式,制定课程考核评价标准,建立课程考核评价体系。目前,我院专业必修课程考核评价方式有7种(详见表2)。

表2　专业必修课程考核方式统计表(2011年以来)

	专业 考核方式	生物 科学	生物 技术	食品科学 与工程	园林和 风景园林	小计	比例
1	命题答卷(门)	12	16	13	21	62	34.6%
2	实验操作(门)	13	12	11	15	51	28.5%
3	调查报告或论文(门)	5	3	4	19	31	17.3%
4	作品(门)	1	0	0	2	3	1.7%
5	教学设计(门)	1	0	0	0	1	0.6%
6	项目设计(门)	1	1	2	20	24	13.4%
7	案例分析(门)	0	0	0	7	7	3.9%
	合计	33	32	30	84	179	100%

注:每门课程不只采用一种方式

生物科学（师范）专业考核方式改革比例达到 75% 左右，生物技术专业考核方式改革比例达到 64% 左右，食品科学与工程专业考核方式改革比例已达到 78% 左右，园林和风景园林专业考核方式改革比例已达到 85% 左右。其中，实验实训课程 100% 采用实验技能操作的考核方式。有的课程存在两种及以上考核方式。无论哪种方式，都重点考核学生应用所学知识解决问题的能力。

（五）应用研究，真题真做，毕业论文（设计）多样化

尊重专业特点和学生实际，学生毕业论文（设计）选题有的来自教师科研，参与科学研究，撰写科学论文；有的选择企业真实问题，撰写调研报告，创新加工工艺，编制设计方案，建成工程作品等。改变了以往虚设题目与现实脱节的情况，做到真题真做。例如 2016 届毕业论文（设计）主要有 5 种类型（表3），生科、生技学生二年级开始参与教师科研，94% 撰写科学论文。园林类学生选题主要来自实习工作时参与的园林工程项目。园林类学生选题 15% 来自教师科研项目，83% 来自实习工作时参与的园林工程项目，93% 选择景观设计，少量撰写工程项目管理方案和工程作品。

表3 2016 届毕业论文（设计）类型统计

论文形式 ＼ 专业	生物科学	生物技术	食品科学与工程	园林	小计	比例（%）	备注
教改论文（篇）	2	0	0	0	2	0.5	比例较小
调研报告（篇）	1	1	3	5	10	2.3	
研究论文（篇）	27	40	30	16	113	26.1	教师科研项目
食品工艺设计（篇）	0	0	19	0	19	4.4	
景观项目设计（篇）	0	0	0	288	288	66.7	缺少施工、作品
合计	30	41	52	309	432	100	

另外，学生以在 B 类或 CSCD 等核心期刊上发表的论文（近3年有13名）、以"挑战杯"获奖作品（1名）、以"景观设计大赛"作品（3名）替代本科毕业论文（设计）。

二、改革成效

经过近10年的改革，我院的教学改革取得可喜的成果（表4）。

表4　教学改革成果统计表（2011年以来）

级别 类别	国家级	省部级	校级	小计	备注
质量工程（项）	3	6	–	11	校级未统计
教改项目（项）	3	6	21	30	
教学成果奖	0	2	4	6	
核心课程改革（项）	0	0	33	33	
教学比赛获奖（人次）	0	1	4	5	
学科竞赛获奖（人次）	17	36	–	53	校级未统计

2014年获得国家级卓越农林人才培养计划试点项目；我院实践教学基地——重庆渝西园林公司获得2013年国家级大学生校外实践教学基地建设项目；先后获准3项教育部产学合作协同育人专业综合改革项目。"政产学研用协同培养园林专业应用型人才的探索与实践"获得2013年重庆市教学成果二等奖；"实用技能型卓越园林人才培养模式的探索与实践"获得2017年重庆市教学成果一等奖；林学与生态环境专业群获得2015年重庆市高等学校特色学科专业群建设点；园林专业获得2012年重庆市综合改革试点专业和2011年工学研三位一体应用型人才培养模式创新实验区；艾瑞深中国校友会网《2017中国大学评价研究报告》显示，我校园林专业在全国160余个本科专业点中排名第五，成为全国四星级高水平专业。

张媛媛老师获得2014年重庆市青年教师技能竞赛三等奖；张媛媛、娄娟、马静、张美霞等教师先后被评为重庆文理学院教学改革示范岗；学生开展创新实验项目15项，发表核心期刊论文22篇；学生在第四届中国园艺学会压花分会年会暨压花作品比赛、2017年"园冶杯"大学生风景园林国际竞赛、韩国邱礼举行的第17届韩国压花大典和压花国际交流比赛、"华文杯"全国师范院校教学技能大赛、挑战杯等各类学科竞赛并获得优异成绩。

三、存在问题

（一）人才培养模式改革不深入，专业特色还不够鲜明

尽管不断优化实践教学体系，但产教融合度不高，不能达到专业教学与生产实际的无缝对接。尽管采用了对接岗位的模块化教学，但教学场景与实际工作场景存在很大差别，学生岗位工作能力还达不到企业要求，但一毕业就能独当一面

的学生凤毛麟角。

（二）教学改革不深入，成果显示度不高

教学改革摸索过程中难免有些改革策划不周全，导致改革停留形式上，而没有实质性地改到位。例如毕业论文（设计）形式多元化改革开展以来，毕业论文（设计）形式有5种之多，但生物科学与生物技术主要还是研究论文，园林绝大多数是项目设计。生物科学专业学生撰写教改论文、教案设计等很少；园林专业学生撰写施工方案或完成景观作品的很少，与专业人才培养目标契合度不够。

专业核心课程改革理应做到整体改、全程改，但实际上由于课程团队研讨不够，主讲教师单打独斗，部分课程教学内容更新不及时，有些教学方式不恰当，导致应有的改革效果不明显。

另外，教师不善于对教学工作进行反思总结，没有对教学改革加以提炼，教改项目、教改论文、教材、教学成果数量不多，教学改革成效显示度不够。

（三）教学改革的机制不完善

教师重视学科科研，轻视教学和教学改革，主动开展教学改革的积极性不高，教学改革激励机制有待完善。

（四）深入开展五大教学改革的教学资源不充分

教师资源不足，而我院理工科专业实践课程比例大，分小班上课，课时总量大，人均授课任务重，开展教学研究、教学改革的精力不足。

在线课程资源极少，在线学习平台未搭建，在教师监控下的学生自主学习难以开展，教师精讲学生多思、多练的课堂难以实现，翻转课堂改革缺少客观条件，学生中心地位难以体现。

四、下一步工作

（一）突出特色，创新人才培养模式

1. 深化校企合作，彰显园林专业特色

学院将进一步推进与重庆园林局、林业局、园林协会、100余家园林企业的深度合作，建设好国家级园林大学生创新实验基地，实施好国家级卓越农林人才培养计划，三进工作（企业专家进课堂、企业标准进课程、学校师生进企业）常态化，广泛采用分段式、顶岗实习式育人新模式，采用订单式培养，培养出"下得去、上手快、留得住、后劲足"的园林人才。

2. 汇聚资源，打造食品科学与工程专业的特色

通过生化楼全面改造和新一轮设备更新，食品科学与工程中心实验条件不断

完善,力争建成"食品科学与工程"市级实验中心;通过教师进企业、出国留学、参与教研教改短训等,提高专业教师队伍的教学能力、教学研究能力、科研服务食品企业的能力;广泛开展与食品行业的合作,扩大食品专业的社会影响力,把食品科学与工程建成校级特色新专业,力争建成市级特色专业。

3. 分类培养,建立促进学生个性化发展的人才培养模式

学院继续贯彻"学生中心,能力本位,需求导向,分类探索,多元培养"教育理念,分类探索合格+多元人才培养模式。狠抓考研学生的考前动员、备考指导、上线后的跟踪帮扶,力争考研率达20%。强化专业技能训练和指导,力争学科竞赛获奖人次增加30%,获奖等级有所提高。

(二) 聚焦课程,深化五大教学改革

1. 做好课程改革规划

以15版课程大纲为抓手,课程组认真研讨,教研室仔细评议,学院专家组审查把关,规划好课程教学内容、教学方式、考核评价方式改革。明确专业对应的行业、企业和岗位群,理清岗位群典型工作任务对学生知识、能力与综合素质的要求,实现课程内容与职业标准对接,教学过程与生产过程对接,毕业证书与职业证书对接,教学策略与方式、考核评价方式符合课程性质与特点。

2. 着力开展专业核心课程改革

严格组建核心课程教师团队,推行专业核心课程负责人制,依靠院校市三级改革项目,实施全程改和整体改,确保改革到位,出精品,立示范。力争在下一届"说课程、教改课"比赛获得更好成绩。

3. 建成一批优质课程共享资源

学院引进专业慕课制作团队,配合优秀主讲教师,建成4—6门校级视频公开课程,力争建成1—2门市级视频公开课程。资助教师公开出版校本教材5—8部。

(三) 完善措施,激励教师投身教学改革

1. 完善教学奖励制度和激励机制

学院在学校教学奖励办法基础上,制定《林学与生命科学学院教学改革量化计分奖励办法》,支持学院层面的教改项目,奖励教学改革成效突出、教学质量优秀的老师。

2. 整合教学资源,确保教学改革

引进具有建筑学科背景的园林专业老师,充分利用园林企业工程技术人员,解决园林专业师资不足,教师教学负荷过重的问题。全面改造升级实验室条件,

开辟教师工作室，不断改善教职员工的工作环境，确保教师安心教学工作，潜心教学研究和改革。

3. 搭建平台，提升教师教学能力

一是坚持实施"新教师跟踪指导计划"，让新教师快速成长，站稳讲台；二是定期组织院内外优秀教师举办教学示范课、观摩课、学术讲座等，组织开展专题研讨，推动教师之间的相互学习和交流。三要加大教师到企事业一线、学校实验实训中心等进行实践锻炼的力度，提高教师应用型教学执教能力。四要提供出国培训学习机会，提高学术水平，为职务晋升铺平道路。

深化五大教学改革，提升教与学的效果，增强学生就业竞争力

——电子电气工程学院"五大教学改革"探索与实践

石东平

一、办学定位

根据学校"顶天立地"发展战略，依照学校"建设应用型学科，开展应用研究，培养应用型人才，创建应用型大学"的办学定位，结合我院学科专业特点，科学拟定我院办学定位，即：以电子科学与技术学科为龙头，以物理学专业为基础，以电气信息类专业为主线，以高素质双师型教师队伍建设为重点，以学生全面发展为根本，以培养特色应用型高级专门人才为目的。大胆致力于教育教学改革，着力探索"四维融通"应用型人才培养模式，强力推进产学研深度合作，增强服务地方经济建设能力，努力将电子电气工程学院建设成"专业有层次、办学有特色、区域有影响"的高水平学院。

二、举措创新

主要包括"人才培养方案、课程标准、师资队伍建设、条件建设、基地建设、规章制度"等6个方面。我们认为，人才培养方案是人才培养的纲领；课程标准规定了教学目标、教学内容、教学方法手段及考核评价方式，是教师实施课程教学及学生学习效果考核的依据；师资队伍、条件建设、规章制度则是实施教学的强有力保障。

（一）抓好顶层设计，优化人才培养方案

通过问卷调查、实地走访、学生座谈、教师研讨、行业专家咨询等形式，明确各专业人才培养目标定位；明确各专业主要岗位群、专业核心能力要求及专业核心课程；明确课程体系及课程设置；理顺实践教学环节的层次和递进关系；明确各专业应植入的行业课程。新优化修订的人才培养方案强化3大基础课程，构

67

建了电类专业基础大平台，强调适应性和资源高效利用；改造了专业外语、文献检索等课程的开设形式，强调适用性；植入行业课程，对接产业需求。

（二）编制课程标准，保障人才培养质量

根据各专业人才培养目标，就每门课程而言，针对学生学习成果的"内容"——该学到什么？"方式"——怎样学到？"教师作用"——怎样教学生学到？"考核评价"——考核是否学到？"条件保障"——需要什么条件才能学到？等5个方面，以教研室为单位，对各门专业课程教学内容、教学方式、考核评价方式改革进入深入研讨，并编制出相应的教学大纲和课程标准。目前已编制了2015版电子信息科学与技术、微电子科学与工程、电气工程及其自动化等3个专业的专业基础课、专业技术课及实训课等共计81门课程标准，新的课程标准在课程性质、课程目标、课程内容、实施建议等方面均作了详细规定，从源头为提高人才培养质量提供保障。

（三）强化师资培训，确保课程标准顺利实施

为保证课程标准顺利实施，必须加强专业师资引进和培养力度。根据各门课程的课程性质，对双师型师资需求和现有情况进行了认真清理，制定了双师型教师培养计划，先后派出多名教师到企业进行双师教师培训。各专业双师型教师情况如表1。

表1　双师型教师情况统计表

专业名称	专任教师数	双师型教师数	比例
电子信息科学与技术	13	7	53.8%
电气工程及其自动化	15	5	33.3%
微电子科学与工程	13	5	38.5%

需要说明的是，因为同一教师在不同专业任课，所以有交叉。将需求与现状相比较，目前与双型课程匹配的双师型教师仍然存在较大的缺口。

（四）加强实训条件建设，保证教学的有效性

"理实一体化"教学是我院工科专业课程的主要教学模式之一，实训条件建设是其重要保障。为此，我院先后建成模拟电子技术、微机原理与接口技术、单片机原理与应用、EDA技术、电子线路设计、CAD、电路仿真实验室等7间理实一体化实验室，为专业技术课程实施"理实一体化"创造了基本条件，保证了课程教学的有效性。

（五）加强基地建设，促进毕业生高质量就业

采取"走出去，请进来""追踪回访"等形式，加强了毕业生实习、就业基地建设。学院先后成立了工程技术研发部，与企业共建冠名的产品研发工作室，目前已建成重开电气研发室、重庆洁邦电器研发室、重庆熠佳电子研发室、重庆懒人福家政物联网实验室。在校外，我们建立了稳定的就业基地，如国网新疆电力公司、北京华清远见成都分公司、深圳腾尚时代信息科技有限公司、重庆力华科技有限公司等 10 余个学生就业基地，为提高毕业生就业率和就业质量创造条件。

（六）完善规章制度，调动教师改革积极性

先后制订和完善了《电子电气工程学院五大教学改革实施方案》《电子电气工程学院双师型教师培养认证方案》《电子电气工程学院各专业核心课程改革计划》《电子电气工程学院本科生毕业设计（论文）实行多样化改革的有关规定（试行）》，正在完善《电子电气工程学院学生"毕业实习、毕业设计、就业"一体化实施办法》。强力推行岗位职责与绩效考核联动，从制度上督促和调动教职工参与教学改革。

三、实施成效

（一）教学改革基本情况

1. 教学内容改革

采取"分类探索"方法，改革课程教学内容。对专业基础类课程，在内容上突出系统理论的选择，教学过程中适度反映新技术和新理论；对专业技术类课程，增设大量的综合性、设计性、开放性实验实训项目；对程序控制类课程，根据电气信息类行业需要，实施 3 层次教学即：至少掌握一种程序设计语言、培养学生软硬件二次开发能力、专用软件融入课程教学要求。教学内容改革课程占整个专业课程的比例见表 2。

表 2　教学内容改革情况统计表

专业	分类	改革课程门数	改革比例
电子信息科学与技术	专业基础课	6	64%
	专业技术课	7	
	程序控制类课程	5	

续表

专业	分类	改革课程门数	改革比例
微电子科学与工程	专业基础课	5	52%
	专业技术课	6	
	程序控制类课程	5	
电气工程及其自动化	专业基础课	6	62%
	专业技术课	7	
	程序控制类课程	5	
物理学	专业基础课	5	33%
	专业技术课	5	

由表看出，3个工科专业改革比例均超过一半，物理学专业是理科专业，改革比例稍低。

2. 教学方式与手段改革

采用"四结合"方式即"工学结合""训赛结合""软硬结合""训产结合"进行教学方式与手段改革。工学结合——采取将理论教学与实践教学融为一体的"项目制（或案例式）"教学方式；训赛结合——采取"理论→实验→实训→竞赛"的教学组织模式；软硬结合——采用仿真平台与多媒体技术相结合的教学手段；训产结合即"实训＋生产"的教学模式，以"SMT技能实训"课程为试点，"实训＋生产"相结合，聘请企业生产一线人员深度介入，做实实训课程，以真正提升学生专业实践动手能力为目标。以点带面，逐渐推广到其他技能实训课程。

表3　教学方式与手段改革情况统计表

专业	措施	课程门数	占比
电子信息科学与技术	软硬结合、工学结合、赛训结合、训产结合	14	50%
微电子科学与工程	软硬结合、赛训结合、训产结合	15	48%
电气工程及其自动化	软硬结合、工学结合、赛训结合	16	55%
物理学	"讲解→实训→课堂展示"的教学组织模式	3	10%

由表看出，工科专业改革比例在50%左右，物理专业主要针对专业技能课程进行改革。

3. 考核评价方式改革

采用"过程考核＋期末考试"相结合的考核评价方式，改革传统的以期终笔试为主的一次性考核方式，通过随堂测验、课堂讨论、课程设计、操作技能考核、期中考试等多种方式开展过程性考核，有效发挥考核评价在调动学生学习的主动性、积极性方面的作用。改革传统的期末闭卷考试方式：对理论性较强的课程，积极推行半开卷方式；对实践性较强的课程，实行"理实一体化"考试，即考试地点设在实验室，采取一张试卷，试卷内容包括理论知识、实践操作两部分内容，理论知识和实验操作各占50％；对工程性较强的课程采取竞赛的方式进行考核。

表4　期末考试方式改革情况统计表

专业	具体措施	课程门数	占比
电子信息科学与技术	半开卷方式＋课程设计、课程论文、闭卷考试＋实验操作考试、理实一体化上机考试、作品＋报告	21	75％
微电子科学与工程	半开卷方式＋课程设计、课程论文、闭卷考试＋实验操作考试、理实一体化上机考试、作品＋报告	18	58％
电气工程及其自动化	半开卷方式＋课程设计、课程论文、闭卷考试＋实验操作考试、理实一体化上机考试、作品＋报告	20	69％
物理学	半开卷方式、课程论文	5	17％

4. 毕业（论文）设计改革

根据专业特点，改革以往毕业设计以写作学术论文为主的单一形式，按照"毕业设计—毕业实习—就业"一体化实施办法，实行"多样化"改革，物理师范专业主要偏重中小学教学资源设计制作，工科专业主要偏重作品设计开发，学生还可以科研项目、学科竞赛获奖、正式发表论文、专利等替代毕业设计；毕业设计"指向"行业生产实际，真题真做。毕业设计改革情况见表5。

表5　毕业设计改革情况统计表

专业名称	形式	人数	改革比例
电子信息科学与技术	毕业论文	14	15.7%
	替代	2	2.3%
	毕业设计	73	82%
电气工程及其动化	毕业论文	64	27.8%
	替代	2	0.9%
	毕业设计	164	71.3%
微电子科学与工程	毕业论文	21	47.7%
	替代	1	2.3%
	毕业设计	22	50%

从表中看出，3个工科专业毕业设计及替代比例分别为：电信专业84.3%，电气专业72.2%，微电子专业52.3%，这与专业成熟度和改革推进的条件存在关系。

（二）改革成效

1. 构建了"行业嵌入式"人才培养模式

以"五大教学改革"为契机，构建了入口"嵌入"、过程"植入"、出口"融入"的"行业嵌入式"人才培养模式。入口"嵌入"——通过"两讲一看"，即专业团队主讲专业导论课程、企业家主讲行业规范及岗位要求、学生进企业现场专业见习。让学生熟悉专业定位，了解行业需求，明确发展目标。过程"植入"——将行业标准"植入"课程大纲，将职业要求"植入"课程体系，将岗位能力"植入"课程实践。出口"融入"——"两指向"——毕业实习"指向"行业就业岗位，毕业设计"指向"行业生产实际。通过"两讲一看""三植入""两指向"等系列改革探索，在课程教学与学生能力培养方面取得了较突出的成效。

2. 解决了应用型人才培养的教学关键问题

通过"理实融合"，解决了理论与实践的脱节问题。通过课程标准、课程体系、课程实践、教学评价和毕业设计与行业需求紧密结合，解决了专业教学与行业需求的对接问题。通过行业标准、职业规范、岗位能力在课程体系中的植入，毕业实习真抓实干，毕业设计结合行业生产一线需求真题真做，解决了毕业与就业的衔接问题。

3. 取得了一系列教学改革成果

实践能力显著增强。近5年来，学生获得省、市级以上科技竞赛奖50余项，其中包括全国大学生电子设计竞赛"一等奖"，"挑战杯"大学生课外科技作品竞赛全国二等奖、重庆赛区"特等奖"，全国信息技术大赛一等奖，重庆市师范生技能竞赛、重庆市大学生物理创新竞赛等。

就业质量稳步提升。"以边疆包围内地"，开辟电类专业毕业生就业市场。电气信息类专业学生参加国网考试，过关率超过80%；物理专业2016届学生招考进入重庆巴蜀中学、重庆树人小学等市内重点学校；电气专业毕业生近一半考入国家电网，近两年新疆国网录用该专业学生70余名。毕业生就业率、就业质量双高，在同类院校中名列全市前茅。

引领示范作用明显。电气工程及自动化和电子信息科学与技术两个专业先后获批"重庆市级特色专业"；电气信息类专业招生特别是电气工程及其自动化招生第一志愿年年爆满；市内多所高校前来交流取经，得到同行高度评价，引起社会广泛关注。

四、存在问题及努力方向

（一）专业特色需进一步凝练

存在问题：专业面较窄，专业特色欠缺，专业品牌不响。

努力方向：一是实施专业分流培养。在现有工业电气自动化专业方向的基础上，积极筹建建筑电气智能化、电机电器控制两个专业方向；二是以两个市级特色专业建设为契机，着力打造专业特色。

（二）师资数量与结构需进一步引进和优化

存在问题：生师比过高，师资数量不足，双师型教师数量不够。

努力方向：重点针对各专业核心课程及专业实践教学环节，加强师资引进力度，加强青年教师培养力度，重点针对"双师课程"培养"双师型"教师。

（三）教学资源特色需进一步彰显

存在问题：与应用型人才培养相适应的教材数量少，推广不够，网络在线课程数量少，质量不高。

努力方向：重点针对专业核心课程，开发校本教材，并分批遴选资助，计划5年内至少出版5部专业核心课程教材，开发出方便学生学习和社会推广的在线课程。

（四）实验实训条件需进一步完善

存在问题：实验实训室整体布局欠合理，理实一体化教室比例仍然不足，设备台套数少，部分设备老化。

努力方向：充分利用好中央专项资金项目，多方筹集资金；科学规划、陆续改造实验实训室。

（五）大学物理公共课改革需加快步伐

存在问题：大学物理公共课改革步伐缓慢，未达到专业化改革目的。

努力方向：在未来 3 年内，根据各专业培养目标，对大学物理实施专业化改革。

回归工程教育本源的 IT 人才培养之路

——软件工程学院"五大教学改革"探索与实践

罗代忠

2016 年 6 月 2 日，我国成为《华盛顿协议》正式成员，实现我国工程教育国际实质等效，这不仅是我国工程教育的里程碑，更是我国整个教育的里程碑，必将开启我国工程教育新篇章，为软件工程学院进一步深化工程教育改革注入了强心剂。

一、学院基本概况

计算机学院（软件工程学院前身）自 2008 年成立以来，聚焦工程调结构，现有计算机科学与技术、信息工程、网络工程、软件工程等 4 个本科专业。其中计算机科学与技术专业开展政校企合作试点，软件工程专业是重庆市级特色专业。拥有重庆市实验教学示范中心—计算机工程实验教学中心，重庆市科委和重庆市教委双授牌众创空间－e 创星空。

2009 年"软件工程方向植入 Aptech 课程体系人才培养模式"获校级人才培养模式创新实验区；2012 年"应用型本科院校计算机软件专业人才培养模式改革研究与实践"获重庆市优秀教育科研成果奖；2013 年"以工程能力为核心的软件人才培养模式创新与实践"获校级教学成果奖，2014 年该专业被评为校级特色新专业。近年来，学生参加"挑战杯""程序设计""中国计算机设计大赛""互联网＋"创新创业等各类竞赛中获 30 多项国家级、市级奖项；毕业学生就业率近年来稳定在 95% 左右。

二、学院办学理念

培养定位：按照科学、技术、工程的要求，科学是为了发现，技术更多的是发明，工程是为了创造，很明显地区分了人才培养层次，因此我们的人才培养定位就是解决实际工程项目的工程人才，符合学校应用型人才定位。

建设思路：学院围绕工程教育理念，本着"来源于产业、根植于产业、服务

75

于产业"的办学理念，走政校企合作办学之路，通过引进企业教育资源和工程实践资源，实施 2.5 + 0.5 + 1 学程分段的"学历教育 + 工程训练"模式，回归工程教育本源，培养计算机类工程化人才。

建设目标：以软件工程专业为支撑，依托政校企合作平台的优质教学资源，孵化工程型教师队伍、重构工程型教学内容、开发工程型教材、运用工程型教学模式，建立符合工程化人才培养的实验实训中心，培养高素质工程化 IT 工程师，建设成校企合育工程人才的产业型特色学院。

三、学院建设举措

举措思路：调整专业结构，搭建育人平台，建设工程体系，夯实过程环节。

（一）聚焦工程教育，调整学院专业结构

根据学校应用型人才培养的定位要求，学院专业结构聚焦工程型，人才培养指向工程化，围绕工程教育调整专业结构。2010 年新办信息工程专业；2010 年计算机科学与技术（网络工程专业方向）脱帽，开办网络工程专业；2013 年计算机科学与技术（软件工程专业方向）脱帽，开办软件工程专业；加上原有的计算机科学与技术专业，从而学院形成两大工程型专业群方向：以软件工程专业为支撑，涵盖原计算机科学与技术专业；以信息工程专业为增长，涵盖网络工程专业。

（二）借力政校企合作，搭建工程化实验实训平台

1. 搭建校企合作育人平台

通过引业内知名企业（华为、HTC 等）生产线进校园入住学院实验室，建立校企合作实践实训平台；根据课程性质引企业工程师进课堂，讲授技术课程和指导项目实践实训。学院先后引企业工程带项目进课堂 9 门课程，开展校企合作育人。

2. 搭建政校企合作育人平台

永川区政府、入驻永川软件产业园的帮靠教育、重庆文理学院三方合作，从 2015 级开始联合开办计算机科学与技术政校企合作班，共同制定人才培养方案，共同实施人才培养。

（三）树立工程教育理念，构建工程人才培养两大体系

1. 工程型课程体系

课程体系"聚焦工程知识，关注技术趋势，注重专业规范"，采用逆向设

计；实施过程"遵从培养规律"，采用正向实施课程体系强化工程知识，强调工程实践和设计，重视工程素养；从专业能力结构层面梳理出了核心知识、核心能力和核心素养要素及定义，以此映射出核心课程。

2. 渐进式"三维立体"实践教学体系

实践教学体系以"夯双基，强两项，建双控，提两能"为根本，其中"夯双基"指夯实基础理论知识与基本实践技能，"强两项"指强化"课程项目"与"实训项目"的实施，"建双控"指控制工程项目内容实用性与控制项目过程规范性，"提两能"指提升学生工程实践能力与创新能力。构建的"三维立体"实践教学体系以"两项"载体为内容维度、"分层"模式为实施维度、"双控"保障为监控维度，实现工程能力和创新能力的"两能"目标，形成"实践与理论结合、工程能力显著、创新意识突出"，涵盖基础型、综合设计型、工程创新型"三个层次"的实验内容，实现学生 4 年本科实验（实训）不断线培养，强化实验内容和实际工程应用挂钩，强化工程应用能力培养。

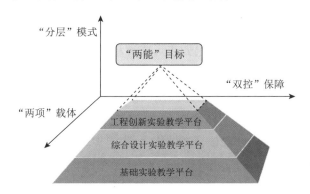

图 1　两能目标立体教学坐标图

（四）回归工程教育本源，夯实人才培养过程环节

1. 工程型教学研究

为厘清工程教育理念，深入推进工程化教学建设与改革，学院开展了全方位工程应用型教学研究。如人才培养模式的重庆市级教学改革课题《软件工程专业人才培养模式改革与实践研究》、工程型人才培养体系构建的论文《回归工程实践的应用型软件人才培养体系改革》、工程型教学方式改革的重庆级重点教学改革课题《工程教育类课程"翻转课堂"教学模式改革研究与实践》等，这些研究成果为工程化人才培养奠定了坚实基础。

2. 工程化队伍建设

①执教能力提升。近年先后选派了 8 名教师到美国西北理工大学、12 名教师到贵阳参加专业核心基础课程培训，主要涉及程序设计基础、离散数学、操作系统、计算机组成原理、编译原理、数据库原理等课程，提升专业教师执教能力、课程深度、教学技艺的效果显著：2014 年、2016 年均获教师"说课·教改课"比赛获得一等奖 1 项。②工程能力提升。一是送教师进企业工作岗位，培养和提高青年教师工程化能力和水平。学院先后派出 40 名教师，共计 150 余人次到深圳市华为、讯方、成都睿峰科技等企业顶岗参加工程项目，提升工程经验。二是引企业工程师进课堂。先后引讯方科技、帮考教育等 14 名工程师进校园授课。校企合作模式下的工程队伍建设成效初显。

3. 课程建设

针对课程教学过程中出现的教师教学局限于教书，教书局限于课程，课程局限于课堂，课堂局限于讲授，讲授局限于教材，因而导致教学靠教材，教师讲教材，学生学教材，考试考教材的现象；学院要求教师第一步吃透教材，第二步吃透课程，第三步开展课程研究，第四步形成课程教学理念，第五步是开发校本教材。按科学、技术、工程 3 个层次将工程型课程划分为 3 种形态，即理论课程（实践依附于理论教学的专业基础课程）、技术课程（实践融合于理论教学的专业技术课程）和实训课程（实践独立于理论教学的专业实训课程），学院课程建设与改革路径从工程实训课程→技术课程→理论课程（即从外家功夫到内功）。

（1）课程团队

2015 年学院出台《软件工程学院课程建设管理办法》，按理论课程、技术课程或实训课程相关链划分课程群，以此设立课程团队，任课教师按专业方向或研究方向归口课程团队。课程团队的工作任务及要求：一是编制课程教学大纲，其流程是课程团队研讨确立课程知识点明细（避免不同课程知识点重叠或遗漏）→课程负责人编制大纲→课程团队研讨大纲→课程团队负责人审定→提交专业负责人审定；二是团队成员至少精深课程群一门课程，在 2015 版人才培养方案实施一个完整周期内实现"一师一优课""一课一名师"的课程建设目标；三是开展课程研究，开发校本工程应用型教材。

（2）重构教学内容

针对理论课程，按行业需求重组课程知识；针对技术课程和实训课程，充分利用合作企业的商用项目资源，将商用项目按知识点分解，转化为课程教学项目并贯穿于技术课程或阶段性综合设计，或直接将植入的商用项目用于工程实训，培养学生实际项目开发能力。目前学院已经正式出版校本教材 6 部 [《如离散数学及其应用》（清华大学出版社）、《案例式程序设计》（清华大学出版社）、《数据库原理及应用实验教程》（清华大学出版社）等]。

（3）教学方式

针对课堂教学出现的如下问题：以教师为主导的填鸭式教学、学生把精力放在考试上的学习态度、课堂只有"教"没有"学"的课堂形态、教的模式与学的模式不匹配、课堂被信息技术绑架的僵化教学模式？学院倡导教师应该"教"会学生如何"学"，才能充分调动学生主动学习。

学院针对课程性质不同采用不同教学方式：技术课程和实训课程采用基于 CDIO 的"做中学"模式。技术课程融入项目，采用理论与实践"一体化"教学，即"授课 + 演示 + 现场辅导 + 操练 + 验收"的模式，要求学生"人人过关"；实训课程采用开放模式，以项目任务为驱动，运用"项目任务 + 要点讲解 + 现场辅导 + 验收"方式组织教学。理论课程推行基于 MOOC 资源的新型教学模式，即翻转课堂或混合式教学模式。从 2014 年下半年开始充分借助在线教学平台（玩课网），通过建设在线课程资源（在玩课网建设的 MOOC 资源《UI 应用开发之 PHOTOSHOP 篇》，目前多所学校正在使用该资源教学）和引入在线课程资源，在《数据库原理及应用》《程序设计基础》试点推行翻转课堂教学模式，在《计算机应用基础》试点推行混合式教学模式，教学主要环节包括学生课前视频学习、练习，课堂内化、限时诊断、研讨，运行效果显著。2015 年年底，《计算机应用基础》获得全校公共课程学生评教第一名，"数据库原理及应用"试点班比普通班期末试卷平均成绩高 15 分左右。软件工程学院在 MOOC 教学改革中取得的成效，获得中国高校计算机教育 MOOC 联盟的认可，成为联盟支持的首批 12 所"计算机相关专业 MOOC 教学试点高校"之一，可免费使用爱课程平台的 MOOC 课程资源。

（4）考核方式

目前学院有 26 门理论课程主要采用半开卷或理论 + 实验操作组合式考核；技术课程和实训课程考核评价方式主要有两种形式：一是采用完成任务作品 + 理论组合式考核课程有 20 门，从考试型向完成任务型转变，避免一张试卷定成绩，而且避免了学生只会答卷，不会编程解决实际问题的现象；二是采用现场限时操作考核有 29 门，教师可现场评分或事后评分。

学院开展翻转课堂教学的课程考核主要由课前自主学习评价（含视频学习、作业练习），课堂表现（含团队展示、你比画我猜等团队积分，限时作业、问题回答等个人积分），实验（每次实验完成质量、期末实验考核），期末理论考试等部分环节组成。

4. 毕业设计

为让学生项目衍生成作品，让学生作品转化成产品（工程制品），推行毕业设计多元化，学院出台了《软件工程学院本科毕业论文（设计）替代办法实施细则》，拟定了正式发表的论文和著作，学科专业竞赛"三类"二等奖及以上，市级及以上大学生项目，知识产权类作品，项目策划方案（必备条件为已获得高水平专业、行业认证），个人（团队）开发的商用软硬件系统和其他可代表其专业水平或能力的项目作品等 7 类成果可以替代毕业设计。2015 年、2016 年学生毕业设计替代人数在 30% 左右。

5. 强化实习过程

针对实习有"放羊"嫌疑、学生是否实习无法有效确认，学生实习期间是否在实习岗位缺乏有效监控，实习之后的效果缺乏反馈和评价、实习成绩不真实，以及产生的实习放水现象等问题，为规范我院学生专业实习环节的质量标准和管理行为，确保专业实习实化，避免专业实习虚化，减少专业实习的盲目性和随意性，切实提高专业实习效果和人才培养质量，2012 年制定了《软件工程学院实习管理办法》，实现实习管理全程监控，实化实习过程。

实习成绩由企业实习认定成绩 + 实习汇报成绩 + 平时考勤成绩 3 部分组成，各部分的组成比例如下：

实习成绩 = 企业实习认定成绩×50% + 实习汇报成绩×30% + 平时考勤成绩×20%

企业实习认定成绩由企业根据该生实习期间的纪律遵守、工作表现（含专业能力和工作态度）等状况综合情况评定；实习汇报成绩根据学生实习结束后，返校后接受学院组织的实习答辩验收认定；平时考勤成绩依据实习期间学院对实习学生进行全面的抽查到岗出勤情况和学生每周实习汇报情况综合评定。3 大要素均实行一票否决制，其实习成绩记为不合格。

实习改革效果显著。实习过程得到了有效监控；实习汇报反馈效果好：一是学生对职业岗位有更深入认识；二是学生充分反省自身专业能力和职场素养不足；三是学生反馈信息能促使学院专业建设的进一步改进。

导师制+俱乐部为载体实化第二课堂素质拓展体系。针对高校普遍压缩人才培养方案课内学时，把更多时间还给学生；但课内压缩学时还给学生后，学生究竟利用这些时间做什么了？为解决学生课外提升工程能力、创新创业能力，2009年学院成立大学生创新中心（SOVO）；2010年启动导师制，针对一年级学生进行专业引导教育；2013年启动导师制+俱乐部制：导师制贯穿大学4年，实施因材施教和个性化培养，开展"1+2+1"模式培养，即一年级启动大学启蒙导航，学院遴选专业能力强的教师担任专业导师，负责8—10人的专业引导和教育。二、三年级启动专业能力培养导航，学生根据自己兴趣进入学院按专业研究方向组建的课外科技项目俱乐部，通过项目引领学生参加课外科技活动和开发工程项目。四年级就业能力提升导航，真正落地实施第二课堂素质拓展训练。

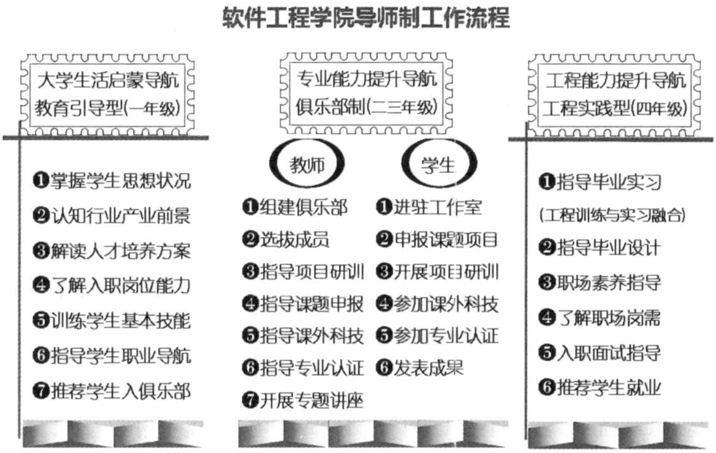

软件工程学院导师制工作流程

图2 导师制工作流程

导师制+俱乐部成效显著。截至2016年6月，获重庆市市级以上专业比赛奖励91项，其中获国家级金奖1项、一等奖2项、二等奖6项、三等级13项、铜奖1项；重庆市级一等奖10项、二等奖20项、三等奖38项。学生科研立项29项，横向商用项目153项，行业专业认证188项，发表科技论文68篇。3大突破性成果：2015年IT竞赛中最有分量的程序设计大赛，首次跻身重庆市前三甲；2016年中国计算机设计大赛首次跻身重庆市第二名；2015年重庆市"互联网+"比赛我院共6项进入重庆市前90名，获金奖1项。

借力"互联网+"的东风，学院以俱乐部为基础演化的"e创星空"被重庆市科委和重庆市教委授牌市级众创空间；为深化学生工程实践能力、创新创业能力，2016 年 3 月学院成立创新创业办公室，设立专职岗位统揽学院导师制 + 俱乐部、e 创星空、学院学科专业竞赛等，将导师制、俱乐部、e 创星空、学科专业竞赛融合为一个完整的体系进行规划、建设和实施，形成集学生工程能力和创新创业能力融为一体的工程人才培养第二课堂体系。

四、收获及未来之路

（一）收获

从 2009 年开始，学院借助校企合作平台，坚持以工程项目为载体、以工程能力为核心、以工程素质为特征、以课外科技创新为突破的人才培养思路，构建了工程化特征显著的 IT 人才培养课程体系，实化了工程人才培养环节，使人才培养真正落地。

1. 学院荣誉丰硕

示范教研室第一名、示范学院、重庆市科委和教委双授牌众创空间、重庆市十佳服务外包培训基地、重庆实验教学示范中心等。

2. 学生工程能力、创新能力、就业质量显著提升

学校通过第三方麦可思对 2011 届毕业学生的调研反馈，我院学生专业对口率和就业平均薪酬两项指标位列全校第一。具体体现在：学生工程能力展露。工程项目经验丰富，近两年先后承接了永川人事局"人力资源管理系统"、永川科协"办公自动化系统"、永川区惠通发展有限公司"惠通材料统计系统"等商用项目 153 项。学生创新能力初显。创新意识逐步增强，积极参与课外科技创新活动，近两年获得包括全国首届"互联网 +"创新创业大赛、重庆市程序设计大赛奖、全国第三届中国大学生服务外包创新创业大赛奖等奖项 91 人次；近两年学生积极申报各类科技创新项目 29 项。学生就业质量提升。高质量就业成效显著，近年来，部分学生进入阿里巴巴、百度、腾讯、新浪、IBM、微软云适配、中软华为、北京慧点科技、北森测评、苏州科大恒星等国际国内知名公司工作。

（二）未来之路

学院在发展过程中也遇到了一系列瓶颈问题，具体体现在：

校企合作方面。如何真正脱离培训教育机构与实体企业合作？如何保证校企合作育人过程中企业方师资队伍的稳定性?

"互联网+"教学模式方面。如何转变教师观念,从"我不改""要我改"转变到"我要改"?学校如何提供与翻转课堂、混合式教学相匹配的教室等物理环境支持?

导师制+俱乐部方面。目前俱乐部接收的学生数量有限,如何使俱乐部能覆盖面增大,让更多学生受益,达到工程教育惠及全体学生的要求;如何建立一套有效机制,激发学生参加导师制+俱乐部的内生动力。

找准突破口，实现多维联动，推进有效教学改革

——经济管理学院/建筑工程学院"五大教学改革"探索与实践

刘仲全

一、推进教学改革的重要措施

我们对教学改革的理解是：观念是前提，定位是依据，根子在设计，根本在教师，关键在投入，载体是课程，表现在课堂，效果在学生。对此，我们采取了"七个注重"的系统化举措。

（一）把握需求特点，注重合理定位

创造性地分析了应用型人才"入职岗—迁移岗—发展岗"的职业成长轨迹，工商类专业明确提出了"中小企业主管"的培养定位，工程类专业明确提出了建筑工程"现场工程师"的培养定位（包括技术型、管理型和成本控制型3类）。在2015版人才培养方案编制过程中，我们又通过岗位职业能力分析法，确定了工商类专业"方塔式"能力结构体系和工程类专业"七字诀"能力结构体系，使人才培养定位得到了充分的细化和落实。

（二）统筹谋划推进，注重顶层设计

2013年3月9日，我们专门举行了教学改革工作推进会，我们提出了教学改革的总体思路，即：学生中心，能力本位，实践先行，产学研合作，发展性评价，并按照7条原则设计了教学改革的总体框架，即：以角色介入构建学习动力；以任务驱动设置问题情境；以工作过程组织教学内容；以问题解决设计教学过程；以自主学习落实能力训练；以多元考核浓郁学习风气；以平台建设集聚教学资源。

（三）坚持教师主体，注重能力提升

我们发现，制约教师教学改革深度和效果的关键能力因素是"五大教学能

力",即:基于工作过程的课程设计能力,基于双向互动的理实一体化教学实施能力,基于动手实践的教学示范操作能力,基于问题解决的教研教改研究能力,基于职业素质养成的学科德育能力。

为此,我们着力采取6种研修方式来提升"五大教学能力",即:师徒对接、作坊研修;情境创设、体验研修;案例解剖、参与研修;任务驱动、项目研修;同课异构、诊断研修;名家讲学、专题研修。

（四）立足课程建设,注重关键环节

我们全面梳理课程体系,构建课程逻辑关系图和能力实现矩阵,努力实现通过一组课程培养一项能力、一组能力支撑一个岗位的建构主义思想;通过划分课程组（群）对课程内容进行重新组合和筛选;在专业核心课程改革方面,学院给予人员和经费保障支持,确保课程与教学的质量。

（五）开展教学竞赛,注重以赛促改

自2013年起,我们每2年举行1届学院的"说课程—教改课"教学比赛,目前已经举行2届,参加比赛教师人数达到了教师总数的60%,其他教师则是全员全过程参与,通过比赛来达到让教师进行教学改革。同时,采用"项目制"的形式,委派教师担任指导教师,带领学生参加学科专业竞赛,提升学生的实践能力和水平。通过教师的教学比赛和学生的学科竞赛,共同推进教学改革。

（六）培育教学能手,注重引领示范

近年来,我院已经涌现出田书芹、沈中友、王红君、蒋先平、林锐、訾晓杰、沈薇洁、冉令刚、邓德学、杨星一、魏燕、兰洁、杨文晗、杨慧会、陈本炎、范晓等教学能手。

（七）研判教改难点,注重机制创新

我们调整完善了"绩效分配方案",制定了"津补贴发放标准""教学改革专项激励办法""创收经费使用办法""关于进一步加强学科竞赛的意见""学生综合素质测评办法""教师评优评先办法"等多个制度,形成激励教师和学生参与教学改革的综合动力体系。

二、推进教学改革的总体成效

经过几年来持续不断的调整、优化,通过广大教师的热情参与和积极投入,我院教学改革取得了"优""多""实""活""新""特""长"的"七大"成效。

（一）广泛尝试，教学方式改革"优"

几年来，我院所有的任课教师大胆改革教学方式方法，实践并推广了核心课程的"集体备课"和标准化建设工作，尝试了案例教学、启发式教学、课堂研讨、课外调研、"干中学"、管理游戏、情景体验式教学、虚拟网络教学、竞赛教学以及学生自主教学等不同的教学方式，彻底告别了"一讲到底"的单一讲授教学，现场教学、情境教学、任务驱动和问题解决等教学方式的大量采用，教学的时间和空间变得立体而丰富。

最为可贵的是，经过几年实践，我们逐渐寻找到了教师熟练、学生喜欢、实效良好的教学方式，最近的调查和交流表明：案例教学、现场教学、项目教学、合作学习、问题解决和情境教学是契合我院学科专业特点的有效教学方式，基本确立了"从做中学"的教学基本范式，这是我院教学方式改革的重要收获。

（二）结合实际，毕业论文改革"多"

学院制定了毕业论文改革实施方案，提倡和要求毕业生以工程毕业设计、物流方案设计、创业计划书设计等近20种方式，把毕业论文的比例降至了30%。我们也注意到，毕业论文具有不可替代的价值，保留30%—40%的比例是比较合适的。

表1

工商类	工程类
员工绩效考核方案；员工培训方案；创业计划书；企业战略规划方案；营销策划方案；品牌推广方案；市场调查报告；项目可行性研究；公司人力资源规划；财务报表分析；选址设计；仓库设计；分拨点设计；协同调度设计；物流园设计；运输方案设计；生产物流系统设计等	工程结构设计；建筑方案设计；工程项目施工专项方案；道路施工图设计；房地产估价报告；工程项目测量方案；工程项目可行性报告；工程成本控制方案；工程量清单计价；施工组织设计；招投标文件；工程项目管理实施方案；项目管理规划等

（三）瞄准岗位，教学内容改革"实"

我们大力推广"岗位任务—工作过程—职业能力—知识要素"的教学内容选择技术，我院有多达30%的课程教学内容改革紧贴职业岗位要求。如经济应用文写作、质量管理体系审核与认证、管理学、市场营销、商务谈判、现场施工组织技术、工程定额、资产评估等课程。

（四）突出应用，考试方式改革"活"

首先，学院积极学习兄弟院校"N＋2"考核评价体系，注重过程考核，将作业作品、笔记报告、论文设计纳入课程成绩构成中，并逐步提高比例。其次，引入学生自我评价、教师评价、行内专家评价等多元考核主体；第三，将学生的优秀作品、竞赛或项目纳入加分考核等。据统计，我院已有85%的课程进行了考核方式改革。

（五）把握趋势，实验教学改革"新"

伴随我院实验室建设的体系化、实验管理队伍的专职化、实验教学的平等化，大力推广技术课程的"白话改革"，通过"白话论坛"定期研讨，积极筹建工程技术白话实验室，我们探索了项目模拟、角色扮演、实时在线、团队合作、博弈对抗、作业实践、课程设计等实验教学方式，"企业运营全景综合仿真""跨专业综合仿真实训"等实验教学在重庆率先开班教学，成为最受学生喜欢、最接近实战的精品项目，成为创新创业实验教学的一道亮丽的风景线。

（六）精心培育，教育教学成果"特"

沈中友主编的《工程招投标与合同管理》，每年发行5000册左右，累计发行2.4万册，印刷10余次，成为应用型经典教材，其新作《工程造价专业导论》即将付印，这将是我国该专业第一本教材；杨星一在《工程测量》教学中提出并践行"弹性球理论"的独特思想，使工程测量教学质量达到较高水平；魏燕负责的《建设法规》课程，形成了"项目周期定内容、今日说法进课堂、职业资格要兼顾、法治精神为素养"的应用型特色。《企业运营全景综合仿真》实验教学，提出了"拟生态、实战化、集约型"的实验教学新概念；蒋先平主持的《管理学》课程实施了"七个一"的系统化改革；工程项目经理实验班按照"2+2模式"和"五精"能力结构开展人才培养。

图1　人才培养能力

（七）加强学风，学生专业能力"长"

通过教师的教学改革、考风考纪的严格以及更多的学科竞赛，学生的学习风气得到一定的转变，这也有效提升了学生的专业能力。

首先，学科竞赛成绩喜人。近4年学生参加学科竞赛，获市级及其以上奖项65人次以上，获奖数量逐年增长、水平逐年提高，全校名列前茅。在各种创业比赛中，学生参赛成绩全校第一。近年来，我院创新创业品牌初显、工程测量能力跻身重庆先进、工程算量竞赛水平进入全国前列，市场营销和先进成图比赛成绩迅速提升，结构设计、BIM 建模竞赛开始起步。

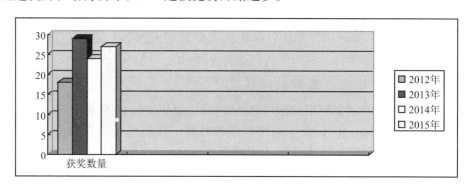

图 2　学院 2012—2015 年学生获奖情况

其次，学生就业竞争力明显提升。历年的毕业生就业率都保持在 95% 以上，同时，呈现高质量就业逐年增加的趋势，刚刚毕业的 2016 届毕业生高质量就业成绩突出。

表 2　2016 届学生高质量就业升学统计表

项　目	央　企	政府机关	国有企业	事业单位	考研升学
人数（名）	21	3	38	5	26
典型单位	中国建设集团工程第五局等	云阳县建设委员会、西藏公安厅等	重庆电力建设总公司等	荣昌保安中心小学等	刘钰欣、谭艳兵、向卿婷、阮林、余海燕5名学生所考取学校考研综合排名第一

三、推进教学改革的主要困难

今年6月，我们专门组织了一次调查，结合日常观察和交流，主要有以下5个方面的困难：

（一）认识模糊，教学改革矛盾纠结

调查表明，教师希望改革，但改革的目的是什么？究竟什么是应用型人才？究竟什么样的教学是应用型教学？学生的基础知识学习和实际操作的关系究竟如何处理？究竟讲多少是合适的？合作学习打酱油的现象如何调控？教学改革的成效如何评判？对上述问题，教师们感到困惑。同时，62.5%学生对教学改革的认识不足，并没有体会到教学改革所带来的变化，也仅仅有50.5%学生认为对课程的喜欢是老师教学改革带来的。

（二）积淀不多，教学改革力不从心

调查表明，首先是教学方式的驾驭"力不从心"，48%的老师不清楚应用型的含义与教学质量标准，55%的老师认为自己选择教学方式时，模仿多消化少、能够随心所欲驾驭的更少，不清楚自己所采用的教学方式的理论基础、适用范围和运用要求；其次是教学精力投入"力不从心"，61%的老师认为工作量较大，师资力量不够；再次是教学内容更新"力不从心"，有35%的老师认为自己的专业理论需要更新；最后是学生管理"力不从心"，28%的老师觉得学生自觉性差、学习能力弱、作业质量低，从而影响教学目标的达成。

（三）回报偏低，教学改革收不抵支

调查表明，80%的教师认为付出多于回报，改革主要靠教师的责任心和职业道德；70%的老师认为，目前"改与不改""改得好与不好""质量高与低"的差别不大；同时，45%的教师认为，学校在选送培训对象时，没有考虑教学改革的积极者、优秀者和创新者；此外，学校对教学改革支持的面比较窄，也影响到教师改革的积极性。

（四）团队缺乏，教学改革单兵作战

由于长期以来的传统和惯例，高校教师的教学个体劳动的成分多，集体备课、集体研讨比较少，教研活动也主要是一些教学运行规范，所以，85%的教师认为教学改革属于"单兵作战"。

（五）联动不力，教学改革一头发热

一是教师的教与学生的学的联动不足，高达60%的学生学习态度没有变化，"你改你的，我学我的"现象突出；二是教学与学工联动不足，75%的教师希望辅导员加强学生的学习管理，但60%的辅导员认为学习管理主要是教师的职责；三是教学与科研联动不足，几乎所有教师均认为，科研比教学更划算；四是教学与党建联动不足，政治学习多而业务探讨少，抽象的理论学习多而教学研讨少；

五是校内与校外联动不足，55% 的教师所开展的教学改革需要校外企业、政府和社会资源支持，但教师个人无能为力。

四、推进教学改革的几点构想

结合学院实际，我们有这样 8 个方面的思考。

（一）统一认识，教学改革的根本是有效性

第一，我们改革的宗旨是什么？我们认为，就是"按照社会的需要培养人，把人送到社会需要的地方去"。

第二，我们需要的效果是什么？我们认为，教学改革的效果应当是："教师轻负荷、学生高质量、专业创特色、学院强实力"，只有这样，才能调动各个方面的积极性和自觉性。

第三，我们改革的原则是什么？我们认为，就是必须坚持以教师发展、学生成长、课程建设为中心，着力构建有效教学范式，使教师真正了解学生，主导课堂；使学生真正参与教学，个性发展；使学习真正成为学生的主业，让课堂真正富有生机与活力。

（二）增加投入，教学改革的关键是积极性

增加对教学改革的投入，让积极改革者有奔头、有甜头、有搞头。要设立教学改革奖励项目，通过直接奖励而不是以费用报销的形式予以支持，提高教学改革激励的面和比重，增加过程激励，从而提高教师从事教学改革的积极性。

（三）加强领导，完善教学改革的顶层设计

新的教学改革周期，我们的顶层设计如下：

第一，态度：整体改、全面改、深入该；

第二，原则："学生中心，能力本位；亲近产业，产教融合；课程载体，团队支撑；竞赛撬动，激励调动；多维联动，协同育人。"

第三，模式：工程类专业实施模块化教学改革，工商类专业实施雅典式教学改革。

（四）亲近产业，综合改革打造专业特色

物流专业和工程类专业具有鲜明的行业特色。因此，教学改革必须植入"亲产业基因"，按照"应产业所求、纳产业精华、为产业服务"的原则，实施"亲近产业、产教融合"的专业综合改革，构建以职业能力为核心的就业导向和素质养成的人才培养体系，引导企业"深度参与"人才培养的全过程，突出"强应

用，重实践"的人才培养特色。

（五）强化指导，提升教师的教学设计能力

一是教学目标设计的能力。着力推广知识与能力，过程与方法，态度、情感与价值观三维目标体系及 ABCD 的教学目标表达技术；

二是教学内容设计的能力。大力推广基于工程的教学内容选择与组织技术，按照职业情境—工作任务—行动领域—学习领域—学习情境的逻辑，构建产品（作品）—任务—项目—案例等主题学习单元。

三是教学过程的设计能力。积极运用以问题解决为主线的教学过程设计技术，改变从定义出发、从概念出发的"学科本位"的教学流程设计方式，形成"设置情境—发现（体验）问题—分析问题—解决问题—实际应用—深化问题"的教学过程设计模式，使问题环环相扣、教学步步深入，学生的思维方法和思维习惯都得到全新的训练和提升。

四是教学方式的设计能力。按照"没有最先进的，只要最有效的"原则，寻找到符合专业特点、课程特性、学生特征同时教师胜任的教学方式，提倡有效教学，破除对互动的错误理解和肤浅理解。

五是作业项目的设计能力。增强教师结合实际、结合行业、结合岗位工作情境的作业项目的设计能力。

六是考试评价的设计能力。这个问题的核心是学习目标达成度的检测标准构建与方式选择问题。

为此，加强教研室工作，定期开展教学沙龙活动；抓好新教师院本培训和教学能力培养；坚持开展教学比赛；注重"双师型"培养；继续培养教学能手。

（六）组建团队，着力推进课程群联动改革

为更好地落实初具模块化特色的 2015 版人才培养方案，我们准备组建"管理学教学团队""市场营销教学团队""市场调查与统计分析教学团队""创新创业教学团队" 4 个经管类课程与教学团队，"工程算量教学团队""工程施工与管理教学团队""工程测量教学团队""建筑结构与健康检测教学团队" 4 个工程类教学团队。

（七）多维联动，努力形成协同育人的工作局面

一是构建目标责任机制，提升管理执行效果。建立目标责任制、责任追究制、首办负责制等制度，构建"细化目标，硬化责任，奖惩到位，逗硬执行"的管理运行机制，提高执行力、战斗力。

二是完善绩效分配机制，提升激励调节效果。修订班级系数、职称系数、实验教学系数，控制教师学期授课门数，限制管理人员上课时数，津补贴发放标准透明化，完善激励机制。

三是建立项目认证机制，提升教师培养效果。对教师教学能力和双师培养实行认证，组织项目申报—实施—答辩等活动，确保教师培训效果。

四是改进经费资助机制，提升学生竞赛效果。鼓励教师指导学生参赛，支持教师组织学科专业竞赛，将学科竞赛与专业技能训练有机结合，拓展经费渠道，资助学生参赛，重奖高级别获奖学生和指导教师。

五是优化党建协同机制，提升学生工作效果。扎实开展"两学一做"，党建工作同教学科研中心工作"同计划、同部署、同考核"，探索教研室、学科组、党支部三合一建设模式。坚持学生工作"以学习管理为主线"的原则，鼓励开发学科专业特色活动；充分利用校友资源；鼓励学生考研；启动"高质量就业工程"，形成教学工作与学生工作紧密互动、共同育人的良好局面。

（八）改善学风，积极转变学生的学习方式

提倡并践行"学生习惯养成教育"，通过加强以课堂管理为中心的学习管理，扎实推进项目制特色的"合格＋"多元人才培养体系："创新创业""学科竞赛""优秀工程师训练""公招考研""工程项目经理实验班""BIM 技能大赛""工程结构设计竞赛"等专项活动，浓郁风气，增强学习动力，转变思维方式，培养自主学习能力和终身学习习惯。

成绩让我们充满自信，困难让我们保持清醒，机遇让我们发现光明，挑战让我们承受压力。我们要在学校党政的正确领导下，积极遵循"两学一做"的要求，班子合心、上下齐心、师生同心，扎实推进学院的教学改革工作，努力开创学院教学工作新局面！

以"五大教学改革"为切入点，全面推进"三位一体"的教改模式创新

——旅游学院"五大教学改革"探索与实践

陈天培

一、办学定位

人才培养目标定位：培养旅游管理类专业高素质应用型专门人才。

学院特色定位：建设示范应用型学院。

工作思路及主要抓手定位：以"五大教学改革"为切入点，全面推进"三位一体"的教改模式。

二、举措创新

（一）突出优势、整合资源，助推专业建设提档升级

结合会展经济与管理专业优势，整合院内外专业教师资源，着力建设会展经济与管理重庆市特色专业，打造会展经济与管理特色专业品牌。同时培育和塑造旅游管理与服务教育专业特色，提升专业建设整体水平。

（二）分类突破、有的放矢，充分激励教学改革

一是建立教学改革激励制度，对申报各类教学改革项目和参与各类教学活动的事项进行激励；二是对教学改革课程进行专家指导和教研室研讨相结合，发挥课程改革辐射带头作用；三是建立毕业论文多样化改革相关制度，建立多元化的毕业论文（设计）分类模板，既推动改革，又确立了标准。

（三）三类课堂、相互衔接，全方位体现改革精神

一是建立"岗位认知实习——专业实习——毕业行业实践"阶梯式职业岗位实作机制和校企深度合作机制，将第一课堂与第三课堂（主要是校外实践）相衔接。二是建立"以赛促教，以赛促改，以赛促学"的技能训练与课程考核

相结合，技能训练与鼓励考取职业资格证书相结合的有效机制，将第一课堂与第二课堂相衔接。三是建立"以赛促训、训练结合"的"训、练、赛"一体化机制，将第二课堂（主要是学生技能训练）与第三课堂（主要是学科技能竞赛）相衔接。

（四）平台建设、师资培训，全面保障五大改革

一是积极拓展校外实习基地，强化各类实训环节监控，确保实践教学改革落实到位。二是延伸校地合作的深度和广度，在继续推进长航班和洲际班的基础上，积极推进地方服务工作。三是建立院内教师外出培训机制，每年定期送培相关教师，提升教师实践教学能力和整体教学水平。

三、实施成效

（一）专业品牌影响力持续提升

会展经济与管理专业竞争力近3年来一直排名全国前五位，并成功立项为重庆市本科高校"三特行动计划"特色专业建设点。同时，成功申报旅游管理与服务教育本科专业，并跻身全国第二，成为4星级专业。

（二）教学改革系列成果明显

一是建成了《会展营销》《会展人力资源管理》《旅游规划与开发》校级精品课程3门、专业核心课程11门，院校重点课程8门、网络课程20门。二是专业教师获得各级各类奖项80余项，其中获校级教改课比赛一等奖3人，二等奖2人，三等奖1人。三是以五大教学改革为主题的多项教改项目获得校级教改立项。其中重大项目1项，重点项目4项，一般项目11项。此外，我院老师主编、参编教材或讲义16部，发教改类论文30余篇。

（三）校地合作进入深层次

近年来，学院为永川区旅游局、江津区旅游局、荣昌区旅游局、重庆乐和乐都景区、永川区委党校、万紫千红导游服务有限公司、重庆桃博农业开发有限公司等相关企事业单位开展了旅游消费调查、旅游项目规划、导游讲解培训、礼仪服务培训、导游实用手册编写等咨询报告和培训项目多项，与合作单位编写校本教材（讲义）6部，校地合作进入了深层次。

（四）毕业论文真题真做全面展开

一是建立了毕业论文（设计）目标系统，制定和完善了本科毕业论文（设计）管理各种规章制度，健全了管理机制。二是建立了导师目标责任制，结合具

体的课程和教师的教学或科研对学生进行指导，逐步提高学生科研能力。三是实行了校内和校外双导师制，从选题、开题、论文写作、答辩等进行全环节、全方位指导。四是确定了调查报告、策划方案、产品设计、课程设计等多元化论文改革形式，制定了严格的毕业论文（设计）评价标准。近年来论文多样化改革比例达到了45.3%。

（五）学科竞赛获奖逐年提升

近年来，学院学科竞赛共获奖280余项，包括全国大学生旅游创意大赛一等奖1项，二等奖2项；全国高校商业精英挑战赛商务会奖旅游策划竞赛一等奖3项，二等奖8项，三等奖10项；全国旅游院校服务技能大赛二等奖2项，三等奖8项；重庆会展专业技能大赛特等奖3项，二等奖3项，三等奖5项；重庆青年生态旅游创意大赛一等奖1项，二等奖1项。学院连续5年成为全国商科院校会展专业技能比赛参赛院校中获得殊荣最多、获奖层次最高的本科院校。

（六）构建了校企合作订单式人才培养模式

学院积极推进校企合作，与六洲酒店管理（上海）有限公司合作举办"洲际英才学院"，与中外运长航集团重庆长江轮船公司共同建立"国际海员海乘校企合作定向委培班"。校企合作班以培养高级应用型酒店管理人才服务重庆酒店业为目标，以市场为导向、以就业为目的，采取"学校＋企业"双方合作的模式，围绕酒店/邮轮产业人才培养要求，创新培养机制，通过资源共享、优势互补与业务创新，促进校企互动、产城融合，取得了显著成效。

（七）实践基地建设取得量与质的提升

学院建立了上海国际主题乐园有限公司、广州长隆国际度假区、三亚凤凰岛度假酒店、北京香格里拉饭店、浙江义乌博览皇冠假日酒店、重庆融汇温泉、重庆乐和乐都主题公园群、重庆市中环盛世商务会展有限公司、永川区旅游局等数十个旅游实习实践基地。地区涵盖东中西部，类型上也从最初较为单一的酒店扩展到酒店、景区、旅行社、会展公司等多元化实习基地体系，实现了实习基地从内到外全覆盖。

四、存在问题

（一）专业内涵建设尚需加强

会展经济与管理专业在师资队伍建设、教学改革、科研实力、服务地方、实践教学等内涵建设方面还需要进一步加强。

（二）教学改革有待进一步深化

教师参与应用型教学改革的动力还有待激发；应用型课程体系建设还需要进一步拓展；课程群、教学团队、重点课程、精品课程、网络课程、教材体系等方面建设还比较薄弱。

（三）师资队伍整体实力尚需提升

教师总量仍显不足，高级职称所占比重偏低，男女教师比例相对失衡，相对缺乏学术带头人，科研群体作战能力偏弱，双师型教师的数量和质量不足。

（四）校内实训条件尚显落后

校外高档次的旅游集团、国际连锁酒店集团、会展类企业的深度合作不能充分满足实习需要，校内实训场地有限，教学场地多处分散，实训设备简陋或欠缺。

（五）校地合作深度有待进一步加强

校地合作深度有待提高，校地合作模式有待改进，校地合作单位的结构还显失衡，校地合作的机制体制不够健全。

（六）服务地方经济建设成效还未充分凸显

虽然已经有一些横向合作项目，但是服务地方经济建设，并助推提升教学水平方面的作用还未充分突显。

五、下一步改革思路

（一）总体导向：各个突破，强化专业内涵建设

第一，强化会展经济与管理专业品牌特色，不断推进旅游管理与服务教育专业建设。第二，强化和落实"三化三结合"学生技能训练模式和一二三课堂相衔接的课程化改革。第三，全面落实旅游管理类学科竞赛训练和激励模式。第四，持续开展校企结合、订单教育、工学交替等人才培养方式的探索和实践。

（二）基本思路：全程实施，转变教学范式

第一，以教研室为二级单位，教研室主任作为主负责人主抓本专业 5 大教学改革，学院教学工作委员会和教学督导委员会作为指导教师全程参与教改工作。第二，结合通识教育课程、专业基础课程、专业技术课程、实验实训课程的不同特点和教学目标，深入分析课程教学内容、教学方式和考核评价方式之间的内在联系，转变教学范式，探索课程教学综合性改革。

（三）产业特色：系统设计，契合行业需求

第一，树立就业导向，推进教学内容综合改革。一是深入实施课程综合化改革；二是尝试建立课程标准；三是进一步加强应用性校本教材建设。第二，推进教学方式多元化，创新教学做一体化模式。一是在课堂上推进教学方式多元化；二是在课堂外创设体验式第二课堂；三是专项技能训练项目化、课程化和具体化；四是适时推进与美国佛罗里达国际大学、美国马来西亚泰莱大学等国际知名院校酒店管理专业合作办学进程，提高办学竞争力。第三，推进过程考核，引入多维考核评价机制。注重过程性考核，强调将平时表现、阶段性考核和期终考核相结合，同时注重理论考核与实践考核相结合。一是细化课程评价项目和评价指标；二是根据不同课程采取不同的考核方式；三是邀请其他专业教师或行业专家担任考核评委。

（四）教改关键环节：强化实践教学环节，培养学生实践动手能力

第一，积极争取"中地"共建项目和学校支持，全面建设会展旅游实训中心，为旅游、酒店和会展专业提供全方位的实训服务条件。第二，进一步拓展市内外品牌性、连锁性和集团性实践训练基地。第三，探索实践教学新途径、新方法、新内容，形成以案例教学、模拟教学、诊断教学、实验教学、合作教学等为主要形式的互动式实践教学模式。第四，强化"以赛促训，以赛促学，以赛促教，以赛促改"的技能训练与竞赛体系。

（五）教改重要内容：创新写作形式，推进毕业论文真题真做

一是毕业论文选题优先考虑产业实际需求；二是不断创新毕业论文的多元化替代方式；三是继续加强校内和校外双导师制；四是抓好学生论文题目评审，引导论文题目向应用性转变；五是加强过程管理，从论文开题、写作到定稿3个环节全面把关。六是制定和完善毕业论文管理各种规章制度，健全了管理机制。

（六）教改必要保障：创造教学改革条件，注重教学质量环节监控

一是创造教学改革条件。建设加强实验实训师资队伍建设和实训室管理，进一步完善实验实训教学管理制度，加强实验室文化建设。二是注重教学质量环节监控。强化4个并重：课堂理论教学环节的监控与课外各教学环节监控并重、课堂理论教学的监控与实践教学的监控并重、师的教学水平、教学效果的监控与教师的综合素质和能力的监控并重、教师教的监控与教育对象——学生学的监控并重。

（七）教改核心引擎：注重师资培训，优化教师结构

第一，开展主题鲜明、分阶段连续性的教研活动；第二，积极引进专业带头人，优化专业师资结构；第三，通过派出培训、挂职、进修和交流等方式更新专业教师知识，优化教师素质。

（八）教改行业导向：服务地方经济建设，推进提升教学改革实效

第一，积极推进"三进三同"："三进"即教师进企业、企业家进课堂、行业标准进课程。"三同"即专业教学与目标岗位同要求、与行业规范同标准、与生涯规划同步伐。第二，努力实现"七大融合"：课程标准与企业标准相融合，专任教师与兼职教师融合，学校资源与企业资源融合，学校学生与企业员工融合，学校评价标准与企业评价标准融合，学校文化与企业文化融合，教师科研与地方项目相融合，大力推进合作办学、合作育人、合作就业、合作发展的校地合作模式，积极参与区域产业界合作，开展应用性研究。

创新"知识、素质、能力"一体化教育教学模式，培养政法公管类应用型人才

——公共管理学院"五大教学改革"探索与实践

何腊生

根据学校关于开展二级学院院长说"五大教学改革"活动的通知相关精神，我院高度重视，认真梳理总结，现拟从定位与目标、改革举措、实施成效、存在问题及下一步改革思路等方面总结如下：

一、定位与目标

（一）学院办学定位

根据学校事业发展规划要求，结合政法管学科特点，以社会需求和学生发展需求为导向，以复合素质形成为中心，注重学生的职业能力、执业技能的锻炼，坚持"知识、素质、能力"并重的教育模式，培养专业扎实、实践能力强、具有创新精神、身心健康的思想政治教育、法学、行政管理专业高素质应用型专门人才。

（二）培养目标

1. 3个专业的人才培养目标

我院各专业人才培养目标的出发点是应用型人才培养。

思想政治教育专业强调学生教育教学能力和自我发展能力，以培养中小学思想政治课教师、从事思想政治教育工作的高素质应用型专门人才为目标。

法学专业以通过国家司法考试、提高法律实务能力为目标，着重培养学生融会贯通包括法学、社会学、管理学各类知识并将其灵活应用于法律实务工作的创新能力。

行政管理专业以增强学生管理、经营、策划、调研、交际等能力为突破口，注重专业训练，突出理论联系实际，培养素质高、能力强、应用型的行政管理专门人才。

尽管 3 个专业各有重点和难点，但殊途同归，最终会形成我院"能说、会写、善沟通、强思辨、懂礼仪、会调研"的人才培养特色。

2. 改革思路

学院在发展过程中，逐渐形成以成就学生多元发展、加强专业内涵建设为导向的教学改革思路。一是优化知识结构。二是优化课程体系。三是优化核心课程设置。四是优化实践教学体系。

二、改革举措

学院坚持以"教育改革是核心，观念更新是先导，培养人才是目标，服务成长是宗旨，就业山路是导向"的指导思想，强化"能说、会写、善沟通、强思辨、懂礼仪、会调研"的培养理念，切实推进 5 大教学改革。

（一）教学内容改革

1. 基本原则

按照"有用、可用、管用"的原则，3 个专业结合课程实际，精心选择教学内容。

2. 主要做法

一是采用"删、减、并、留、增"的方法，加大教学内容革新的力度。

为突出教学内容的实用性、科学性，果断删减与现实脱节、理论过时的内容，删减知识陈旧的内容，删减脱离学生能力培养的内容，删减脱离社会需求的内容；为促进学生能力培养，精简对实现人才培养目标贡献率低的内容，精简过于繁难的内容；并在此基础上，总结课程规律，对指向统一、联系紧密的教学内容进行合并、整合，适度保留有利于夯实学生理论基础的基本理论知识和有利于学生能力发展的传统教材内容，增加适应就业需要的内容、增加国内外学术研究的最新成果、增加教师个人研究成果。

二是固化教学内容改革成果。学院规定，每门课程至少要对两本教材（教参）内容进行消化吸收，不断补充、修改、完善教学大纲、讲义、教案等。

三是适度增加或融入学生执业资格考试内容。各专业根据应用型人才培养方案的修订精神，对原有课程体系进行修订，采取适度增实践课程和融入学生执业资格考试内容的方式，将课程内容进行合理化设计。其他一些课程将中小学教育、政府机关、企事业单位管理、公招、公务员考试、律师事务、法庭审判、司法考试等标准也纳入教学内容，真正满足学生学习及就业需求。

（二）教学方式改革

变灌输式教学方式为广泛采用任务驱动、项目导向、问题教学、案例教学、情景教学、分组教学、团队学习、专题研究、实训演练、社会调查等多样化的教学方式，课堂教学基本实现了从过去讲清楚为什么，到现在主要教会学生怎么做的转变，实现了让学生从被动接受向主动参与的转变。

（三）考试评价方式改革

一是鼓励教师根据课程性质和特点采用多种考试方式，给学生以创造性表达的机会。很多任课教师改变以往单一的闭卷考试模式，采取口试面试、情景模式、项目设计、现场答辩、案例分析、团队合作等多元化的考核模式，可以采取小组完成、半开卷半闭卷、案例讨论、课程论文等多种考试方式

二是考试评价过程化，增加平时成绩占课程总成绩的比重。学院支持减少期末考试成绩在课程总成绩中所占的比例，增加课程平时学习的各个环节中学生表现出来的能力在课程成绩中所占的比例，以动态化的过程考核为重点，课程类别不同，记分方法也不一样，但要强调素质与能力，既要做到随时考核，同时要做到考核结果科学化。

（四）毕业论文改革

毕业论文主要目的是培养学生综合运用所学知识和技能，理论联系实际，独立分析，解决实际问题的能力。我院在学生大一、大二时就有意对撰写暑假社会实践调查报告特别是参加案例分析大赛的学生进行引导，培养其形成关注社会热点、善于分析解决现实问题的能力，并便于大三、大四时毕业论文的写作。这就改变了以往毕业论文以理论论文为主的模式，向社会调查、课程设计、论文公开发表、专业项目比赛获奖论文替代等方向转变。

在论文写作方面，我院严把"选题关"，学生选题须经"三审"即指导老师、教研室主任、开题答辩小组成员才能开题，强调真题真做，从实践中来到实践中去的撰写方针，毕业论文课题的性质主要侧重于"应用型"研究。2017届毕业论文中，社会调查类论文占到 80%，公开发表和应用类论文占到 12%，83% 以上的论文实现了多样化改革。

三、改革成效

正是因为近年来我们采取了上述的一系列举措，因此，学院工作不断取得新成效，主要表现在：

（一）加强了专业内涵建设，逐渐实现了专业的特色发展

目前，学院的 3 个专业在教学改革中，坚持以应用型人才培养为重心，凸显出学生复合型能力的总体特征，就是"能说、会写、善沟通、强思辨、懂礼仪、会调研"。以此为出发点，思想政治教育专业做好了"三个衔接"：与高中课程的衔接，课程与课程之间的衔接，与研究生教育的衔接。法学专业以通过司法考试和法律实务能力培养为目标，加强学生的法律专业能力锻炼，形成以司法考试和法律实务为核心的专业课程体系行政管理专业在夯实学生专业理论的基础上，积极鼓励学生参加各类课外活动和社会实践，搭建行政管理专业学生实践能力培养的平台。

近儿年来，我院教改成效逐步凸显，在教学改单成果方面取得不小成绩。从教师层面来讲，在学校开展的 4 届教师讲课比赛中先后有 8 人次分获了一二三等奖。老师们所申报教改课题 30 余项，其中市级教改课题 6 项，教学成果奖市级 4 项，校级 2 项。我院学生在专业老师的指导下积极参加校级和市级各类专项比赛，多次获得奖项，得到学校和其他部门的广泛认可。

（二）建构了以学生为中心的应用型人才培养体系，努力开展应用型课程建设，实现了人才培养的转型

我院结合社会发展需求、学生就业需要，以应用型人才培养为目标，主动到企事业单位进行调研，并到著名的高校学习，在 2008 版、2011 版人才培养方案的基础上，删除和替换了原来已经不适合当前形势的课程和人才培养模式，既重视专业素质培养、提升学生的深度，又重视软能力的培养、提升学生的广度，以菁英软能力学校培训为基础锻炼学生的通用能力，实现了人才培养方案由原来的宽口径、厚基础向应用型、发展型的模式转变。其中，2013 级法学专业在 2017 年的司法考试中，司法考试过关率达到 70% 多，为历年来最高，为法学专业学生的后续深造、就业打下基础。

（三）学生就业质量高，就业率名列前茅

近年来，学院几个专业的学生就业质量不断提高。以 2015 年为例，我院毕业生就业率达到 97%，在全校 9 个就业率达到 100% 的专业里，我院法学、行政管理和当时的劳动与社会保障专业均榜上有名，同时在师范类专业中，思想政治教育专业毕业生就业率排全校第二名。此外，我院历届毕业生大多在司法系统、政府机关、各类中学、地方事业单位以及某些知名企业就业，就业质量历年都得到学生、家长和社会的认可，更得到学校的肯定。

（四）社会实践和校地合作工作有成效，构建了较完整的阶梯式的实践教学体系

几年来，我院积极探索政法管类专业转型发展，扎实推进校地合作，为学生搭建专业实践和实习的平台。目前，我院的校地合作单位有近 20 家，其中，思想政治教育专业以地方中小学为主体，如萱花中学、北山中学、永川中学、育才中学均与我校建立了实践实习关系；法学专业先后与永川区人民法院、检察院、政法委、各律师事务所、永川监狱等建立了密切的合作关系；行政管理专业与永川区中山路街道办事处、行政服务中心、凤凰湖区工业园管委会、人力资源与社会保障局等建立了学生实践平台。这些校地合作单位与我院人才培养计划紧密结合，并聘单位人员到学校指导学生学习和技能锻炼，课程设置与实习单位实现了相互促进，建立了较完整的实践课程体系。

同时，每年暑假期间，我院鼓励和组织学生开展暑期社会实践活动，并形成暑假社会实践调查与案例分析报告选编集，从 2010 年开始到 2015 年，已经形成了 6 部社会实践报告集。

四、存在的主要问题

当然，我院上述改革也并非一帆风顺，还存在许多不足与问题。

（一）部分教师参与改革的热情不高，且改革程度不平衡

这主要表现为教研室之间、教师之间改革程度不平衡，其中有个别老师的课程质量问题较多，学生意见大。

（二）专业核心课程改革的后劲不足

我院专业核心课程共 21 门，现在立项改革有 8 门，同其他学院相比，建设的力度和速度还须进一步加强。

（三）毕业论文的多样化改革进程缓慢

虽然我院论文改革呈现了多样化的格局，但是，远还没有达到改革方案中 90% 以上非基础理论论文目标。

五、下一步改革思路

（一）采取措施激励教师投入教学改革的热情

进一步做好动员和宣传工作，增强老师们落实教学改革的热情，让其深刻意识到教学改革的重要性、迫切性，不断加大改革力度，以专业改革、课程改革来

培育特色，打造品牌，提升质量，寻求办学生机与活力。

（二）积极推进核心课程改革

争取在3年内完成所有核心课程改革。首先制定核心课程改革计划，以教学副院长为主要负责人，各个教研室主任具体落实，责任到每一个承担专业核心课程的教师；其次，定期召开专业核心课程改革专题研讨会，由已经进行改革的老师介绍经验，正在进行的老师提出改革中遇到的困难，将要进行改革的老师虚心听取积极的意见；再次，对核心课程的改革采取有效督导，建立长效的监控机制，督促专任教师按计划完成核心课程改革。

（三）以本科生导师制为责任主体推进毕业论文多样化改革

我院本科生导师制已经实行了10余年，学生在导师的带领下真题真做，专门辅导，毕业论文的质量有了大幅度提高。为了进一步推进毕业论文多样化改革，我们针对不同专业的导师，积极采取创新模式。思想政治教育专业，我院将以课程设计的模式开展毕业论文改革，法学专业我院将以模拟法庭审判和法律文件备案的方式改革毕业论文设计和答辩模式，行政管理专业我院将采取数据共享，一题多做，团队答辩的方式进行。学院将在原来社会调查、论文发表、应用性论文、理论性论文基础上更进一步探索更多更有效的模式。

教学改革任重道远，既要有形式的创新也要有内容的革新，我院将进一步以社会需求为导向，以学生的能力培养为中心，努力探索适合本院专业特色的发展之路。

着眼应用抓改革　立足实践育人才

——教育学院"五大教学改革"探索与实践

肖宇窗

2007 年，学校顺利通过本科教学水平评估后，根据社会经济发展对人才需求的变化、高等教育分类发展趋势和学校办学实际，确立了"建设应用型学科，开展应用研究，培养应用型人才，创建应用型大学"办学定位，"应用为本，管理创新，开放办学，特色发展"办学思路和建设"区域性、多科性、特色应用型大学"发展目标。为此，学校大力实施"顶天立地"发展战略，扎实开展了以"转变教学方式、改革教学内容、丰富考核方式、完善毕业设计、优化公共课"等"五大教学改革"。

为深入贯彻《重庆文理学院关于深入推进五大教学改革的意见》（重文理院 [2010] 1 号）精神，教育学院在学校的周密部署下，明确办学定位，着眼应用、立足实践，通过一系列举措，调动了教师的改革热情，提高了教师的教学质量，提升了学生的学习效果，增强了学生的实践能力，初步构建了应用型人才培养体系。

一、采取多种措施，保障改革推进

（一）深入开展学习，营造良好氛围

学校做出"五大教学改革"的部署后，教育学院通过领导班子集体学习、全院教职工集中学习、教研室分组讨论等多种形式，认真学习、解读、领会学校有关文件及会议精神，使教职工明确了改革的重要性、紧迫性和可行性，统一了认识，明确了任务和责任，充分调动起了教师主动性和积极性，为改革的顺利推进营造了良好的氛围。

（二）厘定办学定位，做好顶层设计

学院通过对用人单位、毕业生、在校生、教育专家和兄弟院校进行充分调研的基础上，根据学校人才培养目标定位和学院各专业实际情况，学院重新厘定了

各专业的人才定位：小学教育专业和学前教育专业偏重应用型，分别为小学和幼儿园培养高素质的教学能力强的一线教师；应用心理学专业则研究型和应用型并重。为此，修订了各专业的人才培养方案，重新构建了有利于人才培养目标达成的课程体系，将与"课程教学计划"相匹配的"技能训练计划"纳入人才培养方案中，突出应用型人才培养，为"五大教学改革"的顺利推进做好顶层设计。

（三）加强队伍建设，优化师资团队

我们深刻认识到，教学改革的成败与否关键在教师。为了保证教学改革的有效进行，促进教学改革的可持续发展，学院从加强教师队伍建设入手，采取多种措施创造条件培养、促进教师的专业成长。

一是以科研促教学，学院给予教师科研大力支持——通过提高教师的科研能力，将最新的科研成果和科研方法引入课堂教学，提高教师的教学质量；同时，通过"蚂蚁工程"，解决在改革中遇到的实际问题。

二是鼓励教师继续深造——学院大力支持教师进一步进修、读博、读研、访学、参会学习、顶岗支教、双师型实践，通过多种方式促进教师专业素质的提高。如蒋建全到西南大学进修一年；葛缨、胡媛艳、王婷、肖前国、袁丹、田兴江等外出攻读博士；彭春花、闫慧娟、费秀芬、方京英等分别到美国、泰国进修学习和实践锻炼；

三是聘请教学名师开展讲座、授课，组织全院教师观摩，学习优秀教学经验；

四是持续追踪并有效帮扶教学效果差的教师——根据每学期日常巡教情况、同行评教情况等收集教师授课相关信息和学生网上评教的结果，对教学质量存在问题和评教名次靠后的教师进行专门督导，通过听课、上示范课等方式发现教师授课过程中存在的问题，帮助教师改进不足，促进教学质量的提高。

（四）完善实训条件，推动实践教学

在校内，进一步完善了认知与心理健康实验室，建成国内同类院校中一流的心理实验室；新建17间琴房，舞蹈房1间。在校外，在双竹小学、兴龙湖小学、红旗小学、汇龙小学、红河小学、三官殿小学、红星幼儿园、奥兰半岛为明幼儿园、红星红河婴幼园阳光尚城园、上游小学书院巷幼儿园等10余个单位建立实践教学基地。这为教师开展"五大教学改革"，进行应用型人才培养提供了必要的物质条件。

二、创新工作思路，全面推进改革

为深入推进"五大教学改革"，学院确立了课程建设以教研室为载体，充分发挥教研室的基层作用，实行了"一、三、五"课程建设模式。"一"即"一人首责"。每门课程的建设要落实到每个任课教师身上，每个任课教师是所任课程建设的当然第一责任人，任何在岗教师不能置身事外。"三"即"三个环节"。抓好课程的设计、实施、监控与改进三个环节。"五"即"五大更新"。落实教学理念、教学内容、教学方式、教学手段、教学评价五大更新。学院通过强化教研室工作检查、教学督导和学生评教等措施，确保执行力。

（一）教学内容改革：教给学生应用性知识

1. 精简教学内容，突出基础性

根据各专业人才培养目标的要求，组织各教研室对教学内容进行梳理，保留课程基础知识结构，对过时、过难、与学生关联不大、不同课程重复的知识进行删除。如《心理健康教育课程设计与指导》着重培养学生的实际授课能力，对原有的心理学基本理论知识的部分进行了精简，加大了针对学生常见心理问题的实际操作的内容，引入目前最新心理辅导方法的相关知识。

2. 重构教学内容，突出合理性

鼓励教师们打破课程教学内容原有的章节构架，结合学科发展的新趋势，重构教学内容，增加课程的合理性、趣味性、实践性。例如，《小学语文教学与研究》将教学内容整合为 4 大板块：课程核心理论、教材分析、章节理论与实际训练、基于专业角度的教师素养提升；《教育基本理论与方法》《学与教的心理学》则加入了教师资格证考试的相关内容。

3. 增加最新动态，突出前沿性

要求教师的上课内容反映本学科应用领域的最新成果和前沿要求，同时将行业和产业发展形成的新知识、新成果、新技术引入教学内容。如在《实验心理学》课程中将心理学目前最先进的研究方法如眼动研究、ERP 研究、核磁共振等进行介绍，开阔学生视界。《幼儿音乐与音乐教育》课程中将奥尔夫音乐教学法纳入教学内容。

4. 联系社会实际，突出实用性

教学内容的设置要突出知识的应用价值，做到理论知识与实践能力的最佳结合，使学生能够熟练运用知识与技术解决实际问题。如《心理建档与分析》课程优化教学内容，带领学生开展基于真实任务（大一新生心理普查、团体心理辅导）的专业技能培养；《音乐与幼儿音乐教育》结合学前教育就业需求增加了小/中/大班儿歌创作初探和幼儿歌曲伴奏编写。

（二）教学方法改革：发挥学生的主体作用

1. 采用多种方式，加强学生实践能力

学院组织教研室贯彻学校"五大教学改革"的思路，以教研室为单位开展了丰富的教研室活动，促进教师之间先进教学经验的交流，吸收和借鉴优秀的教学方式，丰富课堂教学方式。目前主要使用的课堂教学方式有：（1）多样化的课堂教学方式：探究教学、案例教学、模拟教学、项目教学、现场教学、专题讲座、讨论辩论和自主学习等。（2）布置课外作业，促成学生合作学习。很多课程都将任务以小组的形式布置给学生，要求学生课下讨论完成，课上报告。即提高了学生解决问题的能力，也培养了学生的团队合作精神。（3）以赛促学提高学生学习积极性和综合技能，如粉笔字比赛、演讲比赛、辩论比赛。（4）微格教学：训练小教、学前、应用心理学（心理健康教育方向）学生的教学基本功。

2. 利用真实情境，强化技能训练

教师除了在课堂教学中采用多种方式丰富课堂，调动学生的主动性和积极性，还将课堂延伸到真实情境中，强化学生的实践技能。例如，《学前儿童游戏与创编》将学生带到幼儿园和幼儿进行游戏互动；《小学数学教学与研究》带学生到小学上小学数学课；《中小学心理异常与诊断》指导学生完成团体辅导方案，到文理附中、汇龙小学等中小学就学生常见心理问题开展团体辅导；《课程与教学论》带学生参加永川区举办的全国小学数学/语文特级教师名师同课异构活动等。

3. 引入一线师资，实施"微嵌入"教学

"微嵌入课程"是学院进行的一种教学方式改革尝试，是针对较为微观的某一课程或课程群层面的嵌入，即针对各专业理论与实践结合较为紧密的某一课程或课程群，聘请一线具有较强实践能力的专家，将实践训练和一线信息以不同的形式"嵌入"课程（群）中，以实现课程理论与实践的有机融合，从而较好地实现课程（群）目标。例如，在《心理咨询与治疗》中嵌入"点通疗法"，邀请该疗法的创始人进行教学；《美术创编》类课程中邀请一线教学专家前嵌入前沿"美术流派"等相关教学；《小学语文/数学教法类》课程中邀请小学优秀教师嵌入"先进教育理念、教学手段、教学方式"等相关内容教学。

（三）考核方式改革：实现评价方式多元化

1. 转变考核目标，注重能力测试

在考核方式的改革中，首先对考核目标进行了改革，既要关注学生的学业成绩，更要讲考核点着眼于学生实际能力的掌握。如心理学专业在《心理咨询与治疗》的考核采用了3种方式：平时成绩为心理咨询技巧的掌握、半期成绩为"心理剧"的策划与表演、期末成绩为闭卷考试。这种考核方式既考核了学生的心理咨询能力，也考核了学生对咨询基础知识的掌握；《学前儿童游戏与创编》采取了实践操作、视频录制和口试3种教学方式。

2. 考核方式灵活，注重过程考核

鼓励教师减少传统闭卷考试的形式，进行考核方式多样化改革，开卷、闭卷、课程论文、开题报告、项目申报书、心理剧表演、上课、实践操作等。无论是哪种形式的考试，都改变了传统的重期末考试、轻过程学习的情况。考核时提高了对学生学习过程评价的比例，降低了期末考试成绩的比例，根据课程性质及教学内容等，设计课程考核平时成绩、半期成绩和期末成绩的比例。例如，《小学语文教学与研究》课程综合成绩比例为：平时20%（默写成绩＋考勤＋教学反思）＋期中40%（模拟教学成绩：50%小组成绩＋50%个人成绩）＋期末40%（开卷考试）；《音乐与幼儿音乐教育》课程综合成绩比例为：平时30%（创作与实践反思）＋期中30%（自弹自唱经典儿歌）＋期末成绩40%（弹奏自己的原创作品）。

（四）毕业论文改革：注重实践和创新能力

1. 选题密切联系实际，突出实用性

改变论文传统的由指导老师给学生提供选题，不符合学生实际需求的方式，从论文选题环节入手进行了大幅度改革。学院将指导教师的研究方向、职称等信息发给学生，由学生根据想做的论文题目及形式选择指导老师。指导老师确定后，学生就自己的论文/设计想法和老师协商，确定论文题目。

2. 论文类注重实证研究，突出实践性

论文的写作过程打破了传统的理论型和综述类论文较多的情况，引入新的研究方法，增强论文的实践性。自进行毕业论文改革开始，每届学生的论文选题98%都是调查报告、实践研究类选题，完全符合学校应用型人才培养的要求。

3. 毕业论文方式多样，突出差异性

针对学前教育、心理学、小学教育3个专业的特点，对毕业论文的实施方式

进行了改革。改革后,毕业论文主要有 5 种形式,分别为:实践调研类、实验报告类、艺术创作类、教学设计类、理论综述类。

4. 设计类注重效果呈现,突出过程性

针对学前教育专业部分学生具有艺术创作的潜质,鼓励这些学生进行毕业创作,创作的方式包括声乐、钢琴、舞蹈和绘画。在学生进行艺术创作的同时还必须思考对一次晚会的策划和实施,在论文答辩之后将所有的创作以晚会的形式呈现。针对小学教育专业的学生教学基本功扎实的特点,鼓励其进行教学设计类毕业论文创作。

5. 紧贴学生需求,突出灵活性

毕业论文的具体管理结合学生的实际需求,做到指导方式和写作时间的管理灵活性。我院学生从 2011 届开始改为大四上学期实习。为了使学生在实习期间利用实习机会、结合实践能够顺利完成论文写作,我院提前到大三下学期进行毕业论文开题。指导老师和学生保持密切的联系,采用电话、邮件等方式监控和指导学生的论文写作。学生在工作过程中结合工作实践,利用工作中的一些工作对象和工作伙伴作为研究被试,在实践中进行毕业论文写作。

(五)公共课改革:凸显个性化和时代需求

1. 师能课程改革,突出因材施教

针对我校学生来自于全国各地,普通话、三笔字水平参差不齐的情况,实行分层教学。协助学校制定《重庆文理学院三笔字分层教学实施方案》《重庆文理学院教师口语分层教学实施方案》,下学期,将在开课前先通过测试了解学生的普通话、三笔记水平,根据学生的实际水平分入 A、B 班,在教学目标、教学内容、教学方式等方面都结合不同水平学生的实际,因材施教,使学生在现有水平上得到最大限度的发展,满足学生个性化需求。

2. 教育学类课程改革,应对国考需要

2016 年全国开始进行教师资格证统一考试,无论师范专业还是非师范专业学生要获取教师资格证,都必须参加统一考试。针对这一情况,学院对承担的《教育基本原理与方法》《学与教的心理学》两门公共课进行了改革。在对全国教师资格证考试中"教育学、教育心理学"的考点、考试要求等进行深入分析的基础上,对两门公共课的教学内容、学科结构进行了全面改革,满足学生参与教师资格证考试的需求,以切实提高学生教师资格证考试的过关率。在改革过程中，两门课程都结合"国考"需要编制了相应的教材，得到了学生的认同。

三、师生共同成长，改革成效显著

"五大教学改革"对师生都是一种巨大的挑战，经过几年的实践，通过全院师生的共同努力，教学改革观念深入人心，各项改革措施有力地促进了师生的共同成长，改革取得了显著成效。

（一）教师科研教学能力大幅提升

一是教材、专著编著成果突出。出版《现代班主任工作研究》（何万国、曹荣誉）、《教师品质修养》《教学名家谈作文》《教学名家谈语文》《教学名家谈成长》《教学名家卓越智慧》《教学名家谈教育》（裴跃进）、《教育心理学》（王蕾）、《快速序列视觉呈现中面孔加工的神经机制》（罗文波）、《学前儿童卫生与应急对策》（曹成刚）、《学前儿童健康教育》（谭佳）、《走向综合：小学全科教师培养的现状与未来》（袁丹）等近30部，其中，《现代班主任工作研究》荣获重庆市第五届基础教育优秀成果一等奖、《教师品质修养》荣获重庆市第五届基础教育优秀教育著述一等奖。

二是"科研促教学"成果丰硕。教师成功申报市级、国家级课题达9项，发表科研论文30余篇，教师们将自己在科研中取得的成果引入课堂教学，丰富了教学内容，增强了教学内容的前瞻性和时效性；

三是教师在学校赛课比赛取得可喜成绩。6年来，共获得校级教改课比赛一等奖3名，二等奖3名，院长说专业二等奖的优异成绩。

（二）学生科研能力大大提高

为了锻炼学生的实践能力，学院鼓励学生开展科研，积极申报科研课题，写作科研论文。在我院老师的指导下，近6年来我院学生成功申报校级课题60项，发表科研论文近20篇，学生的科研能力得到了极大提高。既增强了学生的实践能力，也为学生的毕业论文写作打下了良好基础。

（三）学生实践能力显著增强

在五大教学改革的推进下，3个专业学生的实践能力显著增强。

1. 学生创作等能力得到极大提高

（1）学前教育学生的原创作品每年都会在毕业晚会上演出。如09级班歌《爱的名义》，10级班歌《指染青春》，11级班歌《四十五加一》，12级班歌

《留夏》，13 级班歌《伊人默》，10 级幼专儿童歌曲联唱《蒲公英》等。（2）学前教育、小学教育专业每一年都会进行美术手工创作作品展，得到了参观学生的一致好评。（3）学前，小教专业学生到幼儿园、中小学进行游戏创编、舞蹈创编、儿歌教学、授课等，得到了相应单位老师和领导的一致好评。（4）应用心理学专业学生到水电校、永川监狱、永川中学等单位开展心理健康教育、团体辅导、心理咨询等，得到了相关单位的高度评价。

2. 学生在师范生技能比赛中连获佳绩

在重庆市第二届师范生技能训练中获得三等奖 1 名；在重庆文理学院首届教师教育类学生首届教学技能比赛中获得一等奖 1 名，二等奖 3 名，三等奖 4 名，团体组织一等奖；在重庆文理学院第二届教师教育类学生首届教学比赛中学生一等奖 1 名，二等奖 1 名，三等奖 3 名，优秀奖 7 名，团体组织二等奖。

3. 毕业设计获得高度赞扬

小学教育专业开展的教学设计类毕业设计，学前教育专业开展的艺术创作类毕业设计，其中，艺术创作类毕业设计每年都要进行现场展示，反响强烈。2016 年 5 月 10 日，安运成、廖兴月、尹思琦、潘虹、周玲等 5 名同学的《青春梦》原创舞蹈毕业设计展演在学生活动中心进行；5 月 13 日，张瑶、徐叶青、张馨、伍丽、王瑞莉和卢锐君等 6 位同学的"'未·末'美术毕业设计作品展"在博文馆大厅举行；5 月 15 日，夏青、蒋美慧、吴春燕、章慧芳、伍思瑾等 20 名同学的《青春毕业季.留夏》毕业设计创作在学生活动中心举行。学生的艺术创作毕业设计得到校领导李德全、漆新贵，教学部负责人及学院领导和师生的广泛好评，充分体现了学院"五大教学改革"的成效，展示了学生较强的综合素质。参加本次毕业设计展演的伍思瑾同学说："通过这次设计，锻炼了我们对音乐、舞蹈、钢琴、音效、舞台设计等活动的组织能力，丰富了我们的艺术实践，也丰富了四年来专业知识学习的成果。"

（四）毕业生就业率位居前列

实施"五大教学改革"以来，学院人才培养质量显著提高，2013 年、2014 年、2015 年毕业生整体就业率一直位居学校前三甲；学院 2013 年、2014 年均获得学校就业工作先进奖励。

四、直面问题存在，反思持续改进

在深入推进"五大教学改革"工作中，我们也深感各项改革离学校党政的要求、离学生成长发展的需要尚有诸多不足之处：

一是考核方式改革有走形式主义的倾向。一些老师在学生成绩考核方式中一味否定闭卷考试，绝大多数课程都采用了开卷或是撰写小论文等形式。这样的考核虽也关注了学生平时学习的过程，但实际上一些考核方式难度太低、流于形式。开卷考试导致学生放松了复习、基础知识不牢固；期末考试让学生所写的课程论文大多质量不高，且大量存在抄袭现象，并不能达到检验学生知识掌握情况的目的。

二是教学改革中教师与学生的沟通不顺畅。五大教学改革过程中，老师们虽已尽力配合学校、学院及教研室完成改革任务，但在具体实施改革的过程中，对学生因学习内容、教学方式及考核模式改变的不适应感，则因多种因素出现了沟通解释工作不够的现象，导致学生配合不力。比如《学前儿童语言教育》考核改革过程中，教师采用了笔试与口试相结合的方式，由于学生人数多，仅口试环节就占用了近6个小时，引起部分学生的不理解。可见，在五大教学改革进行的过程中，教师和学生进行实时有效的沟通、充分调动学生参与改革的积极性，是一个保证教学改革能顺利进行的关键因素。

三是对教师教学改革的评价体系尚需进一步优化。目前，"五大教学改革"势在必行这一观念早已深入人心。但在落实各项改革举措的过程中我们尚未建立起一套科学、健全的评价体系，以对教师正在进行或已经完成的各项教学改革进行有效的评估。这既不利于教研室层面对各科教师所做的各项工作给予讨论跟进，也不利于教师及时调整自己的改革措施。

我们将在今后的工作中正视这些不足，通过进一步转变观念、完善制度及加强对学生的宣传教育等方式，以求进一步提升学院的教学水平。

一是要进一步调动教师参与改革的积极性。五大教学改革是长期性的工作，是提高教学质量的手段。长期的改革往往会导致教师职业倦态、出现改革"审美疲劳"的情况，这些都是不可避免的。如何在改革的过程中促进教师改革的积极性是必须思考的问题。只有通过建立健全考核激励制度，持续保证教师参与改革的积极性，才有可能取得良好的改革效果，使改革不至于成为纸上谈兵；

二是要进一步增强改革的有效性和持续性。怎样使改革不致流于形式，成为"食之无味、弃之可惜"的鸡肋，是我们在进一步推进过程中要长期面对的问题，这需要我们在改革的过程中及时了解学生成长成才对能力的需求，并切实借鉴兄弟院校的成功经验，根据实际情况制定新的举措，使改革贴合实际，真正不断持续地进行下去；

三是要进一步加强各种层面的沟通交流。定期不定期地组织不同学院、不同教研室、不同专业的教师，针对五大教学改革进行反思研讨，找出进一步改革存在的问题和差距；要进一步加大对学生的宣传教育，建立多层面有效的沟通渠道，进一步提升学生学习主体地位，提高学生参与教学改革的积极性。通过沟通交流，避免"旧问题尚未解决、新问题又不断涌现"的恶性循环。

创新"三位一体"教学改革模式，培养高素质应用型、复合型外语人才

——外国语学院"五大教学改革"探索与实践

刘安洪

为贯彻落实学校"十二五"规划提出的全面实施"顶天立地"发展战略，建设特色应用型大学，培养具有创新精神和实践能力的高素质应用型专门人才的目标，我院结合专业自身特点在教学内容、教学方式、考核评价方式、毕业论文、人才培养模式及大学外语等方面采取了一系列改革措施，对外语应用型人才培养体系的构建进行了积极的探索。本着查找问题，不断改进的原则，现将我院近年教学改革情况作如下汇报。

一、改革总体思路

"十二五"期间，围绕学校特色应用型大学建设和"顶天立地"的发展战略，培养具有创新精神和实践能力的高素质应用型专门人才的目标，我院坚持"立足现实，着眼长远，全面规划，重点突破，整体推动，加快发展"的办学思路，坚持建设"有一定知名度、具有区域特色的教学型学院"的目标和类型定位，坚持"培养基础扎实、专业能力突出，具有国际视野、人文素养、创新精神和社会责任感，适应社会经济建设发展需要的高素质应用型、复合型外语人才"的专业定位以及"服务重庆，面向全国"的服务定位，积极调整和优化专业结构，深化专业教育教学改革，做精英语专业（师范），做强商务英语专业，积极培育专业优势和特色，积极构建科学规范的应用型人才培养体系，努力实现学院办学综合实力的显著增强。

二、主要举措

（一）调整专业布局，完善人才培养方案

优化专业结构，2014 年成功将英语专业（商务英语方向）申办为商务英语

专业，制定了 2014 版商务英语专业人才培养方案。2015 年完成了 2015 版英语专业（师范）和商务英语专业人才培养方案修订工作。新方案既兼顾外语类专业国家标准，又考虑到学校和学院办学定位和高水平应用型、复合型外语人才培养的实际需要。

（二）优化课程体系，提升学生专业能力

进一步优化 2015 版英语专业（师范）和商务英语专业人才培养方案中的课程体系。课程设置和教学模块内容能充分体现应用型、复合型人才培养的目标，体现"专业基础扎实，专业能力突出"为核心的综合教学改革要求。课程设置紧密围绕专业基础知识学习和学生能力素质发展，初步构建起了"通识教育课程 + 学科基础课程 + 专业课程 + 集中性实践教学环节"的课程体系。

（三）依托课程和教学团队，深化教学改革

围绕课程建设，努力打造英语师范实践教学、商务英语实践教学和大学英语 1 + X 三大教学团队。有计划采取课程、挂职和顶岗培训等形式，为专业建设和教学改革提供了有力支撑，为深入推进教学内容、教学方法和考核方式改革提供了师资保障。先后派出 6 位专业教师到相关院校和企业进行培训和顶岗实训，目前有 7 位教师获得学校"双师型"教师资格认证；1 + X 团队共派出 16 位教师参加模块课程培训。

1. 教学内容改革

（1）修订和完善教学大纲，确保教学内容改革到位

以 2015 版人才培养方案的制定为契机，修订和完善课程教学大纲，确保教学内容改革顺利到位。在教学大纲的编制和审定过程中，更注重理论知识传授与实践能力培养的有机结合，避免了依据教材撰写教学大纲。对教学内容进行合并、整合，适度保留基础理论知识，适度增加有利于学生能力发展的教学内容和国内外学科专业发展的较新成果，增加了有利学生职业能力提升的部分内容，确保课程教学改革目标顺利实现。

英语专业（师范）修订和完善学科基础课程 24 门，专业课程 23 门（必修 13 门、选修 10 门），教师教育课程 17 门（必修 10 门、选修 7 门）；商务英语专业修订完善学科基础课程 41（必修 29 门、选修 7 门），专业技术课程 14 门。

（2）严格教材选用和征订，确保教学内容改革质量

在教材选用上，尽可能选择 21 世纪教材、"十二五"规划教材以及针对应用型、复合型人才培养的优秀教材。近两年选用省部级以上（含省部级）规划教材、重点推荐教材、精品教材等优质教材的比例达 62.71%；同时鼓励教师自编

适合我校学生实际的校本教材或讲义。

表 1　近两年教材选用情况统计表

教材类别	2016 年春季教材选用统计表		2016 年秋季教材选用统计表	
	种数	比例（％）	种数	比例（％）
"应用型"教材	35	63.6	39	44.8
优秀教材	16	29.1	16	18.4
推荐教材	17	30.9	15	17.2
外文原版教材	1	1.8	4	4.6
近 3 年出版新教材	25	45.5	42	48.3
教材种数合计	55	——	87	——

教材类别	2017 年春季教材选用统计表		2017 年秋季教材选用统计表	
	种数	比例（％）	种数	比例（％）
"应用型"教材	26	56.5	25	69.4
优秀教材	12	26.1	19	52.8
推荐教材	16	34.8	19	52.8
外文原版教材	0	0.0	0	0.0
近 3 年出版新教材	28	60.9	11	30.6
校本教材	0	0.0	0	0.0
教材种数合计	46	——	36	——

2. 教学方法改革

（1）利用学术交流与教改培训平台，进一步转变教师教学理念

积极利用学术交流和教改培训，逐步转变教师教学理念和方式。近年来，送培项目总计 34 项，达 99 人次，教师人均 1.2 次；其中教育教学改革专项培训 11 项，共计 34 人次，教育教学改革专题会议 23 项，共计 65 人次。

（2）发挥教学示范引领作用，深入开展教研教改活动

积极利用教学示范岗的引领示范作用，带动教师参与教师教学竞赛、学生技能大赛参赛指导、示范课和特色品牌培训项目等方式，充分发挥示范岗的在教学方式改革中的引领作用。

（3）教学与学工互动，三位一体教学模式日趋成熟

结合本科生导师制和教学团队建设，加强学生技能训练指导，教学和学生管

理工作的相互配合，较好地解决了理论教学、技能训练与学生素质拓展之间的矛盾，"课堂理论教学＋课外技能训练＋学科素质拓展"相融合的三位一体教学模式进一步成熟。

3. 考核方式改革

坚持"知识考核与综合能力考核并重，过程考核与终结性考核相结合"的原则，结合外语学科专业的特殊性，鼓励和引导教师大胆进行考核评价方式的改革尝试。稳步推进考核方式改革的同时，进一步提高命题质量。

目前我院考核方式改革开展情况如下：英语专业（师范）课程共计 56 门（我院承担 51 门），已改革 38 门，占 74.5%；专业基础课程和必修课程共计 38门，已改革 34 门，占比 89.5%；选修课 14 门，已改 4 门，占 28.6%。商务英语专业课共计 51 门（我院承担 39 门），已改革 26 门，占 66.7%；我院承担的专业基础课程和必修课程共计 28 门，已改革 22 门，占比 78.6%；选修课 11 门，已改革 4 门，占 36.4%。

（四）加大教学资源建设力度，努力改善办学条件

加强专业图书资料建设，每年确保图书采购经费 4 万元左右。截至目前，学院资料室藏书达 2.04 万余册，期刊杂志 100 余种；新建商务英语实训中心，建成 20 个校外实习基地，办学条件得以改善。

（五）打造特色品牌项目，探索人才培养模式改革

自 2013 年起，英语专业（师范）开始实施卓越人才培养计划——星火英语教师教育实验班，商务英语专业组建了以 POCIB 大赛为平台的外贸从业能力培训实验班，积极进行人才培养模式改革探索。

（六）完善激励竞争机制，持续推进教育教学改革

根据《重庆文理学院本科教育教学工作专项奖励暂行办法》（重文理教〔2014〕47 号）等文件精神，学院制定了相应的教育教学激励奖励实施办法，对教育教学改革中成绩突出者进行激励，进一步调动、激发教师参与教改的热情。

三、改革成效

（一）教师综合素质提高，教学能力提升明显

近几年，我院教师教改立项 25 项，其中市级重点项目 2 项，一般项目 9 项；参加各级各类学科专业教学大赛获奖总计 12 人次，其中国家级 3 项、省部级 6 项。

表2 近几年教改立项情况

序列号	负责人	项目名称	级别	项目类别	立项时间
1	刘安洪	地方性本科院校英语专业翻译教学中跨文化交际能力的培养研究	市级	规划	2012
2	邓 敏	应用型本科院校大学英语课程考试改革研究	市级	一般项目	2013
3	黄晓君	目标式教学评价体系在日语教学中的应用研究	市级	一般项目	2013
4	黄亚丽	《商务英语写作》课程教学改革研究与实践	市级	一般项目	2013
5	谢春花	《大学英语A1》课程教学改革研究与实践	市级	一般项目	2013
6	陈鸣鸣	《基础英语》课程教学改革研究与实践	市级	一般项目	2013
7	颜学金	基于学生需求分析的大学英语1+X课程改革与实践	校级	重大项目	2014
8	孙小孟	基于应用型本科院校的"1+X"多模态大学英语教学研究与实践	校级	重点项目	2014
9	郑小芳	《大学俄语》课程教学改革与实践	校级	一般项目	2014
10	汤瑷宁	英文电影媒体教学传递功能的研究	校级	一般项目	2014
11	陈艳华	"1+X"模式下的实用英语口语教学改革研究与实践	校级	一般项目	2014
12	邓世彬	英语专业教师教育精品化人才培养模式的探索与实践	校级	一般项目	2014
13	丁 芳	需求分析理论框架下大学英语教学改革研究——重庆文理学院1+X大学英语改革之出国培训课程的实证研究	校级	一般项目	2014
14	邹盛瑜	地方高校推进立德树人"课程化、项目化、国际化"的研究与实践	校级	一般项目	2014
15	颜学金	基于学生多元化需求的大学英语1+X课程教学改革与实践	市级	重点项目	2015
16	覃海晶	应用型人才培养背景下《商务英语口译》课程理实一体化教学模式改革与实践	校级	一般项目	2015
17	李婉婉	"一带一路"新形势下重庆外贸人才从业能力一体化培养模式研究	市级	重点项目	2015

序列号	负责人	项目名称	级别	项目类别	立项时间
18	刘俊玲	信息技术环境下翻转课堂教学模式在高校英语专业教学中的实践与研究	市级	规划	2015
19	谢 颖	非英语专业学生语音教学研究	市级	规划	2015
20	刘安洪	以需求分析理论为基础的大学英语跨文化交际能力体系构建研究	市级	规划	2015
21	刘俊玲	基于微课的英语课程教学设计与研究	校级	一般	2016
22	杨善寓	基于应用型人才培养目标的多元智能大学英语教学研究与探索	校级	一般	2016
23	杜 玲	基于微课的英语专业语法课程教学改革探索	校级	一般	2016
24	林艳青	基于"翻转课堂"模式的《英语语音》课程教学改革研究	校级	一般	2017
25	曾薇	内容依托式商务英语教学改革和本土化研究	校级	一般	2017

表3 近几年教师参加各类教学比赛获奖情况

比赛项目	比赛时间	奖项	人数	获奖人姓名	级别
第四届"外教社杯"全国大学英语教学大赛（重庆赛区）	2013.5	三等奖	2	丁 芳 张之材	重庆市
2014年全国高等院校英语教学精品课大赛	2014.5	二等奖	1	廖雪汝	全国
重庆文理学院"圆梦文理"演讲比赛	2014.6	三等奖	1	刘友洪	校级
重庆文理学院第四届"说课程·教改课"比赛	2015.1	一等奖	1	陈虹樾	校级
重庆文理学院第四届"说课程·教改课"比赛	2015.1	三等奖	1	李娜娜	校级
2015年全国高等院校英语教学精品课大赛	2015.5	二等奖	1	李 艺	全国
2015年全国高等院校英语教学精品课大赛	2015.5	二等奖	1	李娜娜	全国
第六届"外教社杯"全国高校外语教学大赛（重庆赛区）	2015.6	一等奖	1	陈虹樾	重庆市
第六届"外教社杯"全国高校外语教学大赛（重庆赛区）	2015.6	三等奖	1	覃海晶	重庆市
第七届"外教社杯"全国高校外语教学大赛（大学英语组）重庆赛区复/决赛	2016.6	二等奖	2	周 畅 李娜娜	重庆市

（二）教学综合改革模式取得新进展

结合特色品牌项目实施，学院坚持"课堂教学与课外自主实训相结合、技能训练与课外活动开展相结合、认知实习与社会实践相结合"的原则，"理论教学＋技能训练＋素质拓展"三位一体教学模式进一步成熟，成效更加明显。

（三）毕业论文多元化改革推进有序

毕业论文改革注重培养学生综合实践能力和应用创新能力，突破了单一的学术论文写作模式，毕业论文多元化改革取得一定成效，形成了符合我院专业特点的学位论文考核办法及评价标准。毕业综合设计比例逐年增加，质量进一步提高。

表4　近4年本科毕业论文（设计）形式变化情况表

年级		2010	2011	2012	2013
毕业生人数		397	256	314	268
毕业论文形式	46.60%	42.97%	53.18%	41.42%	53.18%
	51.64%	54.69%	36.31%	34.33%	36.31%
	0.76%	2.34%	10.51%	24.25%	10.51%

（四）学生专业能力提升效果显著，综合素质进一步提高

近几年来，学生获得校级科研项目29项，公开发表科研论文6篇；省部级以上学科竞赛获奖9项，省部级以上创新活动、技能竞赛获奖37项。学生综合素质进一步提升，毕业生初次就业率平均达到90％，就业质量逐年提高。

表5　学生科研项目（含大学生创新性实验计划项目）

序号	项目名称	主持人	级别	立项时间	验收时间	经费（万元）
1	农村地区小学英语教育学院发展的现状及对策研究	韩鑫亦	重点项目	2012	2014	0.2
2	高校校园文化建设的现状及对策研究——以"重庆文理学院"为例	刘　蜜	重点项目	2012	2014	0.2
3	大学校园英语角存在的问题及应用对策	谢　璐	重点项目	2012	2014	0.2
4	大学生学业目标实现途径研究	谢红晏	重点项目	2012	2014	0.2
5	论《洛特网》的运作模式和普及拓展研究	唐春莉	一般项目	2012	2014	0.1

续表

序号	项目名称	主持人	级别	立项时间	验收时间	经费（万元）
6	大学英语自主学习与合作学习的研究	卢 容	一般项目	2012	2014	0.1
7	重庆市永川区茶文化特色旅游学院的发展现状、影响及其对策研究 ——以永川区"茶文化节"为例	王琴琴	一般项目	2012	2014	0.1
8	目标教育学院下分个体探析大学生职业生涯规划	许春艳	一般项目	2012	2014	0.1
9	对中西文化颜色词象征意义的研究与分析	林 凤	一般项目	2012	2014	0.1
10	重庆綦江区农民版画建设情况分析	杨青钦	一般项目	2012	2014	0.1
11	巴渝地区大学生国际视野教育初探	郭梦娇	一般项目	2013	2015	0.1
12	目标教育下分阶段设计大学生职业生涯规划	刘 娟	一般项目	2013	2015	0.1
13	我国高校推行社会主义核心价值观的教育新途径 ——以"美国主流价值观教育"为启示	吴 爽	一般项目	2013	2015	0.1
14	中日文化差异在传统习俗上的表现研究 ——以"年"为例	文雅丽	一般项目	2013	2015	0.1
15	地方性本科院校英语专业学生考研意向分析研究 ——以重庆文理学院为例	陈扬琼			2014	
16	关于重庆市永川区公共场所英语标识误译现象的分析与对策研究	唐思琦			2014	
17	新形势下英语师范生何去何从 ——以重庆文理学院为例	刘 亭			2014	
18	重庆市乡镇小学英语教学现状调查与思考	蒋 雪			2014	
19	当代大学生道德滑坡现象研究 ——以重庆市为例	黎俊秀			2014	
20	"中国梦"指导下"当代大学生人生梦"实现路径研究	陈 娇			2014	

续表

序号	项目名称	主持人	级别	立项时间	验收时间	经费（万元）
21	从考试作弊谈当代大学生诚信问题	逯姿言		2014		
22	奉节县脐橙产业发展现状与前景分析	龙绍辉		2014		
23	论当代大学生失恋导致的心理问题及对策思考	贺　琼		2014		
24	积极心理学在中学英语教学中的应用研究	王星又		2014		
25	新媒体下传统媒体人职业现状和前景研究——以重庆传统媒体为例	黄秀文		2015		
26	家庭教育对大学生道德观影响的研究	袁冬琴		2015		
27	关于当代大学生学习目标的研究	谢世勇		2015		
28	大学生能力目标现状调查与对策研究——以重庆文理学院为例	罗　娜		2015		
29	英语介词的用法和翻译	常溪原		2015		

表6　近几年学生比赛获奖情况

级别	比赛项目	奖项	人数	比赛时间
重庆市	外研社杯全国英语演讲比赛	三等奖	1	2013.11
重庆市	外研社杯全国英语写作比赛	三等奖	1	2013.11
全国	第三届POBIC全国大学生外贸从业能力大赛	团体二等奖		2013.12
全国	第四届POCIB全国大学生外贸从业能力大赛	团体一等奖		2014.12
全国	第四届POCIB全国大学生外贸从业能力大赛	个人一等奖	2	2014.12
全国	第四届POCIB全国大学生外贸从业能力大赛	个人二等奖	3	2014.12
全国	第四届POCIB全国大学生外贸从业能力大赛	个人三等奖	7	2014.12
重庆市	重庆市首届高校师范生技能竞赛	三等奖	1	2014.11
重庆市	2014"外研社杯"全国英语演讲大赛（重庆赛区）	专业组三等奖	1	2014.11
全国	第25届"外研社杯"全国英语演讲大赛（重庆赛区）全国英语演讲比赛	专业组二等奖	1	2015.1

续表

级别	比赛项目	奖项	人数	比赛时间
全国	第25届"外研社杯"全国英语写作比赛	专业组一等奖	1	2015.1
全国	第26届"外研社杯"全国英语写作比赛	专业组三等奖	1	2015.1
全国	第五届POCIB全国大学生外贸从业能力大赛	团体赛二等奖		2015.11
全国	第五届POCIB全国大学生外贸从业能力大赛	个人二等奖	4	2015.11
全国	第五届POCIB全国大学生外贸从业能力大赛	个人三等奖	7	2015.11
重庆市	重庆市第二届高校师范生教学技能竞赛	一等奖	1	2015.11
全国	第五届全国口译大赛（英语）	二等奖	2	2016.4
全国	第五届全国口译大赛（英语）	优秀奖	3	2016.4
重庆市	重庆市第三届高校师范生教学技能竞赛	一等奖	1	2016.11
重庆市	重庆市第三届高校师范生教学技能竞赛	二等奖	1	2016.11
全国	第六届POCIB全国大学生外贸从业能力大赛	一等奖	2	2016.11
全国	中国商业杯第二届大学生跨境电子商务专业技能竞赛	一等奖	3	2017.10
重庆市	重庆市第四届高校师范生教学技能竞赛中学英语组	一等奖	1	2017.11
重庆市	重庆市第四届高校师范生教学技能竞赛中学英语组	三等奖	1	2017.11

表7 近几年学生考研情况表

届别	2014	2015	2016	2017
毕业生人数	397	256	314	267
录取人数	17	8	21	19
比例	4.3%	3.1%	6.7%	7.1%

（五）"大学外语1＋X"教学改革转型初见成效

大学英语在原来"分层分类"教改基础上，自2013级开始根据学生多元发展需要，实行"大学外语1＋X"教学改革。在教学内容、教学方式和考核形式均根据模块教学进行了探索和实践。教师结合教学实践，主动探究意识增强，近几年"大学外语1＋X"教改相关立项就达8项；2013级与2012级同期四级参考过关率第一次提高6.5%，第四次提高3.5%，第二、三次由于学位与英语考试脱钩有所下降；2014级与2012级同期第一次提高5.5%，第二次提高3.2%。

表8　学生参考情况

参考情况	年级	2010 级	2011 级	2012 级	2013 级	2014 级
第一次参考	参考过关率	18.60%	26.07%	18.75%	25.25%	24.28%
第二次参考	参考过关率	18.91%	15.59%	18.94%	15.23%	22.15%
第三次参考	参考过关率	27.89%	10.47%	17.79%	12.26%	15.72%
第四次参考	参考过关率	12.59%	8.33%	6.67%	10.15%	11.17%

说明：第一次参考时间：一年级下期；第二次参考时间：二年级上期；第三次参考时间：二年级下期；第四次参考时间：三年级上期。

四、亮点与特色

（一）师资队伍培养措施有力，教学能力提升明显

积极利用学术交流和教改培训平台，配合教育教学激励措施，转变教师教学理念和方式，在教学团队建设、"双师型"队伍建设和教师教学能力提升方面取得明显效果；为深入推进教学整体改革提供了重要的师资保障。

（二）课程体系结构合理，三位一体教学改革模式成效显著

构建了"通识教育课程＋学科基础课程＋专业课程＋集中性实践教学"的课程体系。结合本科生导师制和教学团队建设，教学工作和学生管理工作相互配合，解决了理论教学、技能训练与学生素质拓展之间的矛盾，"课堂理论教学＋课外技能训练＋学科素质拓展"相融合的三位一体教学改革模式效果明显。

（三）实践教学改革措施到位，学生专业能力提升显著

结合实践教学体系，制订符合专业特点实践工作手册、认知实习工作手册等系列文件和毕业论文实施办法及评价标准，对学生实践环节管理、考核到位；课堂教学、专项技能训练和课外素质拓展相结合，全面加强学生实践能力培养，效果显著。

（四）人才培养模式改革富有特色，人才培养质量明显提高

以"星火英语教师教育实验班""POCIB 外贸从业能力培训实验班"为平台的卓越人才培养模式改革既符合学校人才培养定位，也符合我院高素质复合型、应用型人才培养目标，成效明显，整体上促进了我院人才培养质量提升。"星火英语教师教育实验班""POCIB 外贸从业能力培训实验班"已成为专业特色。

五、存在的不足与问题

（一）教师实践教学技能有待提升，缺乏高水平的学科专业带头人

师资建设虽然取得一定成绩，但"双师型"队伍建设仍需加强，尤其是个别专业课程所需的实践教学技能仍需提高，与学校提出初步构建起应用型人才培养体系的师资要求尚有差距；目前还没有英语语言文学、外国语言学及应用语言学方向的博士。

（二）人才培养创新探索仍需深化

以"星火英语教师教育实验班"和"POCIB外贸从业能力培训实验班"为平台的人才培养模式的改革与实践取得了一定成效，但是创新培训课程内容和模块体系仍需进一步整合，应用型人才培养体系仍需进一步完善；学生就业率虽逐年提高，但是就业质量仍有较大发展空间；学生综合素质有所提高，但是职业道德素养仍需加强，人才培养模式整体改革还有待进一步完善，整体人才培养质量提升尚有较大空间。

（三）实践教学体系和平台仍需完善，校企合作尚须突破

校内实验实训平台硬件构建基本完成，但实训实习条件有待进一步拓展和改善，实训平台的软件建设仍需加强，实践教学体系有待进一步优化；校外实习实训基地在数量和使用效率上也需要进一步提高；校地校企合作深度不够，合作办学还未取得实质性突破。

（四）教学改革整体推进力度仍需加强，教材开发尚未启动

课程建设取得了初步成效，但教学改革整体推进仍需要加强，尤其在课程教学内容整合与优化、课堂教学与课外实训的结合、实践教学体系凝练等方面仍需有所突破；毕业论文（设计）多元化改革虽有一定进展，但在毕业设计的总体框架和实施细节仍需进一步细化和强化；校本教材建设和开发尚未启动。

（五）"大学外语1+X"教学改革仍需细化和整体推进

"大学外语1+X"教师团队打造基本成型，但是各模块教学针对性还需进一步加强；虽然教师对学生选修模块进行了动员和说明，但为了满足学生多元化需求，各模块未设置选修资格条件，存在个别学生选修后学习能力有限，积极性和主动性不足等现象。

六、采取的对策及改进措施

(一) 提升教师队伍整体素质，培养或引进学科专业带头人

依托专业建设，继续打造英语（师范）、商务英语和大学英语 1＋X 模块教学团队建设力度；同时借助课程群建设进一步提升英语（师范）实践教学团队、商务英语实务教学团队和翻译教学团队的科研能力；继续推进双师型教师培训，着力提升商务英语教学团队实践教学能力；培养或引进英语语言文学、外国语言学及应用语言学方向的博士，引领学科专业建设。

(二) 进一步加强专业内涵建设，深化人才培养模式创新

借鉴"外语类专业国家标准"，结合我校实际，进一步深化教学方式、教学内容、考核方式改革，打造教学团队、实践教学平台，深化毕业论文改革，拓展创新人才培养模式，加强专业内涵建设，力争在应用型、复合型人才培养模式创新方面取得新的突破，促进人才培养质量整体提升。

(三) 完善实践教学平台，力争校企合作办学取得实质性突破

进一步加强语言实训中心软件建设，完善校内实训平台；在充分利用和拓展商务英语实习基地的基础上，积极开展校地校企合作进行人才培养，实现校企合作办学实质性的突破。

(四) 继续整体推进"大学外语 1＋X"教学改革

继续优化"大学外语 1＋X"模块教学，从教学内容、教学方式和考核方式等层面整体推进改革；同时可尝试选拔单项技能有较大潜力的学生组建实验团队，加强专项技能培训指导，提升指导效果，扩大大学外语改革成果显示度。

(五) 完善教学激励机制，推动教学整体改革

进一步完善我院教学激励机制，鼓励教师积极进行教学改革；结合教学团队建设、课程建设与改革、人才培养模式创新改革、毕业论文（设计）多元化改革等方面整体推进专业教学和大学外语改革；结合学校"申报特色应用型系列教材"项目，引领教师开发即符合学生实际，又能体现地方院校特色的校本教材。

以考核评价方式改革为牵引，
创新音乐舞蹈类专业教学模式

——音乐学院"五大教学改革"探索与实践

李劲松

自 2010 年 4 月学校《关于深入推进五大教学改革的意见》文件发布以来，音乐学院党政高度重视和积极推进教学改革，师生主动配合、积极参与教学改革，结合音乐舞蹈专业特点，在教学内容、教学方式、考核评价方式、毕业论文、人才培养模式等方面采取了一系列改革措施，促进了教学模式的转变和人才培养质量的提高。现将几年来音乐学院"五大教学改革"的工作情况从条件保障、推进情况、实施成效、存在问题及改进思路 4 个方面汇报如下：

一、"五大教学改革"条件保障

近年来，学院不断加强师资队伍建设和制度建设，为推进"五大教学改革"做好人力资源保障和制度保障。

（一）近几年引进教师情况

2012 年以来，学院从俄罗斯格林卡国立音乐学院、法国南锡国立音乐学院、中国音乐学院、中央民族大学、武汉音乐学院等国内外著名音乐、艺术院校引进新教师共 15 人，其中有国家一级编导、艺术理论/音乐表演双博士、国家二级编导、硕士等。

表 1 音乐学院 2012 –2016 年新引进教师情况一览表

序号	引进年份	姓名	出生年月	性别	学校	学历	研究生专业	本科专业
1	2012 年	曾筱雅	1981.12	女	中国音乐学院	硕士	琵琶	琵琶
2	2012 年	赵思宇	1987.7	女	俄罗斯后贝加尔车尔尼雪夫斯基国立人文师范大学	硕士	西洋管弦乐	西洋管弦乐

续表

序号	引进年份	姓名	出生年月	性别	学校	学历	研究生专业	本科专业
3	2012 年	杨扬	1986.1	男	天津音乐学院	硕士	二胡	二胡
4	2013 年	江钰	1985.10	女	广西艺术学院	硕士	音乐教育	古筝
5	2013 年	颜聪	1976.12	男	北京舞蹈学院	本科		中国舞编导专业
6	2013 年	吴司祺	1986.3	女	云南艺术学院	硕士	舞蹈学	舞蹈学
7	2014 年	黎丙松	1981.03	男	北京舞蹈学院	本科		舞蹈编导
8	2014 年	陈英敏	1985.04	女	沈阳农业大学	硕士	持续发展与推广学	工商管理
9	2015 年	黄飞洪	1985.12	男	法国南锡国立音乐学院	硕士	声乐	声乐
10	2015 年	闫雯雯	1988.12	女	西南大学音乐表演	硕士	音乐学	音乐教育
11	2015 年	张春佳子	1984.12	女	俄罗斯格林卡国立音乐学院	博士	钢琴表演	钢琴
12	2016 年	陈晓	1988.08	女	俄罗斯格林卡国立音乐学院	硕士	钢琴	钢琴
13	2016 年	张薇	1988.07	女	武汉音乐学院	硕士	二胡	二胡
14	2016 年	赵勇	1990.12	男	重庆大学	硕士	舞蹈编导	舞蹈教育
15	2016 年	易信任	1994.11	男	中央民族大学	本科		舞蹈表演

近年来，还外聘了重庆歌剧院、重庆歌舞团、川剧院、西藏军区政治部文工团等专业院团双师型教师先后共计 20 多人次，当期外聘教师 8 人。常年聘有白俄罗斯外教丽达 1 人。

表 2　近几年外聘院团双师型教师信息一览表

序号	姓名	性别	年龄	所属单位	学位	职称	所学专业	承担教学任务
1	罗洪元	男	74	重庆市歌剧院	无	国家二级演奏员	打击乐	器乐演奏（打击乐）
2	吕麟俊	男	57	永川文化馆	学士	群文馆员	管乐	技能实践（管乐）

续表

序号	姓名	性别	年龄	所属单位	学位	职称	所学专业	承担教学任务
3	贾玉	女	31	重庆市歌剧院	学士	歌剧演员	声乐	声乐、声乐演奏
4	杨扬嵩帆	男	33	重庆市歌剧院	学士	国家四级演员	声乐	声乐、声乐演奏
5	戴佳志	男	32	重庆市歌剧院	学士	歌剧演员	声乐	声乐、声乐演奏
6	张伴春	女	62	重庆川剧院	专科	国家二级演员	戏剧舞台表演	舞台表演与实践
7	谢渝川	男	60	重庆市波西米娅文化艺术中心	高中	重庆吉他专业委员会会长	古典吉他	器乐演奏（吉他）
8	王宁	男	33	重庆人文科技学院	学士	国家二级演奏员	二胡	器乐演奏（二胡）
9	凌泽东	男	32	重庆艺术学校	大专	无	舞蹈学	形体训练与舞蹈编导基础
10	李萍	女	53	重庆市川剧院	学士	国家一级演奏员	扬琴	器乐演奏（扬琴）
11	刘小芳	女	31	西藏军区政治部文工团	研究生	无	声乐	声乐、声乐演奏
12	龙志明	男	62	重庆市歌舞团	专科	国家二级演员	声乐	声乐、声乐演奏
13	李曼	女	34	重庆人文科技学院	学士	讲师	琵琶	器乐演奏（琵琶）
14	程冬	男	30	重庆青年交响乐团	学士	助教	打击乐	器乐演奏（打击乐）
15	王一燃	女	28	白俄罗斯国立音乐学院	研究生	讲师	小提琴	器乐演奏（小提琴）
16	胡秋岩	男	35	天津音乐学院	研究生	讲师	管弦乐	器乐演奏（管弦乐）
17	王红	男	35	西南大学	研究生	副教授	大提琴	器乐演奏（大提琴）
18	晏明	男	59	重庆川剧院	学士	国家二级演奏员	笙	器乐演奏（笙）

续表

序号	姓名	性别	年龄	所属单位	学位	职称	所学专业	承担教学任务
19	罗晓华	男	62	重庆民乐团	学士	国家二级编导	中阮	器乐演奏（中阮）
20	李函子	男	32	重庆市爱乐交响乐团	学士	无	小提琴	器乐演奏（小提琴）
21	赵健杰	男	26	重庆歌舞团	学士	四级演员	舞蹈学	技术技巧
22	王光雷	男	29	永川伍爵街舞工作室	学士	无	舞蹈学	技能实践（流行舞、拉丁舞）
23	赵健杰	男	26	重庆歌舞团	学士	四级演员	舞蹈学	舞蹈剧目、技术技巧

（二）近几年"双师型"教师培养和认定情况

制定了音乐学院2014—2016年"双师型"教师培养计划并付诸实施，每年举行"双师型"教师培养汇报交流，邀请教工部领导、要求全体教师参加。自学校首批认定双师型教师资格认定以来，音乐学院先后3批共计16名教师被学校认定为双师型教师，占学院专任教师（55）的30%。

表3　学校认定音乐学院"双师型"教师资格一览表

年度	双师型教师名单
2013 年	颜　聪、赵冬艳、张艳辉
2014 年	黎丙松、李劲松、刘娴丽、杜　鹃、刘安丽、郑　岩、朱媛媛
2015 年	陈亚芳、汪琳琳、间文娴、宋广亮、吕军成

（三）近几年制度建设情况

为深入推进"五大教学改革"，近年来学院先后制定、出台了教学管理和常规管理制度近40个，为教学工作和管理工作的规范化做好了制度保障。

尤其是2016年4月经音乐学院二级教代会讨论通过的《常规管理办法》《教学激励办法》《专项奖励办法》《学生课堂考勤管理办法》《师生艺术实践管理办法》等教学管理办法，进一步完善了管理制度，为深入推进教学改革做好了制度保障。

二、"五大教学改革"推进情况

（一）以制订 2015 版人才培养方案及修订课程教学大纲为契机，组织专任教师学习、研讨、厘清专业人才培养定位

专业发展定位：

"做强、做精"音乐学专业，"做实、做细"音乐表演专业，"做大、做特"舞蹈学专业。

人才培养定位：

音乐学专业：掌握扎实的音乐基础理论、系统的音乐专业知识和良好的音乐专业技能，音乐教学能力和自我发展能力突出，能在中小学、社会音乐团体、企事业单位从事音乐教学、音乐艺术活动指导工作的音乐教师。

音乐表演专业：掌握扎实的音乐表演基本理论、基本知识，具备演唱、演奏等方面的基本技能，具有创新精神和实践能力，在专业文艺表演团队、文化馆（站）、企事业单位从事音乐表演、音乐创编、音乐活动组织策划、音乐教学辅导等工作的高素质应用型专门人才。

舞蹈学专业：掌握扎实的舞蹈基础理论、系统的舞蹈专业知识和良好的舞蹈专业技能，具有较强的舞蹈表演、舞蹈编排和舞蹈教学能力，自我发展能力突出，能在中小学、社会舞蹈团体、文化馆（站）从事舞蹈教学、舞蹈表演及艺术活动指导工作的高素质应用型专门人才。

音乐学（师范）专业：通识课程大学体育 1 年，用《健美操》替代；学科基础课程《专业导论》《器乐》2 年、《合唱指挥》《即兴伴奏》2 年；《声乐》《钢琴》《器乐》3 个专业模块，《中小学音乐教师》《音乐制作》《幼儿教师》3 个职业模块；选修课程《小型器乐演奏》

音乐学（音乐表演）专业：通识课程大学体育 1 年，用《健美操》替代；专业基础课程《专业导论》《舞台表演与实践》《技能实践》；专业技术课程《钢琴、声乐》《××排练与舞台表演实践》；选修课程《通俗演唱》《小型器乐演奏》《艺术活动与组织策划》

舞蹈学（师范）专业：通识课程大学体育 1 年，用《健美操》替代；学科基础课程《专业导论》《中国古典舞基训》3 年，6、4、4；《中国民族民间舞》3 年，4；《技术技巧》1 院团 1 学院；《现代舞》2 年；选修课程《音乐剪辑》《西南地区民族舞蹈》《艺术活动组织与策划》。

（二）课程教学内容改革

课程建设：

课程组——将相关、相近课程任课教师组成课程组，便于教研、教改和教法探讨。（见课程组名单）

核心课程建设、改革——每学期制定核心课程改革实施方案、各专业确定1门专业核心课程，专项经费、专项教研、专项督导、核心课程教改课比赛。

课程教学内容改革：

将毕业后从事职业岗位相关度较高的职业能力课程纳入有关专业技术课程和专业基础课程教学中。

音乐学（师范）专业：将中小学音乐教材内容纳入《声乐教学法》《钢琴教学法》《即兴伴奏》《自弹自唱》等课程教学内容。

音乐学（音乐表演）专业：《舞台表演与实践》《××排练与舞蹈表演实践》。

舞蹈学（师范）专业：《音乐剪辑》《少儿舞蹈创编》。

按照"删减并留增"的原则，进行课程教学内容的改革。

删除陈旧的、脱离学生能力培养和社会需求内容，精减对实现人才培养目标贡献率低和过于繁难的内容，如《乐理》中的中古调式、表情术语等内容，《基础和声》中的重属和弦、副属和弦、转调、离调等内容，《外国音乐史及名作赏析》和《中国音乐史及名作赏析》中的现代音乐部分内容。

适度保留基本理论知识和有利于学生能力发展的传统教材内容，合并、整合有利于职业能力培养的课程教学内容，如将《和声》《曲式》《复调》《歌曲作法》整合为《多声部音乐分析与写作》，增加适应就业需要内容，如《实用音乐作曲与编配》《数字音频与混音》《儿歌自弹自唱》《小型器乐演奏》《音乐剪辑》等。

通过课程教学大纲的修订及自编教材、讲义等固化课程教学内容。

所有专业课程的教学内容通过课程教学大纲的修订得以固化——实行教学大纲三级评审——教研室评审、教学系评审、院级评审，教学内容必须体现人才培养方案的设计意图，不合格的必须整改。

声乐教学法、钢琴教学法、技能实践等课程通过自编教材、讲义，将课程教学内容固化。（声乐教学法自编教材）

（三）教学方式改革

分层教学，动态管理——专业复查（学年考试）成绩、技法课课型、培优

生、主修生——学风、教风的好转（技法课型）

卓越教师工程——未来名师乐坊实验班（未来名师乐坊实验班方案、选拔办法、课程设置、技法课型、校院协同）

技法课师生双选（第二学期结束时双选，声乐、钢琴）

技能实践"课程化"——《技能实践》以课程形式于每周四下午开设，3课时——全覆盖、定时间、定场地、定专任教师、学期集体验收（音乐类专业——混声合唱团、女声合唱团、组合与表演唱、民乐团、管乐团、筝乐团、舞蹈团、戏剧社，舞蹈专业——声乐、钢琴、器乐、舞蹈团、流行舞蹈）

（四）考核评价方式改革

学院恢复技法课半期考试，制订期末考试工作方案，统一安排所有课程的期末考试，严审试卷和考核方案（开卷考试、面试、上交作品严格审定）

制定并执行《音乐学院专项演出、参赛获奖学生课程成绩评定办法》。

技法课会考、曲目抽考、单个面试、教师集体评分，现场公示。

舞蹈专业核心课程集体会考（中国古典舞基训、中国古典舞身韵、中国民族民间舞、技术技巧等专业核心课程，集体会考，学生观摩，全程摄像。）

加强过程性评价，调整技法课平时成绩（考勤、观摩4次、回课），有的课程增设学生评价作为平时成绩的一部分。

（五）毕业论文（设计）改革

学院制定《毕业设计计划书》，毕业设计根据不同专业，对毕业设计的方式、作品数量、难易程度及舞台展演或答辩等有明确规定。

音乐学专业（师范）毕业设计方式分为"教学单元设计、综合节目方案设计、声乐演唱设计、钢琴演奏设计、器乐演奏设计、合唱与指挥设计、节目主持设计、舞蹈作品编创与表演设计"共8项。学生应根据自己的专业方向、学业成绩选择适合的设计方式。

音乐学专业（音乐表演）毕业设计方式分为"声乐演唱设计、钢琴演奏设计、器乐演奏设计、综合节目方案设计、节目主持设计"共5项。学生应根据自己的专业方向、学业成绩选择适合的设计方式。

"教学单元设计、综合节目方案设计"需同毕业论文一起进行答辩。

"声乐演唱设计、钢琴演奏设计、器乐演奏设计、合唱与指挥设计、节目主持设计""舞蹈作品编创与表演设计"需进行舞台技能展演，需2首及以上作品。作品要求：声乐限3年级及以上程度作品，钢琴、器乐限5级及以上程度作品。

（六）音乐舞蹈类专业特色项目

1. 舞蹈早功练习（专业教师督导、小先生辅导、考勤、三年一贯、纳入舞蹈专业课程平时成绩）；

2. 项目制实施及学期验收制度（项目制管理办法，申报、立项、验收、奖励）；

3. 音乐学（师范）专业学生自弹自唱月考制（11 级以来，4 个学期，4 个 3，ABC3 级，每学期 3 次，与声乐、钢琴、即兴伴奏 3 门课程成绩挂钩）；

4. 技法课月末音乐会（每月一次，统筹安排，声乐、钢琴、器乐组合—教学汇报展演，专项经费，全体技法课教师观摩）；

5. 毕业生从业技能验收评比制度（制定研讨方案，12 级开始，音乐学专业——必须完成：自荐书、声乐、钢琴、器乐、自弹自唱、合唱与指挥、课堂教学，自选项目：舞蹈、PPT 制作、书法、主持等（每个学生选一项）；音乐表演专业——必须完成：自荐书、声乐或钢琴或器乐、即兴伴奏、合唱与指挥自选项目：舞蹈、PPT 制作、书法、主持等（每个学生选一项）；舞蹈学专业——必须完成：自荐书、技巧组合、舞蹈剧目、课堂教学；自选项目：声乐、钢琴、器乐、PPT 制作、书法、主持等（每个学生选一项）。

三、"五大教学改革"实施成效

（一）教师教学能力显著提升

学院核心课程比赛情况：

学院从 2011 年下学期开始，到 2015 年下学期共 4 个学年 8 学期，每学期每个专业确定一门核心课程进行跟踪验证、教学比赛，共 34 位教师参加，每学期评定一、二、三等奖各 1 人。

学校说课程教改课比赛情况：

音乐学院教师参加近 3 届教师"说课程·教改课"比赛，共获一等奖 1 项，二等奖 2 项，三等奖 4 项。

表 4　音乐学院教师"说课程·教改课"比赛获奖情况

届别	获奖教师	获奖名次
第二届	汪琳琳　段强	段强二等奖，汪琳琳三等奖
第三届	程冰玲	二等奖
第四届	邹渊　汪琳琳　吴司祺	邹渊一等奖，汪琳琳三等奖，吴司祺三等奖

（二）学生专业技能不断提高

师范生教学技能比赛情况：

学生参加学校举办的前2届师范生教学技能比赛，共获一等奖2项，二等奖2项，三等奖7项，优秀奖7项，团体二等奖2项。

非师范专业技能比赛情况：

学生参加学校举办的首届非师范专业技能比赛，共获一等奖4项，二等奖7项，三等奖14项。

（三）专业比赛获奖数量等级居同类高校前列

音乐学院师生在近两届全国大学生艺术展演、重庆市大学生艺术展演、重庆市声乐大赛、重庆市舞蹈大赛、大学生校园之春比赛、第三届"金芦笙"中国民族器乐大赛、第四届"珠江·凯撒堡钢琴"全国高校音乐教育专业声乐比赛等专业比赛中共获奖45项，获奖数量等级居同类高校前列。

（四）学生就业能力明显增强

近4届学生就业率初次就业率、年底就业率均达到和超过上级部门和学校要求，学生公招考试情况良好，很多区、县的音乐教师公招考试，我们学生把持前3名，超速西南大学、重庆师大的毕业生。音乐学院就业工作2次获学校先进集体。

表5　近4届音乐学院学生就业情况统计表

届别	就业率			考研录取人数	获就业工作奖励
	音乐学（师范）	音乐学（音乐表演）	舞蹈学（师范）		
2012 届	96.73%			3	
2013 届	100%			5	学校毕业生就业工作先进集体
2014 届	94.4%	85.71%	96.77%		学校毕业生就业指导服务先进集体
2015 届	99.1%	95.83%	95.65%	1	

四、"五大教学改革"存在问题及改进思路

1. 持续推进五大教学改革教师"内动力"不足——教学激励力度不大，学

校层面、学院层面需要从政策设计和激励机制方面深入思考并落实。

2. 教学内容改革难于"忍痛割爱"——严格执行新编课程教学大纲。

3. 教学方式的改革受制于教学场地、条件——改善教学条件，增加教学设备设施、场地的新增、改善投入。

4. 考核评价方式改革个别教师认识片面——对考核方式（开卷、面试、课程论文、上交作品、考核方案、试卷）严格审批。出现理论课程 面试，避免出试卷、改试卷；及时整改。

建议：关于成绩册（原始、电子、签字）、出台关于学生重修实施细致（手续、重修方式、成绩评定）。

5. 毕业设计改革的过程规范、评价标准、质量保障等需进一步完善、提高——过程督查、完善评价标准。

以"五大教学改革"为抓手，推进"教训赛创"一体化建设

——体育学院"五大教学改革"探索与实践

唐建忠

2008 年，学校开展了"第三次本科教学大讨论"，确定了构建应用型人才培养体系进行应用型教育培养应用型人才的办学目标，及时转变了办学思路。为实现学校应用型教育的加速转型，学校在全校范围内开展了以五大教学改革为抓手，加快应用型人才培养体系的建设，确立了"学生中心、能力本位、需求导向、分类探索、多元培养"的建设理念。7 年多来体育学院在学位基础上积极探索、实践，努力构建适合本专业发展的应用型人才培养体系。

一、办学定位及发展思路

人才培养定位：培养具有"思想品德优秀、专业基础扎实、专项技能突出"的，能服务学校体育教学、大众体育健身康复需求的复合型通用人才。

专业办学定位：做精做强体育教育专业，稳定推进社会体育专业，大力发展运动康复专业，适时申报运动训练专业；为硕士点申报做好前期基础工作。

专业发展思路：建设成为"办学理念先进、专业特色鲜明、文化内涵突出、竞技水平较高"，在西南地区乃至全国具有一定影响力的院系，为地方经济社会发展提供高素质应用型体育人才。

二、主要改革举措及创新

（一）统一思想认识，明确培养目标、制定科学的应用型人才培养方案

在学校第三次本科教学大讨论的基础上，体育学院多次组织老师深入的讨论本院的专业人才在新的社会用人需求下怎么培养？全院上下统一了改革的认识，为改革提供了保障。

　　思想统一后，专业培养方案就是人才培养的重要依据。以"高素质应用型体育专门人才"为培养目标，在 2011 版人才培养方案修订过程中，根据学校"以出口往回找、以课程往回找"的理念，2015 版则以"学生中心、能力本位、需求导向、分类探索、多元培养"的建设理念。认真分析学生就业岗位群所需要的专业技能、能力素质，确定我们的培养内容。紧密围绕"技能培养和提高"的改革重点，以培养学生 1—2 项特长为"抓手"，进一步强化了以主项专选课程为核心的技能培养体系；同时，根据"教训结合"的原则，制订了新的教学大纲，遴选出了各专业对人才培养的核心课程及教师，对教学内容、教学方式、考核评价方式等进行逐次改革。

　　为确保人才培养方案修订的质量，体育学院组织人才培养方案修订小组成员开展了广泛的社会调研工作，先后调研了成都体育学院、西南大学体育学院、四川旅游学院（原烹专）体育系、阿坝师专体育系、华南师范大学体育学院、辽宁师范大学体育学院、内江师范学院、重庆邮电大学体育学院、西昌学院体育学院、西华师范大学体育学院；重庆富桥保健有限公司、重庆一点极养生有限公司；凯健文化体育有限公司、天柏科技有限公司。同时，我们还利用各种中小学骨干教师培训班，收集基层体育教师的意见，在承担制定市教委体卫艺处委托的《重庆市中小学体育课程教学指导纲要及评价标准》同时，为我们制定人才培养方案作参考。确保了 2011、2015 版人才培养方案修订的质量和人才培养目标的实现。

（一）改革创新课程教学内容

　　体育学院课程按照传统分类可分为理论和术科，术科教学相对比较成熟和稳定，其核心就是要让学生掌握各项专业技能。我们根据现在中小学体育课的实际情况部分内容做了删减。如田径、体操等课程。

　　和术科课程不同的是，近些年来随着体育基础理论的发展，在一些专业核心理论课程上由原来的一门课程衍化成了几门课程，如早期的《体育理论》现在就分成了《体育概论》《学校体育学》《体育教学论》等课程，内容有重复、交叉，加之教材版本不一致，师生反映大。学院组织该课程组教师做了认真的梳理把教学内容重复的、相近内容做了调整，《体育概论》《学校体育学》重点把体育基本理论以及教学基本原理等作为教学重点内容，而把《体育教学论》的教学内容重点放在教学实践和实训上，从而达到了从理论到实践的结合，使学生的实践能力得到了有效提高。

　　保健康复方向的核心课程之一《推拿学》改革概况：

表1　教学内容改革思路及改革前后对比

改革思路	改革前	改革后
由重理论讲述向实践操作中贯穿理论倾斜	讲中医基础理论，作用原理等内容，重知识积累	讲手法应用范围，重实践操作，重基本手法掌握
由关注课程进度向关注教学过程转变	仅关注课堂教学内容，以完成教学内容和进度为目的	关注整个教学流程，以学生能力培养为焦点，以人的发展为目的
由课本框架讲授向重点性讲授转变	按课本排列顺序进行讲解，重点不突出	以"必需、实用、够用"为原则，选择与学生就业，岗位需求高度相关的内容进行重点讲解

体育教育专业核心课程之一《健美操》课程教学内容改革概况：

表2　体育教育专业核心课程之一《健美操》课程教学内容改革对照表

学期	改革前的教学内容	改革后的教学内容
三	第三套《大众健美操锻炼标准》1—3级	没有改变
四	第三套《大众健美操锻炼标准》4—6	1. 第三套《大众健美操锻炼标准》5—6级 2. 竞技健美操三级3人操规定动作
五	竞技健美操三级3人操规定动作	1. 竞技健美操三级3人操规定动作 2. 增加了风格健美操基本动作教学
六	1. 竞技健美操二级等级规定动作 2. 自编健美操组合动作与教学实践	1. "自主学习"模式学习风格健美操动作 2. 风格健美操成套动作的创编 3. 制定一堂完整的社会健身房风格操课并教学。制作PPT说课稿

（三）积极探索考核评价方式，引导学生自主学习

考核评价方式在人才培养体系中具有极其重要的作用，好的方式既可以检验学生掌握知识技能的情况，同时还可以激励学生学习，反之则成为检验学生诚信的"工具"和负担。体育学院目前有很多课程都进行了考核方式的改革，取得了较好的效果。

社体专业保健康复方向核心课程之一《推拿学》考核方式改革思路及改革情况。

表3　考核内容改革对照表

改革思路	改革前	改革后
注重过程考核评价	以期末考核为主,期末成绩占总成绩的70%	团队操作、考勤、答问、比赛、作业等成绩占30%—40%,基本手法操作占20%,期末成绩占总成绩的40%—50%
强化实际应用能力,培养创新能力	书面试卷形式考试,按照规定动作进行操作	操作考试形式,鼓励学生自己设计治疗及保健手法
兼顾个人和团队考核	单兵作战,个人成绩即为最终成绩	团队成绩为主,以各组员平均成绩代表团队成绩,培养自我学习能力和团队合作精神

体育教育专业核心课程之一《健美操》考核的改革情况

表4　考核内容改革对照表

评价指标	改革前	改革后
技术考试	大众健美操成套动作1—6级竞技健美操三级动作3人操	增加了自编风格健美操成套动作技术考试
技能考试	自编健美操组合课内教学实践	1. 创编一套健身房风格健美操动作,并独立完成教学 2. 第二课堂教学实践 3. 健美操裁判考级 4. 参加健美操指导员上岗培训
理论考试	闭卷考试	增加了制定一堂社会健身房风格健美操课时教学计划(教案),并将此课的说课稿制作成PPT
平时成绩	考勤	1. 考勤 2. 作业 3. 学习态度

表5　技能考核方式改革

改革前形式单一	改革后形式多样
任课教师对学生课堂内教学实践进行评定	第三、四学期:以课堂内教学实践为主。教师评价和学生评价相结合的方式
	第五学期:以课内和课外教学实践相结合的方式
	第六学期:以岗前培训、考证和社会健身房教学实践为主

表6　健美操专选课技能考试内容及标准

学期	内容	分值	标准
三	创编健美操初级动作组合，初步掌握组合动作的教学过程和方法	20分。其中学生和教师评价各占10分	期末领操考试，教师和学生均按照健美操领操评分标准执行。教师评价占10分；学生自评占2分；小组成员评价占5分；组长评价占3分
四	1. 观摩社会健身房的上课形式1—2次，组织讨论，并写出观后感 2. 继续创编健美操中、高级动作组合，提高组合动作教学技能	20分其中写观后感5分；领自编操15分。其中学生占10分和教师评价占5分	1. 观后感评价标准 （1）对社会健身房的上课形式进行分析，以下评价指标各占1分，共4分：包括操的创编是否符合创编原则；教学内容安排是否合理；教学方法的运用是否恰当；领操员的领操技巧的分析 （2）学生对照分析自己。3分 （3）对今后的打算。3分
五	1. 参与校内外健美操竞赛活动，并承担一些组织和辅助裁判工作 2. 参加课内外健美操实践教学工作	20分	本课堂内领操1次得1分，课外（包括校内校外）的健美操教学实践和健美操比赛的组织与裁判辅助工作，每次得2分，总分累加不超过20分
六	1. 创编一套健身房特色风格的健美操，并独立完成教学 2. 裁判考级 3. 参加健美操指导员上岗培训	50分。其中领自编风格操占30分；裁判考级占10分；参加健美操指导员上岗培训。10分	1. 领自编风格操的评价标准按照健美操领操评分标准执行。10分制的基础上乘以3，为最后得分。满分为30分 2. 通过一级裁判得10分；二级裁判得9分；三级裁判得8分 3. 获得一级健身指导员得10分；获得二级健身指导员得9分；获得三级健身指导员得8分

　　平时成绩评价方式改革，实行小团体组长负责制教学管理形式，每学期的平时成绩均为10分，由每组的小组长对该组的成员进行评价。评价的内容和成绩比例为：出勤率5分、作业2分（领操教案）和学习态度3分。

表7　平时成绩评价标准（满分10分）

姓名	出勤率5分（包括课内和课外）				学习态度3分（包括课内和课外）			作业满分2分未交作业扣1分/次	学期平时成绩得分
	旷课扣2分/次	迟到扣1分/次	早退扣1分/次	请假扣1分/3次	一贯积极主动3分	有时懈怠2分	学习主动性不强1分		

组长签名：

（四）探索大学体育课程俱乐部制改革

从2009年开始，我校开始在一、二年级试点实施体育俱乐部教学改革，在总结、分析经验的基础之上，改变传统的体育教学模式（即教师教什么，学生就学什么，注重技能动作技术教学，无法调动学生上课积极性）。提出1234考试改革（即10%理论、20%教师自主考核、30%身体素质、40%教学专选技能及比赛效果），并在2014年提出并实施以赛代练的课堂体育俱乐部制教学。

结合学校五大教学改革实施方案要求，明确课堂俱乐部制大纲的修订内容，统一俱乐部制教学的规范性、延续性、可操作性，通过俱乐部制分项目"以赛代练"制定1年俱乐部项目的教学内容，强调上下各学期俱乐部制教学各个侧重点；同时从2015年—2016年第一学期开始分项目探索1＋1＋1（教师＋实习学生＋普通专业学生）大班制课堂俱乐部制教学，明确教师上课的双责任心，教师既要引领学生参加锻炼又要指导实习学生如何在课堂教学俱乐部制中的辅助性效果，最终让普通学生在俱乐部制课堂教学中掌握技能、在比赛中增强体质；校园体育文化以田径运动会辐射全校上下学期篮球、排球、足球、网球、乒乓球、武术等单项比赛，通过比赛所取得的成绩及学生体质健康测试数据分析验证课堂教学俱乐部教学的效果。

（五）持续推进毕业论文（设计）改革

体育学院本科学生毕业论文（设计）总体上分为毕业论文和毕业设计两类，具体细分为毕业论文和毕业设计，分类制定了毕业论文（设计）评价标准和答辩评价标准。毕业论文：学位论文、学术论文；毕业设计：操化编排类、保健康复类、课程设计类、赛事策划类、产品营销类、训练计划类、其他类。

总成绩＝0.3×导师评阅成绩＋0.3×交叉评阅成绩＋0.4×答辩成绩。注：涉及免于答辩学生毕业论文（设计）的答辩成绩，由初评平均成绩代替。免于答辩认定：

毕业论文（设计）初评（3名教师盲评）平均成绩≥75分；

毕业论文（设计）内容（专指毕业设计）被采纳；

毕业论文（设计）内容在G8类期刊发表（有多名作者的，教师、学生排名不限，但只承认第1位署名学生）；

毕业论文（设计）内容为指导教师省部级课题的相关材料；

毕业论文（设计）获得省部级以上级别奖项；

其他改革成效（由体育学院答辩委员会组织认定）。

表8　2011—2015届本科毕业论文（设计）类别统计表

毕业届次	人数	毕业论文		毕业设计	
2011	165	篇数	百分比	篇数	百分比
		121	73.3%	44	26.7%
2012	190	篇数	百分比	篇数	百分比
		131	67.0%	59	33.0%
2013	225	篇数	百分比	篇数	百分比
		198	88.0%	27	12.0%
2014	281	篇数	百分比	篇数	百分比
		218	77.5%	63	22.5%
2015	270	篇数	百分比	篇数	百分比
		134	49.6%	136	50.4%
2016	282	篇数	百分比	篇数	百分比
		145	51.4%	137	48.6%

体育学院在前几年毕业设计保持在20%—30%左右，近两年，体育学院不仅制定了详细改革实施办法，还制定了各类论文设计的评价办法，首先从导师层面进行培训和强化，毕业设计有较大幅度增长，稳定在50%左右，实用性设计不仅数量增加，效果显著增强。

（六）校地校企合作办学

1. 学院与永川体育局签订合作协议，在教学场馆互用、赛事组织等方面进行了深度合作。

2. 与凯健、天柏、重庆际华目的地、江北机场建立深度合作，在课程植入、实习实训、创业就业等方面成效显著。

二、教学改革取得的成效

（一）2011 版人才培养方案修订顺利完成及机构更新

成功完成 2011 版人才培养方案修订工作，并在此基础上完成了教学大纲等教学资料的修订工作。

鉴于体育课程门类多，差异性大，在各系部基础上成立了课程性质相近的 9 人课程组，每期进行课程组绩效评比，评出一、二、三等奖，分别划拨不同的教研建设经费。

（二）教师说课·教改课成绩优异

学校第二届教师说课·教改课比赛：2 个一等奖；学校第一届教师说课·教改课比赛：1 个一等奖、1 个二等奖。

两届比赛，体育学院均取得优异成绩。

（三）高质量教学质量工程建设再创佳绩

近几年，体育学院成功立项市级教学质量工程、本科教学工程项目 3 项，分别是：

1. 市级本科专业综合改革试点：体育教育专业综合改革试点。

2. 市级人才培养模式创新实验区：地方高校体育类专业高素质应用型人才"校地合作"培养模式创新实验区。

3. 市级教学团队：体育教育专业教学团队。

4. 精品资源共享课程：田径。

5. 市级特色专业：体育教育专业。

（四）高水平教学改革成果提炼取得突破

1. 教改项目申报

体育学院重视教学改革成果的提炼，从 2012 年至 2016 年，学院共成功立项市级教改课题 7 项，其中重点项目 1 项，校级教改项目 13 项。

表9   重庆市教改课题立项

序号	项目名称	主持人	立项时间	经费（万元）
1	地方高校体育类专业高素质应用型人才"校地合作"培养模式创新实验区	齐效成	2012.9	0.4
2	构建"以学生为中心"的高校体育专业健美操课程体系与教学改革的实践探索	钟利	2012.9	0.4
3	"职业核心能力"导向下的体育专业健美操人才培养模式探索与实践	王玉英	2013.7	0.4
4	体育专业篮球课程教、训、赛一体化教学模式探索与实践	罗孝军	2014.9	0.4
5	足球改革视野下体育教育专业培养卓越足球人才的探索与实践（重点）	齐效成	2015.9	1.0
6	基于职业能力培养的运动康复专业实践教学体系的探索与实践	邱国荣	2015.9	0.5

表10   校级教改课题立项

序号	项目名称	主持人	立项时间	经费（万元）
1	主项提高课程—《健美操》课程教学综合改革	王玉英	2012.9	0.4
2	《推拿学》课程教学综合改革	邱国荣	2012.9	0.4
3	重庆文理学院体育教育专业开设武术操课程理论与实践研究	徐泉森	2012.9	0.1
4	保健康复理论与运用	邱国荣	2012.12	1
5	体育学院应用型人才培养新型模式的构建研究	孔庆波	2013.5	0.2
6	《筋伤学》课程体验式教学模式的构建与实践	扈诗兴	2013.9	0.2
7	普通高校公共体育排舞俱乐部的探索与实践	万星	2013.9	0.1
8	重庆文理学院体育专业学生法制教育的现状及对策研究	李冰琼	2013.9	0.1
9	武术课程教学改革与实践研究	郭建平	2013.9	0.1
10	瑜伽公共课程教学模式的探索与实践研究改革	王铃	2013.9	0.1
11	《传统健身理论与方法》课程教学改革研究与实践	巩清波	2013.9	0.1
12	《大学体育（武术）》课程教学改革研究与实践	熊华宇	2013.9	0.1
13	《篮球——辅项提高课程》教学改革研究与实践	高慧林	2013.9	0.1

2. 教学成果奖申报

上一轮教学成果奖申报中，体育学院共提炼、申报了 5 项教学成果，其中"体育教育专业'项目制'人才培养模式构建与实践"通过学校专业评审，获学校教学成果二等奖。2016 年再次以《体育专业"四位一体"服务就业人才培养模式构建与实践》为题申报新一轮教学成果奖。

由体育学院相关教师为主编写的市教委体卫艺处委托教改项目《重庆市中小学体育课程教学指导纲要及考核评价标准》一书定稿，受市教委领导高度评价；并于 2012 年 7 月 3 日在市教委体卫艺处领导主持下，召开了全市中小学体育工作会议，已于 2013 年在全市中小学全面实施。

2016 年受市教委体卫艺处和市教委保健所再次委托，拟在全市初中升高中的体育测试中，用跳绳运动替代传统耐力项目可行性课题研究，一旦效果良好，今后将在中招体测中试行 3—5 分钟跳绳替代现有的 1 分钟跳绳项目。

（五）近几年代表队竞赛成绩取得新突破

1. 篮球

男子 2013—2015 年获重庆市大学篮球锦标赛 3 连冠，2015—2016 年连续两年代表重庆参加 CUBA 全国总决赛。2015 年代表重庆参加第九届全国少数民族传统体育运动会珍珠球比赛男子获二等奖、女子获三等奖。

2. 田径

2010—2016 年参加重庆市大学生田径锦标赛，共获金牌 40 余枚；2011 年参加第十二届全国大学生田径锦标赛获得 4 金 1 银 2 铜；2012 年参加中华人民共和国第九届大学生运动会田径比赛获六、七名各 1 个；2014 年参加全国高等师范院校田径锦标赛获 2 金 1 银 3 铜；2015 年参加全国大学生田径锦标赛获 2 金 1 铜。

3. 健美操

2010—2016 年参加重庆市大学生健美操锦标赛获 9 金 8 银 6 铜；2011 年参加全国大学生健美操锦标赛获 3 个第五名；2013 年参加体育总局体操运动管理中心举办的全国大众健身操比赛获 3 个特等奖；2015 年参加 CUBA 西南赛区啦啦操比赛获二等奖。

4. 跆拳道

2014—2016 年参加重庆市大学生跆拳道锦标赛获获金牌 23 块，连续两年蝉联甲组、丙组品势团体总分第一名；2014 参加中国大学生跆拳道锦标赛专业乙组男子团体品势获第五名；2015 参加中国大学生跆拳道锦标赛获 3 银 2 铜、专业乙组竞技团体季军；2016 年参加中国大学生跆拳道锦标赛获 1 铜。

5. 武术

2010—2016 年参加重庆市大学生武术锦标赛，获单项金牌 13 枚。

6. 羽毛球

2010—2016 年参加重庆市大学生羽毛球锦标赛获 2 金 4 银 3 铜。

7. 足球

2016 年参加"特步杯"5 人制普通大学生组锦标赛获冠军。

8. 运动康复

2012 年参加全国按摩师大赛获 1 个第四、1 个第六。2016 年参加重庆职教协会举办的创业就业大赛中获 1 个一等奖，创业经费 40 万元。

9. 健美

2010 年获"回力轮胎杯"中国健身公开赛总决赛第四名。

（六）高水平运动队建设开创新起点

篮球项目 2010 年成功获得教育部高水平运动队招生资格，新建本科院校获此资格的全国仅 3 所院校。在近年的建设中，学校领导给予大力支持，教练队员认真努力，期间共参加 CUBA 西南赛区比赛 5 次，男子 2 次获西南赛区第九、1 次第四、1 次第三，两度打入全国总决赛。其次配合学校完善了《高水平运动员管理办法》《代表队成绩评定办法》《代表学生奖励办法》等一系列规章制度，使高水平运动的管理和建设跃上了一个新的台阶，同时规范招生考试行为，通过了重庆市教委招生考试院的合格评估。

（七）大学体育俱乐部制教学改革取得实质性进展

通过实施大学体育俱乐部制教学，极大提高了学生上课积极性和主动性；通过课堂体育教学俱乐部制教学的效果延伸到学生课外体育俱乐部的有效开展，全年学校定期举行田径综合运动会、篮球联赛、排球联赛、学院杯羽毛球赛、乒乓球比赛等群体活动的开展，极大地丰富了校内学生体育活动的开展。目前，我校已基本形成"院院有活动、班班有特色、人人有项目"的体育锻炼氛围。

（八）教师参加各类教学、学科比赛取得突破

体育学院专业课程教师齐效成、王玉英、邱国荣在近三届学校"教师说课程·教改课"教学比赛中获得一等奖，多名教师获得二、三等奖。许多专业教师积极参加学科竞赛，并获得优异成绩。

表11　体育学院教师参赛获奖情况

序号	姓名	比赛内容	获奖级别	授予单位
1	齐效成	"说课程·教改课"比赛	一等奖	重庆文理学院
2	周卫平	"说课程·教改课"比赛	二等奖	重庆文理学院
3	王玉英	"说课程·教改课"比赛	一等奖	重庆文理学院
4	邱国荣	"说课程·教改课"比赛	一等奖	重庆文理学院
5	巩清波	"说课程·教改课"比赛	三等奖	重庆文理学院
6	熊华宇	"说课程·教改课"比赛	三等奖	重庆文理学院
7	高慧林	"说课程·教改课"比赛	三等奖	重庆文理学院

近年来，体育学院一直重视青年教师专业能力的培养，在近三届重庆市高校青年教师基本功大赛中获得一等奖2项，二、三等奖多项。

表12　体育学院教师参赛获奖情况

序号	姓名	奖项	授奖单位	时间
1	曾正中	一等奖	重庆市教育委员会	2013
2	黄嘉良	一等奖	重庆市教育委员会	2013
3	夏赟	二等奖	重庆市教育委员会	2013
4	郑云峰	二等奖	重庆市教育委员会	2013
5	熊华宇	三等奖	重庆市教育委员会	2013
6	黄嘉良	二等奖	重庆市教育委员会	2015
7	赵迪	三等奖	重庆市教育委员会	2015
8	金京元	三等奖	重庆市教育委员会	2015
9	郑云峰	三等奖	重庆市教育委员会	2015

（九）学生就业创业有较大进展

近几年学生就业率稳定在90%以上；2016年在去年的基础上排名有所提升中。考研率稳定在10%左右。

篮球队主力被璧山区引进，每人获人才引进费20万元，重庆烟草、重庆市公安局、江津区公安局、国航、江北机场、际华集团重庆目的地、中冶建工等一大批央企、事业单位争抢这批特长生。

三、亮点与特色

（一）以"项目制"为核心的人才培养方案成效初显，与用人单位岗位需求衔接更加契合

通过 2011、2015 版人才培养方案的修订，进一步明确了"高素质应用型体育专门人才"为培养目标。前期调研充分，并请相关企业参与了方案的制定工作，吸收了各个层面的意见。对核心课程的分析讨论深入，针对性强。特别是"项目制"专选特长人才的培养模式，与重庆市新一轮体育招生考试符合度高，与用人单位人才需求紧密结合。

（二）核心课程的改革和示范引领作用逐渐张弛，行业课程标准体系逐步形成

体育学院经过广泛调研、精心设计，从教学资料修订、师资队伍培养、教学条件建设等方面进行了全面改革，特别是结合《重庆市中小学体育课程教学指导纲要及考核评价标准》一书的编撰，加强了与基层中小学体育教学的紧密联系，深入贯彻了学校"五大教学改革"精神，为"五大教学改革"在体育学院全面实施奠定了基础。

在全体教师参与基础之上，采用预赛（课程组组长负责组织、包装，并向系/部推荐）、初赛（系/部主任负责组织、包装，并向学院推荐）、复赛（学院办公室负责组织、包装，并向学校推荐）的方式进行教师说课。教改课的组织工作，加强了全体教职工教学改革的交流、研讨、学习，发挥了优秀骨干教师的引领示范作用，在学校教师说课·教改课比赛中取得优异成绩。

（三）教学（教研）、训练（实训）、竞赛、创业就业一体化设计，层次递进，就业导向明显

教学（教研）＋训练（实训）＋竞赛＋创业就业四位一体，分层分类培养，强调实用性，学习内容与实际应用，岗位需求紧密结合。采用"小老师"方式和团队实践方式，提高学生的自主学习能力。注重过程评价，弱化期末考核，对学生进行全面评价。

三、存在的问题

（一）改革过程监控和效果评价困难

全面实施五大教学改革后，由于人力、物力、时间及评价标准等方面的限

制，很难对所有改革项目进行全面的监控和客观的评价。

（二）理论课程改革难度大

目前，我们尝试着把各门课程都采用不同的方式进行改革，但效果不是很好，特别是基础理论课，很多专业知识理论，不通过老师的讲解，学生了解很难，再加上体育学院的学生自身文化基础较差，因此，整个教学效果不好。

（三）部分项目师资特别是实验技术人员不足

随着运动人体实验实训中心的完善，专业实验技术人员缺乏；随着部分教师的退休和运动康复新专业的成立，目前在康复技术、体能训练、羽毛球、体操等方面的师资急需加强。

（四）大学体育俱乐部制改革有待完善

7虽然我校已经构建起了大学体育俱乐部制，并且取得了较好的效果。但是课堂、课外俱乐部教学的效果有效实施还有待于进一步的验证；教师教学组织形式项目多样化、学生体质监测分析平台建设等有待改进；各项目教学大纲有待统一和完善。

（五）毕业论文（设计）评价标准有待细化

目前，体育学院的毕业论文（设计）改革，在种类上虽然进行了较为详细的划分，但评价标准（包括材料评价标准和答辩评价标准）依然有待于完善，特别是针对不同类别中毕业论文（设计）的具体内容进行评价时，还有待于进一步细化。

（六）社会体育专业人才培养方案有待完善

目前2015版人才培养方案经学校专家组审查，发现与体育教育人才培养方案有较大相似度，人才培养特色不宣明，需要重新讨论和修改。

（七）部分教学训练器材不足

运动康复还需要一批人体健康评定器材；还缺乏一个完整的健身房，虽然房屋已解决，但还缺乏一整套健身器材。

（八）高质量就业和专业符合度高的就业还需要提升

四、下一步改革思路及建议

1. 设立专家教授指导委员会，完善教学改革评价体系；
2. 通过示范课等教研活动，进一步发挥优秀、骨干教师"传、帮、带"的作用；

3. 针对紧缺师资，采用引进和外聘方式予以解决；

4. 与学校卓越人才培养体系接轨，完成成专业卓越人才培养方案；

5. 完善大学体育课程以赛代练的成绩评价体系，特别是评分类项目的成绩评定改革；

6. 建立学生体质监测分析评价体系与平台，每年有体质评价分析报告；

7. 协调永川区与学校体育馆建设方案，力争在 2017 年后完成红河 B 区；体育馆建设；争取学校支持，完善健身房建设；

8. 倡导创新创业观念，加强校企校地合作，引导学生参与创业。

深化改革促发展理念　扎实推进美术设计应用型人才培养

——美术与设计学院"五大教学改革"汇报

陈龙国

学校确立实施"顶天立地"发展战略，建高水平应用型大学的办学指导思想，并将学校办学类型定位为"应用型"，即：建应用型学科，开展应用型研究，培养应用型人才，创建高水平应用型大学。我院紧密围绕学校办学指导思想，结合美术与设计教育规律与学院专业发展实际，不断深化改革发展理念，扎实推进美术与设计应用型人才培养。

一、科学厘清学院办学思路，明确美术与设计应用型人才办学定位

美术与设计学院是我校专业特色鲜明的院系之一。学院自 1992 年建系以来，历经 26 年的奋斗，积累了丰硕的办学成果和发展经验，学院办学思路更加明晰、办学定位更加清晰、办学目标更加明确。

（一）专业定位契合学校办学定位

1. 重庆文理学院的办学定位

以立德树人为根本，遵循高等教育基本规律和人才成长规律，坚持"以本为本、四个回归"理念，紧紧围绕全面提高人才培养能力，突出本科教育在人才培养中的核心地位、在教育教学中的基础地位、在新时代教育发展中的前沿地位、稳步提升本科教育质量，努力构建德智体美劳全面培养、富有特色的一流应用型本科教育体系，全面提高学校服务区域经济社会发展能力，全力推进高水平应用大学建设为指导思想，建设应用型学科，开展应用型研究，培养应用型人才，创建高水平应用型大学。

2. 美术与设计学院专业的办学定位

根据学校"建设应用型学科，开展应用型研究，培养应用型人才，创建应用

153

型大学"的办学定位，本学院的定位是：坚持"立足本土传统文化，保持开放学术视野，熔铸艺术教育特色"的办学理念，探索学科门类交叉融合、艺术与技术共生特色的发展路径，突出学生"手绘创意＋创新实践"的专业能力培养；强化培养环节的实践性，倡导培养方式的开放性，彰显培养成果的可视性。探索"学科专业交叉融合，艺术技术特色共生，合格＋卓越"的应用型艺术人才分类分层分段培养模式。强化实践育人，构建"认知实习、课题实训、仿真实作、工程实践"四位一体的美术与设计专业实践教学体系。学院在美术与设计人才培养的全过程强调培养环节的实践性，倡导培养方式的开放性，彰显培养成果的可视性。最终实现学院培养适应美术创意、艺术设计行业要求的高素质、应用型人才的培养定位目标。

3. 学院专业定位与学校办学定位的契合

一、本学院在"结合国家全国教育大会精神，以本为本理念"方面与学校"遵循高等教育基本规律和人才成长规律，坚持'以本为本、四个回归'"的办学理念，与学校定位一致。

二、以专业建设为基础，以校内外专家工作坊参加专业竞赛参与实际项目为特色，促进办学规模、结构、质量、效益协调发展。本学院专业属于技术性、实践性强的专业，因而在人才培养上属于应用型人才培养，与学校办学定位契合。

三、积极响应学校五大教学改革和"合格＋"人才培养，稳步提升教育质量。通过本专业建设，成为"理念先进、特色鲜明、内涵突出"，全国知名、重庆"一流"的特色专业，与学校创建高水平应用型大学保持一致。

二、深入推进五大教学改革，提高美术与设计应用型人才培养质量

学院秉承"以改促建、以改促发展"工作理念，全面深刻领会学校"五大教学改革"内涵和精神实质，结合学院发展实际，从教学内容、教学方式、考核评价方式、毕业设计等方面对美术学、环境设计、视觉传达设计、动画、服装工程与设计专业 5 大专业开展了分类探索的优化改革工作，取得了巨大成效。

（一）建立校院两级监控体系，形成了全面全程全员育人质量文化

学校层面：建立健全教学规章制度，管理工作有章可循。学校制（修）订了《本科教学质量保证体系架构》《学生和用人单位满意度调查实施办法》《专业建设管理办法》《专业核心课程建设与改革实施办法》等，形成了系统规范完

善的制度体系。形成6大专项评估制度。本科专业评估、核心课程评估、课堂教学质量评价、毕业论文（设计）质量抽查、大三学生满意度调查制度、学生评教制度。

学院层面：形成了5大日常监控制度。领导听课制度、教学自查制度、教学督导制度、学生信息员制度、学生满意度调查制度。学院和教研室（系）常态监控制度。对课程教学大纲和教学周历的编制与执行、课堂教学各环节（备课、上课、作业批改等）、课程考核各环节、毕业论文（设计）各环节、各实践环节等进行具体实施和监督管理。

（二）构建科学系统的实践教学体系，保障人才培养质量

如我院重庆市特色专业环境设计专业一直重视与环境设计行业紧密对接的实践教学体系建设，构建了"认知实训＋课题实作＋仿真实创＋工程实战"4环节的递进式实践教学体系，在本专业4年教学的人才培养方案中予以体现。符合学生对知识能力认知掌握规律，避免传统专业实践教学的片段化，保障了人才培养质量。近年来，学生参加各级专业竞赛，获得获2017第四届建筑装饰设计艺术作品展（园林景观方案类）、第五届"中国营造"2016全国环境艺术设计双年展、2016中建杯"5＋2"环境设计大赛（建筑设计类），金奖、银奖、铜奖、优秀奖等160余项。

（三）强化专业行业对接，凸显教学实践特色

学院各专业紧跟行业发展前沿，持续开展各专业人才培养改革，构建起明晰完善的专业行业对接的能力知识实践教学培养方案，形成"一交叉（艺术与技术）、二融合（地域文化与设计文化融合、课堂项目训练与课外技能训练融合）、三平台（创艺课堂＋技术工坊＋实践企业）、四环节（认知实训＋课题实作＋仿真实战＋工程实创）"协同人才培养模式。教学过程中强化实践环节的有效性、实践内容的针对性、评价标准的行业性、实践成果的可用性。培养的毕业生达到"能用、会用、重用"的设计行业人才要求，深受各类单位的好评。

（四）有效的多维实践教学平台，保障实践育人的落地结果

学院的设计专业已经构建起独具特色的"创艺课堂＋技术工坊＋实战企业"多维实践教学平台，将工程技术、传统工艺与当代艺术交叉融合，制定符合行业要求的实践教学成果评价标准，把艺术创新和工程实施有效链接，真正使实践教学落地于应用。同时，各专业紧贴行业特点，立足地方，与重庆佳典装饰工程有

限公司、重庆大千元禾·年代室内设计有限公司等企业联合开展社会项目实践教学，引进企业专家授课评估评价教学成果，加强课程标准与行业的符合性。如环境设计专业学生参与环境设计类项目295项，培养学生达600余人次。

三、持续改进，不断优化美术与设计应用型人才培养体系

面对学生入学层次和毕业就业去向的多元性，学院必须选择分类分层的多元化培养理念与优化美术与设计应用型人才培养模式。学院将按美术学和设计学两大类专业特点，在校内建立"教授工作坊"和"外来艺术家工作坊"共计22间，开展具有工匠精神的"艺术拔尖人才"培养，让真正热爱和立志在本行业发展的学生有更高的提升平台和机会，使学院最终形成"课堂＋工作坊"融合教学的"合格＋艺术拔尖人才"的多元培养格局。

（一）建立合作育人机制，培养应用型专门人才

政、产、学、研、用是环境设计专业人才培养的必由之路。该专业将继续坚持"产教融合、校企合作"理念，探索政产学研合作育人机制，构建多样化的育人模式，提升校企校地合作水平，不断提高学生的实践能力、创新能力、就业能力。

（二）共建政产学研平台，打通校企合作渠道

在现有的国家级实践教学基地、重庆市人文深刻重点研究基地等基础上，打通合作育人的路径，遴选合作育人的项目，扎实开展合作育人工作。

（三）探索校企合作、校所合作育人新机制，构建多元人才培养模式

在现有校企合作的基础上，和知名企业如纬图景观、渝西园艺等进行产学结合，和重庆建筑装饰协会等专业机构学研结合，在合格＋拔尖、合格＋特长、订单培养、学术交流等方面进行合作，构建多元人才培养模式。

（四）主动对国家发展战略

对接"乡村振兴"战略、"一带一路"倡议、"可持续发展"战略、"创新驱动发展"战略"互联网＋、大数据、云计算、智能化"等国家战略，积极响应产教深度融合，为我国生态文明建设、乡村振兴提供人才支持和技术支撑。主动对接重庆市战略性新兴产业发展要求，及时调整人才培养方案，建成"环境设计工程技术研究中心""人居环境修复重点实验室"等市级科研平台，为学科团队提供了较好的科研平台，建成"渝西制造"众创空间，为产研融合，服务地方经济提供了良好的条件。

美术与设计应用型人才培养的教学改革永远行走在路上。学院按照艺术教育发展规律，坚守美术与设计应用型人才培养定位，持续改进，不断优化美术与设计应用型人才培养思路和培养体系，提高人才培养质量，达成"精艺、善用、尚品"的美术与设计人才培养目标。

第三编

一流应用型本科课程建设探索与实践

是生长新专业，还是更新课程？

——兼论应用型课程开发与内容更新

何万国

应用型专业受专门职业变化和受新技术应用的影响大，要求相应的应用型课程要不断地吸收新知识、新技术，这种要求在当今知识经济时代比以往任何时代都更为迫切。无论是生长应用型新专业，还是更新已有专业课程体系，最关键是开发应用型新课程。应用型新课程开发，除了要遵循课程开发的一般规律外，还应遵行5大策略。

在新建本科院校向应用型转变过程中，是生长新专业，还是更新课程？是无法回避的一个现实问题。一些新建本科院校为尽快摆脱学科专业结构与地方经济社会支柱产业契合度不高问题，生长新专业的动机十分强烈，增设了许多与已有学科专业相距甚远的新专业，但由于办学经费、专业教师、实践条件等资源不足，不仅质量难以得到保证，而且还稀释了本来就十分有限的优质学科专业资源。与此同时，应用型课程建设与开发，特别是课程体系与内容更新未能得到应有的重视，课程不丰富、内容陈旧、简单重复、脱离生产生活实际、沿用学术型教材等问题较为严重地存在，因此，科学地回答"是生长新专业，还是更新课程？""如何开发应用型课程？""如何更新应用型课程内容体系？"具有重要的现实意义。

一、从专业、学科与课程的内在联系看课程更新的必要性

大学专业是课程的有机组合，大学课程是某个领域专门知识和技术的集成体，大学学科是分门别类的知识体系。

大学学科根据性质不同可分为基础学科和应用学科，基础学科包括文、史、哲、数、理、化、生等学科。应用学科指工、医、法、商、管等。有的基础学科也在向应用学科延伸和拓展，如应用文科、应用理科等。无论基础学科还是应用学科都在不断地进行分化、综合与复合交叉，产生许多新的二三级学科（进入课程计划的二三级学科即课程），这些二三级学科有的理论性较强，有的应用性较

强，于是就有了理论型课程与应用型课程之分。

　　大学专业设置有的是基于学科，有的是基于职业。基于学科设置的专业，往往是由一个主要学科或多学科支撑，"专业的知识应该是多学科领域的，一个专业往往以一个学科领域的知识和技术为主，同时包含其他学科领域的知识和技术"[1]，我们把这种基于学科的专业称之为学术型（基础）专业。基于职业需求而设置的专业，往往根据职业岗位（群）需要确立专业核心能力，根据专业核心能力确定专业核心课程，再从多个应用学科（往往是二级学科）中选择部分内容组成专业核心课程，我们把这种基于职业需求的专业称之为应用型专业。应用型专业受专门职业变化影响较大，一些普通职业演变为专门职业、一些新技术新业态产生新职业，一些旧职业的萎缩与消亡，将影响应用型专业的生长、调整与消亡。有研究者指出："新课程开设、旧课程调整及淘汰的工作远远跟不上学校内外部环境的变化。"[2]应用型专业受新技术及其迅速应用转化的影响特别大，这要求相应的专业课程做出反应，要求不断地纳入新知识、新技术而更新课程内容，这种要求在当今知识经济时代比以往任何时代都更为迫切。

二、生长新专业与更新课程体系的关键在于应用型新课程开发

　　生长应用型新专业、更新已有专业课程体系是新建本科院校适应地方产业调整升级而调整优化专业结构的两条路径，两者各有利弊，并不矛盾。但选择哪一条路径，确是需要慎重考虑的。

　　生长应用型新专业是调整优化专业结构通常采用的方法，其优点是有利于拓展新的领域和调整专业结构；其前提是新增设的专业适应产业结构调整升级要求，有比较稳定的人才需求，符合高校的专业规划，具备师资和实验实训等基本条件，并经过校内外专家的充分论证；其局限性是对经费、师资、实验实训条件等办学资源有较高的要求。适时适度生长新专业不仅是必要的，而且是必须的，也必将带来较大数量的新课程开发。但不顾条件限制过快过多增设新专业，特别是增设缺乏学科专业基础的新专业，则将带来巨大的建设压力，师资、实验实训等条件难以在短期内建设到位，新课程开发与建设也难以达到预期效果，新专业的教学质量难以得到保证，不少新专业的人才培养质量不高是不争的事实，一些新专业甚至不能通过学位评估和专业评估。

　　更新已有专业课程体系是调整优化专业结构的又一种方法。其具体方法有三：一是增设专业方向模块，开发一组新课程。有学者研究台湾地区科技大学的专业方向模块课程，发现"每个专业一般都设置3个或3个以上专业方向"模块

课程[3]；二是调整培养目标和就业去向，重构课程体系；三是校企合作开发新课程，增设更多的可供学生选择的选修课程。这三种方法的优点是保留了原有专业的基本课程体系架构，具有一定的师资、实验实训条件等基础，只需开发部分新课程，难度较小，但却能较好地增强了专业的适应性和生命力。其局限性是人才培养方案修订一般四年为一个周期，课程体系调整周期较长，新课程开发力度和增长数量有限。

无论是生长应用型新专业，还是更新已有专业课程体系，最关键是开发应用型新课程。应用型新课程开发包括两种情况：一是内容全新的课程开发，二是更新部分内容的已有课程的持续开发。

三、应用型新课程开发应遵行五大策略

广义的应用型课程由传统意义上的应用型课程、集中实践环节、潜在课程三部分组成。传统意义上的应用型课程，即狭义的应用型课程主要包括理实一体化课程、技能型课程、独立设置的实验实训课程、理论课程中的实验实训部分等；集中实践环节主要包括课程设计（论文）、专业实践、毕业实习、毕业设计（论文）等；潜在课程主要包括创新创业、学科、技能、文体等竞赛活动，课外科技与文体活动，假期社会实践活动等第二课堂素质拓展活动，这类活动获得的学分可记入毕业学分，或代替毕业实习、毕业设计（论文）学习、部分课程学分。

应用型新课程开发，与其它任何课程开发一样，是由课程设计（包括确定课程目标、选择组织课程内容）、课程实施和课程评价构成的整个过程，除了要遵循课程开发的一般规律外，还要遵循以下五大策略：

（一）应用型课程目标设计突出实践能力、创新创业意识和职业素养培养。

主要体现出为绝大多数学生就业做准备，但不排除为少数学生进一步的深造做准备。

（二）应用型课程内容设计突出遵循"有用、可用、管用"的原则，重构模块化教学内容。

应用型课程设计有别于理论型（学术）课程的学科中心设计，主要采用职业中心设计，即以职业需求和职业发展为主要根据、同时兼顾学习者特点和学科发展来选择课程内容。内容选择与组织要处理好以下四组关系：

一是基础性与生长性的关系。为解决学习内容的无限性与学习时空条件的有限性的矛盾，要精选对学生必要的、可用的、管用的基础理论、基本知识、基本技能和基本方法，突出对基础知识和基本方法的牢固掌握和熟练运用，以期收到

举一反三、触类旁通之功效，同时，为学生后续课程学习、进一步深造及终生学习奠定扎实的基础，具有可生长性。

二是经典性与时代性的关系。既保留必要的经典内容和学术界公认的知识，突出学科的基本结构，这是通向适当的"训练迁移"的大道[4]，又吸收新理论、新知识、新技术成果，及时将企业新技术、新工艺、行业标准和企业文化纳入教学内容，课程内容要紧跟产业技术发展，避免出现"用昨天的技术培养明天的人才"问题，突出理论、思想、方法的新颖性、先进性，处理好新与旧、经典性与时代性、稳定性与可变性的关系。

三是理论性与实践性的关系。要精选学生今后从事工作所必需的理论知识和设计具典型意义的鲜活案例、实验实训项目，既通过案例、实验实训操作学习理论知识，又通过运用理论知识分析案例、指导实验实训，强化理论知识的实践应用，增强教学内容的生动性和趣味性，突出知识与技能训练的实践性和可操作性。

四是专业性与可读性的关系。要大力开发具有专业性与可读性的应用型教材。应用型教材开发，要在继承已有教材的优点的基础上，在结构上压缩整合理论章节，在内容上强调选择性，围绕实践能力和创新创业意识培养选择理论知识与实践知识，将理论知识与实践知识有机融合起来，编写有别于理论体系教材和工作体系教材的知行体系教材[5]。在行文上力求精炼简洁，通俗易懂，突出可读性。

（三）应用型课程实施突出实践教学，强调形成"理论教学、实践教学、素质拓展"三位一体的培养体系。

一是改革人才培养模式。探索产教融合、校企合作、科教协同的多样化人才培养模式，突出企业、科研院所、行业协会等资源的有效利用，确保课程学习、专业实践、企业实习的高质量。

二是改革教学方法。广泛采用任务驱动、项目导向、问题探究、案例教学、启发教学、操作训练等教学方式方法，课堂教学从过去重点讲清楚是什么、为什么，转变到主要教会学生怎么学习、怎么思考、怎么做。

三是改革考核评价方式。要改革单一的、重记忆的重现式闭卷考试的现状，广泛采用技能操作、方案设计、作品创作、社会调查、案例分析等注重实践能力和团队合作的多元化考核方式。

四是改革毕业论文（设计）。要突破单一的学术论文写作模式，形成以科研论文、项目设计、策划方案、产品制作、调查报告、学科竞赛、作品翻译等多样化的毕业论文（设计）形式，并形成相应的质量标准，强调题目来源于实践，真题真做，突出培养学生综合实践能力、应用创新能力目标。

五是形成第二课堂素质拓展活动体系。建立健全三级创新创业项目支持计划、三级竞赛体系，完善学生参与科研与竞赛、创新创业、自治社团活动、假期社会实践的体制机制，形成"学生主体、教师辅导、学校引导"的多样化课外实践活动模式。

（四）应用型课程评价突出学生真正学懂学会了什么

要重点考查要课程目标的实现程度和对专业人才培养的贡献程度，亦即重点考察学生应用知识分析、解决实际问题的实践能力和相应的职业能力。既进行课程资源（大纲、教材、讲义、课件等）建设效果评价，又进行实际教学效果评价，要从课程目标设计、课程内容设计、课程实施保障、教学改革、学生学习效果等方面进行综合性评价和自我反思。

（五）应用型课程开发突出建立科学的审批与激励机制

一是建立科学的新课程开发审批机制。有研究表明，美国大学有一套严密的审批规范和可操作性强的审批程式。如宾夕法尼亚州立大学的课程审批，教师在申请开设、调整一门新课程时，在与学院领导进行讨论基础上，提交一份课程提案（内容一般包括课程内容的介绍、课程大纲、开设新课程的理由、生效时间等），提案经过系课程委员会审议—系领导审议—副院长签批—教师评议会最后审查和评议等审批流程，新课程方获准开设。[6]借鉴美国高校的经验，建立适合各校特点的新课程开发审批机制，形成教师与院系领导协商—提交申请—教研室（系）主任审议—院学术委员会审议—校课程教材委员会（校教学委员会）审定。

二是建立新课程开发激励机制。要采用计算工作量、课程建设立项资助、专项补贴等措施，鼓励教师开发未进入课程计划的新课程，将科研成果、培训成果、新技术跟踪研究成果及工程实践经验等转化课程资源，学校要定期开展质量评估，通过评估的新课程要适时纳入课程计划，保持课程的持续更新。

三是建立新课程团队开发机制。要改变应用型新课程开发是教师自发进行的个体行为的现状，建立课程负责人牵头与教师志愿参与相结合、与同类院校相关学科教师、行业企业专业技术人员共同开发的机制。

（本文发表于《应用型高等教育研究》2016 年第 12 期。）

参考文献

［1］别敦荣.论高校内涵发展［J］.中国高教研究，2016，5：28－33.

［2］林丽燕.美国大学课程运行机制研究［D］.福建师范大学，2015年硕士论文.

［3］尹宁伟.台湾地区科技大学课程体系与课程内容的特点及启示［J］.现代教育科学，2015，1：172－175.

［4］布鲁纳.教育过程［M］.邵瑞珍译.北京文化教育出版社，1982.

［5］潘懋元，周英群.应用型人才培养呼唤知行体系教材［N］.中国教育报.2010－4－19.

应用型本科院校会展专业课程职业
场景项目行动教学模式研究

田书芹　王东强

职业场景项目行动教学模式可以有效克服传统教学模式的弊端，也是会展专业应用型人才培养的应有之义。应用型本科院校会展专业课程职业场景项目行动教学模式的一般流程包括职业认知、项目创置、设计情景、项目实施、项目产品、项目评估等 6 个方面。实践表明，该模式转变了教师和学生的课堂教学角色，形成了具有示范意义的教学模式，产出了丰硕的教学成果，值得推广。

2015 年 11 月，教育部、国家发展改革委、财政部联合下发了《关于引导部分地方普通本科高校向应用型转变的指导意见》，其目的是启动改革试点，有序引导部分有条件、有意愿的地方高校转型发展。在强调高等教育内涵式发展，提高高等教育质量的新形势下，许多地方新建本科院校纷纷开始应用型转型发展，但在这一过程中最艰难的是课程，最痛苦的教师。如何在影响高等教育质量的众多因素中，抓住最为核心与直接的教学模式转变是应用型本科院校迫切需要解决的现实问题和共性难题。我国教学改革的先行者多俊岗教授（2013）提出的"职业场景项目行动教学模式"对应用型本科院校会展专业教学改革和实践中具有较强的理论借鉴意义和现实参考价值。

一、会展专业课程引入职业场景项目行动教学模式的必要性

职业场景项目行动教学模式是在广泛吸收先进教学理念，充分借鉴成功而有效的教学实践所形成的一种以"学以致用"为终极目的、以"学生为中心"的实用型教学理论。其被定义为："一种教师领导下的以学生为主体，以职业生涯发展为导向，以实际工作所需的职业能力为目标，以职场场景的实践工作岗位流程为依据，通过设计与实施同职场实践工作结构相匹配的系列职业项目课程结构，最终获得系列性的可客观评价的具有实际应用价值'产品'的教学理论与实践操作模式"（多俊岗，2013）。[1]

（一）职业场景项目行动教学模式可以有效克服传统教学模式的弊端

目前，会展专业课程教学模式仍然存在很多方面的问题，客观地说，以教师为中心、以课堂为中心、以教材为中心的教学范式，忽视了学生主体性和能动性，严重阻碍了学生职业能力和自我学习能力的培养；教学方式比较单一，课堂教学大多满堂灌，局限于知识传授，教学效果比较有限。另一方面，在教学改革实践过程中，会展专业课程在教学过程对知识整合、职业意义建构和将知识内化为学生的能力与素质方面的实践和研究还需要加强。[2] 显然，职业场景项目教学模式以学生为中心，立足职业实践工作岗位能力需求，通过设计职业项目教学内容和方式，采取可客观评价的职业考核，有利于打破传统会展专业课程教学范式，突破了传统课堂教学模式，实现了以"教"为中心，向以"学"为中心的转化，形成了符合应用型人才培养的课堂教学模式。

（二）职业场景项目行动教学模式是会展专业课程应用型人才培养的应有之义

会展专业是培养适应经济社会发展需要，德、智、体、美全面发展，掌握会展活动策划与管理的基础理论，能够跨行业、跨媒介进行资源整合，熟悉国内外会展政策与法规，掌握会展业操作实务，富有创新精神和可持续发展能力，能在会展或相关企事业单位从事会展项目策划、会展产品营销、会展项目运营、活动组织与管理等工作的高素质应用型专门人才。因此，职业场景项目行动教学实现了会展专业理论与实践的一体化，实现了大学教育与社会教育的结合，实现了专业学习和经世致用的统一，有利于会展专业学生专业知识、业务技能、社会能力等职业素质的综合培养，既可以保证学生就业能力的培养，也可以保证学生可持续发展能力的培养，有利于教学内容由知识传授向知识应用转变，教学方式由结果导向变为过程导向的转变；教师由研究型向双师型的转变，是实现应用型人才培养目标的重要手段和创新性方式。

二、会展专业课程职业场景项目行动教学模式流程设计

职业场景项目行动教学模式（PDSIPE）根据其主要组成可以分为：规划（Plan）、设计（Design）、场景（Scene）、实施（Implement）、产品（Product）、评价（Evaluate）6个环节，PDSIPE就是这6个英文单词的缩写，故该模式又可称为 PDSIPE 模式。[3] 根据课程教学论，应用型本科院校会展专业课程职业场景项目行动教学模式（PDSIPE）的一般流程设计如下：

（一）职业认知

规划（Plan），即是职业认知，指会展专任教师指导学习者通过规划自己未来职业生涯规划，明确课程教学目标，激发学习的动力。职业认知要做好两方面的工作，一是开设会展专业导论课程。该课程以应用型为导向，主要讲授专业内涵、专业布局、专业对应的行业、就业岗位和就业前景和专业未来发展趋势；本专业人才培养目标和培养规格；专业教学条件和学习环境；岗位认知和学业指导。其目的是引导学生有意识地引导学生进行职业生涯规划，达到了解行业、了解行业里的企业以及相关的岗位和职业的目的。二是设置课程职业认知学时。对于会展专业核心课程，可以拿出2—4个学时，以岗位—能力—知识为线索，厘清主要岗位、专业核心知识、核心能力与核心课程及其之间的逻辑联系，要引导学生发现该门核心课程对应的岗位的工作职责（干什么），工作流程（如何做），工作绩效评价标准（工作做得不好、一般、好、很好与非常好之间的区别）以及要达到一个优秀的目标对人的素质、能力有什么样的要求，进而做好自己的职业规划和课程规划，激发学习目标和学习动机。[4]

图1　《会展专业导论》课程认知实习

（二）项目创置

设计（Design）是指通过设置职业工作项目，确定可操作的项目。会展专业课程职业场景项目行动教学模式的项目创置就是要依据会议、展览、节事活动和奖励旅游等活动岗位的工作流程，设计具体化、可操作性的项目。以会展人力资源管理为例，针对员工招聘章节的学习，可以设计无领导小组讨论这个面试具体项目，将全班同学分成若干个小组，不指定负责人，要求就某些争议性比较大的问题发表自己的观点，最终经过讨论而达成一致意见。目的就是通过发言主动性、是否善于提出新的见解、能否倾听别人的意见、敢于发表不同意见、支持或肯定别人的意见、把众人的意见引向一致等方面的考察，测试专业学生语言表达能力、自我认知能力、自我控制能力、自我激励能力，人际关系能力、归纳总结能力和领导能力。会展专业课程职业场景项目行动教学模式的项目创置要注意两个关键问题：一是项目设计要注意对应课程主要岗位和胜任具体任务的核心能力。二是项目设计要注重调动学生的参与主动性，让学生做完项目后有获得感。

图2 《展台设计》课程邀请行业专家指导展台搭建

（三）设计情景

场景（Scene）是指针对会展职业工作岗位和工作流程，设计符合工作实际的项目情景。职业场景项目行动教学模式的情景设计就是对照教学目标和教学标准，基于岗位能力和职业素养再现课程的真实场景，以实现提高应用型人才培养质量的根本任务。以会展专业《婚庆策划与组织》课程为例，该课程教学根据职业场景项目行动教学模式的基本理念，充分借鉴行业婚庆策划对会展专业学生理论知识、业务能力和工作经验的实际要求，采取课程汇报展演形式进行课程教学和考核，要求学生从立项策划、前期筹备、现场展示和婚礼角色扮演均是同学们自主完成。[5]因此，这就需要专业学生精心筹备，团队合作、分工明确，不仅需要策划不同主题的婚礼，而且需要准备婚庆道具物资、确定主持人、拟定主持词，将教室或者实训室装扮成婚礼现场，力图呈现逼真浪漫的主题婚礼。情景设计可以锻炼学生创意表达、组织协调、团队协作、现场执行和资源优配的能力。

（四）项目实施

实施（Implement）是指把设计的项目转变为产品的过程，这是实现职业场

图3　《婚庆策划与组织》课程汇报展演《婚庆策划与组织》课程汇报展演

景项目行动教学模式有效性的关键环节。一是变革教学理念。以培养具有社会责任感、创新精神和实践能力的应用型高素质专门人才为目标，以实现"模式化教育向个性化教育""教师中心向学生中心""就业教育向创新创业教育"3个转变为方向，结合实际，深入推进职业场景项目行动教学模式改革，掀起一场"课堂革命"。二是整合教学内容。用新理论、新知识、新技术更新教学内容，真正把有用、能用、管用的专业课程知识应用到职业场景项目行动教学过程中来。三是转变教学方法。推行启发式、探究式、讨论式、项目式、任务驱动式教学方法，倡导"小班教学"。鼓励教师开发和使用MOOC课程，探索使用网络课程教学、翻转课堂、网上交流等教学方法。四是组建教学团队。职业场景项目行动教学模式需要组建由课程负责人、辅助教师、校外专家等组成的课程教学团队，共同承担课程教学。课程负责人和专业教师应是熟悉专业课程教学的专任教师和双师型教师，要求专业基础深厚、教学功底扎实。辅助教师必须是执行力强，富有创新精神和团队协作能力的教师。校外专家须是行业专家或知名企业家，熟知行业发展前景、企业生产过程、产品质量标准和岗位人才需求等。

（五）项目产品

产品（Product）是指经可操作的项目所演变而成的可视化的物质产品。会展专业实施职业场景项目行动教学模式的项目产品设计追求的就是"可视化"的物质或精神产品，目的是达成教学标准和实现教学目标。以会展专业导论课程为例，该课程的教学不仅对学生的就业、择业有直接指导作用，而且对学生一生的职业发展有重大的影响。因此该课程是一门实践性和应用性很强的专业技术课程，在教学过程中除对理论知识的理解和掌握外，更为重要的是学生的职业综合素质和专业应用能力。根据应用型人才培养目标，通过职业生涯设计书的撰写，以抽查的形式进行课堂展示，最大限度地发挥学生的主观能动性，让学生能够在自我认知和自我测评基础上，根据自己的兴趣、爱好、特长和职业发展目标，规划职业生涯。这种产品设计模式不单纯追求学生的学习结果，而是改变过去教师独占课堂、学生被动接受的单一教学模式，促成学生自我学习和自我管理，提高学生发现问题、提出问题、分析问题、解决问题的兴趣和能力。

（六）项目评估

评估（Evaluate）是指对项目的产品、实施过程、策略与方法、专业能力、态度形成与转变、教学目的诸因素的价值评判。以笔者所在学校的《展览策划与组织》课程为例，为了充分调动学生参与教学的积极性和主动性，激发学生的创新精神和创新思维，构建完备的应用型课堂教学考核体系，该课程创新实施职业场景项目行动教学模式，在考核方式上，采用"1＋2＋3＋4"多重评价（即一个项目依托＋两种考试形式＋三个成绩构成＋四个考核视角）。在课程考核改革中，学生以各公司的一个具体展会项目为依托，完成理论和实务两种考试形式，其综合成绩评定由平时成绩、阶段性测试、期末成绩3个部分组成，并由学生自我评价、模拟公司主管人员评价、行业专家评价、教师评价4重考核视角构成。该考核方式主要考核了学生展览策划与组织的各项专业技能，根据行业要求和展览工序流程，从前期展会方案的撰写，展会各项筹备工作，到展场的布置及展会现场的组织和管理，会展专业学生呈现了极大的热情和良好的专业素养，有效提升了学生的专业技能。[6]

图4　《展览策划与组织》课程"1＋2＋3＋4"多重评价

三、会展专业课程职业场景项目行动教学模式的主要效果

（一）转变了教师和学生的课堂教学角色

职业场景项目行动教学模式不仅提升了应用型高校会展专业人才培养的水平和效果，而且笔者所在的教学单位作为职业场景项目行动教学模式的试点单位，其实践工作方案和课程教学设计范本为学校其他专业应用型人才培养提供有价值的参考。该模式一方面在充分尊重学生主体作用和功能基础上，不仅有效发挥了学生的积极性、能动性和创造性，强化了学生中心地位，有利于实现学生职业成长、职业发展和岗位适应力提升。另一方面教师在会展专业教学过程中成为知识传递者和知识转化能力的引导者、指导者和评价者，需要花费更多的时间和精力进行课程设计和组织课堂教学。

（二）形成了具有示范意义的教学模式

为适应高等教育"大众化"和应用型人才培养目标，必须转向以学生为主体的教育教学理念与以职业岗位为导向教学操作模式。本文所提出的应用型本科院校会展专业课程职业场景项目行动教学模式，在笔者所在高校进行了有益的探索和实践，结果表明：会展专业核心课程在真实与创设的"职业工作岗位场景"背景下，通过实施与操作真实的职业性的商业"项目"与"活动"来培养能胜任未来工作需要的实用型人才，职业场景项目行动教学模式是一种有效的教学理念与教学方式，不仅抓住了课程、学生和教师3个关键词，更加突出了真实的职场环境、真实的商业项目和依据职业项目的标准对项目操作所形成的商业性"产品"进行衡量3个核心思想，构建了集知识、能力、素质发展于一体的适合应用型教学体系，[7]有利于解决应用型本科院校会展专业学生课程学习和职业能力脱节问题。

（三）产出了丰硕的教学成果

职业场景项目行动教学模式实施以来，一是完善和整合新的会展专业人才培养方案。根据会展专业课程职业能力体系要求，加大核心课程教学改革力度，调整课程学时比重、优化理论教学和实践环节结构，重新整合会展专业课程计划，形成了新的会展专业应用型人才培养方案，体现社会发展趋势和学生职业发展需要。二是形成了会展专业课程职业场景项目行动教学模式资源库。以职业场景项目行动教学模式为统领，不断加大教学内容、教学方式和考核方式整体改革和全程改革力度，逐步专业核心课程在职业认知—项目创置—情景设计—项目实施—

项目产品—项目评估方面的改革，形成会展专业课程教学资源库，供其他课程教学参考。三是完成了配套设施建设和方案设计。该成果提出了应用型高校会展专业领导组织、人才培养方案、指导教师配备、课程教学大纲、教学内容、教学方法和相关保障措施和激励机制等诸多方面详细、具体、合理和可操作性的配套性解决和实施方案，使会展专业应用型人才培养模式和教学改革相匹配、相适应。四是拓展实习基地和提高学生竞赛获奖水平。在践行高校会展专业课程职业场景项目行动教学模式改革中，不断拓展校企合作实习基地，推进了学生专业技能及职业创新能力显著增强，有效提升了大学生专业技能大赛等各项赛事的获奖水平。

排序	学校名称	水平	开此专业学校数
1	中山大学	5★	62
2	南开大学	5★	62
3	重庆文理学院	5★	62
4	华东师范大学	4★	62
5	上海师范大学	4★	62
6	华南师范大学	4★	62
7	华南理工大学	4★	62
8	沈阳师范大学	4★	62
9	四川大学	4★	62
10	上海对外经贸大学	4★	62
11	北京第二外国语学院	4★	62
12	四川旅游学院	4★	62
13	河北经贸大学	3★	62
14	浙江万里学院	3★	62
15	杭州师范大学	3★	62
16	成都学院	3★	62
17	云南财经大学	3★	62
18	济南大学	3★	62
19	北京联合大学	3★	62

排序	学校名称	水平	开此专业学校数
20	天津商业大学	3★	62

图5　2015—2016会展经济与管理专业排名

图6　喜获全国会展专业技能大赛一等奖　2015年中国会展教育优秀院校

（本文发表于 ERMM 2016 国际会议，2016 年 6 月）

参考文献

［1］多俊岗．应用型人才培养下 PDSIPE 教学模式构建研究［J］．教学研究，2008（6）．

［2］王东强，等．应用型人才培养模式下会展专业课程教学改革调研和教学范式转变［C］．首届全国会展专业研究生教育论坛论文集，2014（5）．

［4］王东强，陈天培．基于职业生涯规划的会展专业应用型人才培养探讨［J］．职教论坛，2019（15）．

［5］许艳萍．我院举行《婚礼策划与组织》课程汇报展演［EB/OL］．2015－6－29. http：//tourism. cqwu. net/article. html？ id＝18599.

［6］冉晓芹．"会展创意与文案写作"课程改革的实践与思考，科教文汇，2011（5）．

［7］田书芹，王东强．基于胜任力模型的政法公管类专业实践能力培养的探索与实践［J］．重庆文理学院学报，2012（5）．

应用型本科数控改革之路

——编得了工艺，开得动机床

艾存金　张涛　曹川川

一、改革背景

机械制造业一直是国家实体工业的基石，随着制造业水平的不断提升，大部分机械制造设备都已实现了数控自动化，数控人才的专业素质直接决定了国家的机械制造水平。

（一）应用型本科层次数控人才要求

国内目前的数控一线操作人才已基本能够满足需求，来源主要为中职、高职数控专业毕业生，此类毕业生能够了解基本的加工工艺知识，对简单零件进行编程，可熟练操作相应的数控设备进行零件的一线加工。《数控加工与特种加工》作为应用型本科机械专业的一门专业技术课在此基础上又提出了进一步要求：掌握零件加工的工艺知识并能编写出完整的工艺技术文件（工艺卡、工序卡）；掌握常用数控机床的编程知识，能根据给定图纸编写数控加工程序，使用相应的软件仿真加工；熟悉一线数控加工设备的操作，能够加工出合格的试样零件。

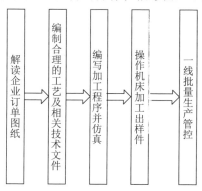

解读企业订单图纸 → 编制合理的工艺及相关技术文件 → 编写加工程序并仿真 → 操作机床加工出样件 → 一线批量生产管控

图 1　应用型本科层次数控人才要求

（二）教学改革方向

重庆文理学院顺应全国应用型本科教学改革趋势，提出了五大教学改革，基于本校的应用型本科五大教学改革思想，重庆文理学院机电工程学院数控加工课程教学团队制定了《数控加工与特种加工》课程改革方案，并入选校级核心课程改革名单。具体改革方向为：教学内容改革、教学方式改革、课程考核方式改革。

二、改革目标

基于数控加工课程教学组提出的改革方向，机电学院充实了一线教师的数量，并通过调入有企业实际工作经验的高级工程师和引进具有相关专业证书的新教师提高了一线教学团队的质量，并改革了相应的教学计划，明确了具体的教学目标：（1）基于同学期开设的《机械制造工艺学》课程，详细讲解数控加工工艺知识。目标要求为：学生掌握企业实际的数控加工工艺设计知识，并能够编制出给定零件的数控加工工艺技术文件（工艺卡、工序卡）。（2）详细讲解数控加工理论编程知识，主要包括：数控车加工编程知识和数控铣/加工中心加工编程知识。要求学生具备熟练的现场编程和修改程序的能力。（3）教师详细演示实际数控加工操作过程，主要包括：数控车加工实际操作知识和数控铣/加工中心加工实际操作知识。要求学生具备熟练的现场数控加工操作能力，能够根据企业实际加工技术文件（图纸、工艺卡、工序卡），熟练操作数控机床，加工出合格的试样零件。

三、改革方式

（一）教学内容改革—调整课程顺序，定制项目教学

为了适应课程改革，将《机械制造工艺学》安排在课程之前，学生首先接触到工艺类相关知识，熟练认识图纸和工艺技术资料；《数控加工与特种加工》课程紧随其后，在讲述数控车床和加工中心编程知识的同时，结合《机械制造工艺学》的工艺知识，学生学会自己编制简单的零件工艺；后续课程为《数控机床操作实训》，学生通过实际机床操作强化所学。

《机械制造工艺学》安排学时为 48 学时，其中 8 学时为实验；《数控加工与特种加工》安排学时为 64 学时，其中 32 学时为实验；《数控机床操作实训》重点在于实际操作，安排为 48 学时。实验和实训教学合二为一，整合成固定的项目教学。

表1　数控加工与特种加工实验项目

序号	模块	项目	实验
1	数控车模块	项目一数控车仿真操作	实验1　数控车床仿真系统认识与基本操作
			实验2　数控车床简单轴类零件仿真加工
			实验3　数控车床圆弧及螺纹零件仿真加工
			实验4　数控车床固定循环指令仿真加工
			实验5　数控车床内轮廓仿真加工
		项目二数控车实训操作	实验6　数控车床认识与基本操作
			实验7　数控车床简单轴类零件实际加工
			实验8　数控车床圆弧及螺纹零件实际加工
			实验9　数控车床固定循环指令实际加工
			实验10　数控车床工艺品实际加工练习
2	数控铣/加工中心模块	项目三　数控铣/加工中心仿真操作	实验11　加工中心仿真系统认识与基本操作
			实验12　加工中心刀具补偿及子程序调用
		项目四 数控铣/加工中心实训操作	实验13　加工中心认识与基本操作
			实验14　加工中心凸台轮廓加工
			实验15　加工中心配合件1实际加工
			实验16　加工中心配合件2实际加工

（二）教学方式改革—丰富教学手段，强化理实结合训练

教学方式上，理论课进行的同时，充分利用机房电脑，及时安排手动编程仿真软件实验，软件仿真无误后开始实训课程，将程序导入数控设备进行实际加工。熟练数控工艺及手动编程知识后，补充一定课时的CAM软件自动编程和加工知识。

理论学习及时跟进仿真实验，可以让学生充分领会相应编程指令的和工艺知识，加深记忆。同时不同于直接实际操作机床，仿真软件的使用可以直观即时的反映学生所编程序的对错，工艺设计的合理与否，这些问题都可以通过仿真软件进行修正，再将其导入车间实际加工加床中，既保护了实际加工设备又节省了教学时间。

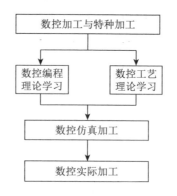

图 2　数控加工与特种加工教学流程

（三）课程考核方式改革—命题内容开放，考场模拟工厂

考核形式为闭卷理论考试＋开卷仿真操作考试，考试时间为 180 分钟，其中闭卷理论考试 30 分钟，主要包括基本工艺知识和编程知识，开卷仿真操作考试 150 分钟，重点考查的是：①工艺知识的运用和工艺文件的编写；②给定零件图纸的程序编制；③给定零件的仿真加工操作。

闭卷中的基础知识基本杜绝出现纯记忆知识点，相对灵活；开卷考试中给定零件的图纸大部分来自工厂，具体要求参考企业生产标准。

四、结语

作为本课程的教学特点是将理论讲授与工厂实践紧密结合，实验课按项目制实施，相关实验教学内容安排在计算机房、数控车实训室、加工中心实训室进行实验教学来实现，理论知识、软件仿真、设备实操互相印证，夯实学生基础。从课改以来已经毕业的两届毕业生实际工作情况和用人单位的反馈来看，基本已达到最初的改革目标。

在课程改革过程中，团队教师也积累了宝贵的经验：

（1）明确定位

明确课程定位，《数控加工与特种加工》为本科机械工程专业专业技术课程，根据此定位编排课程内容；明确学生定位，本科机械工程专业在学习了本门课程后，既能使从事机械制造的同学胜任企业一线生产工程师岗位，又能对将来从事机械设计的同学提供基本的零部件生产知识。

（2）内容大于形式

将学生从繁重的实验报告抄写中解放出来，作业与实验项目均来自工厂实际一线加工图纸，实验结果不再拘泥于一纸报告，学生仿真操作录屏、加工的实际工件都可以作为考核参考。

（3）学生心态正确引导

本科层次的数控技术教学，学生的心态引导非常重要，部分学生由于较为排斥企业一线加工环境，对本门课程学习兴趣不高，我们团队教师通过将制图与三维造型与本课程相融合，引导学生独立完成简单零件从设计到成品加工，以提高其兴趣，比如项目二中的实验 10 数控车床工艺品实际加工练习。

（本文发表于《农机使用与维修》2018 年第 5 期）

高校应用型课程"三位一体"
评价模式的探索与实践

付天贵　唐　平　田　斌

普通本科高校向应用型转变是一种教育范式的转变，这种转变是社会发展对高等教育的要求，同时也是高等教育改革的趋势。应用型本科教育是办学理念、课程建设、教学形式、课程评价的系统改革和深入发展的过程，是人才培养模式根本性变革的过程，其中课程评价改革是关键。适应教育范式转变的需要，对应用型课程评价方式进行了探索，构建了课程联动的"三位一体"的评价模式，评价模式评价主体多元，评价形式多样，评价方式灵活，实施过程中能有效地促进学生的课堂参与，值得借鉴。

一、问题提出

随着经济社会的快速发展，为满足社会接受高等教育的愿望和需求，不少专科学校完成了升本建院，使得我国高等教育快速进入大众化教育发展时期。根据教育统计年鉴公布，2001 年以来，每年大学生毕业人数如表1：

表1　2001—2016 年大学生毕业人数

年	01	02	03	04	05	06	07	08	09	10	11	12	13	14	15	16
万人	114	145	212	280	338	413	495	559	611	631	660	680	699	727	749	756

升本建院的成功，使得高校都在扩建校园、扩展学科、新办专业、增加新的学科点，都朝着学科门类齐、层次全的综合性大学的方向发展。发展过程中存在各类高校办学定位不清晰、缺乏特色、趋同化严重的现象，也造成高校毕业生就业难问题。据《中国教育报》2016 年 5 月 3 日报道，每年全国有 75 万名师范毕业生，而毕业后真正从事教师职业的仅有 25 万人。师范毕业生占大学毕业生人数的 1/10 左右，在结构上存在就业难问题。大量有师范教育背景的地方新建本科院校都在办各种容易办、投入少的非师范专业，最终导致专业设置不合理。分类办学和特色发展是高等教育进入大众化时代转型发展的必然的价值要求。[1]
2015 年 11 月，教育部、发改委、财政部印发了《关于引导部分地方普通本科高

校向应用型转变的指导意见》，推动有条件的普通高校向应用型转变。"应用型本科"逐渐成为我国高等教育理论研究和办学实践中的重要议题。[2]

应用型本科教育是一种教育范式的转变。应用型本科建设是培养目标、课程体系、教学方法系统改革的过程。[3]向应用型转变是人才培养模式的根本性变革，是办学理念、课程建设、教学形式、课程评价的根本性改革。应用型教育改革最终都以通过课堂去实现，通过教学评价去体现，因此，教学评价成为制约转型成功与否的关键因素，必须探索和建立与应用型本科院校办学目标相适宜的课堂教学评价体系。2011年重庆文理学院提出建设应用型本科院校，开始探索应用型本科院校人才培养模式的改革，以实现办学的转型与发展。[4]依托学校进行的"五大"教学改革（教学内容、教学方式、公共课程、考核方式、毕业论文），我们开始探索数学与应用数学专业（师范类）应用型课程评价方式的改革，构建了课程联动的"三位一体"评价模式。

二、课程联动的"三位一体"评价模式内容

（一）建立课程联动机制

依据教师教育类课程的性质联合进行评价方式改革，统一实施。根据课程知识的不同性质，采用不同评价形式。理论性基础知识采用试卷形式进行评价；教学法和实践性知识（MPCK）采用作品和教学实践形式进行评价。

（二）构建多主体参与的"三位一体"的评价模式

为构建与应用型人才培养目标相适应的评价方式，我们对数学与应用数学专业（师范类）课程评价方式进行了改革探索，逐步构建起课程联动的"三位一体"的评价模式。

上位评价是教师对学生的学习进行评价，评价主体是教师，主要采用试卷形式对理论性知识进行评价，目的了解学生对理论性知识的掌握情况。中位评价是同伴之间进行的评价，评价的主体是学生。同伴评价通常是对实践性知识的评价，评价的目的在于一方面学会认识他人的优点与不足，学会进行评价，培养评价能力，另一方面是学习他人的优点，促使学生参与的课程学习中，实现评价激励的功能。下位评价是学生自评，评价主体是学生自己，要求学生在完成作品和实践后进行自评，引导学生主动进行反思。

三、评价模式构建过程

不争的事实是数学与应用数学专业（师范类）普遍存在着重学术性轻师范

性的倾向，学生重专业课程学习，对教师教育课程缺乏兴趣。随着基础教育改革的发展，社会对教师行业师德修养、能力发展、终身学习提出了更高要求，2011年公布的义务教育数学课程标准就要求教师能发展学生的"四基"和"四能"。师范教育担负着培养中小学教师的任务，高校课程改革的相对滞后使得人才培养和社会需求之间矛盾较突出，迫使我们对传统一张试卷形式的、结果性评价的课程评价方式进行改革，构建新的课程评价模式以满足社会和学生发展的需要。评价模式建立经历了模型探究—可行性论证—实验总结—实践应用4个过程。

（一）模型探究

在对课程实施情况调研过程，学生对课程的意见集中反映为：第一，课程评价形式单一，单一的试卷考试不能反映学习情况；第二，评价没有反映学生实践性知识的把握情况；第三，评价是结果性评价，应当建立同类课程联合评价的机制，实践性知识的评价要体现过程性和发展性。通过对课程评价文献进行研究，结合调研和实践情况，课程组探索建立了课程联动的"三位一体"的评价模式。根据知识的类型，采用不同的评价形式，同时让学生参与评价，提高学生对课程的兴趣和实践能力，培养学生教师教育的技能。

（二）可行性论证

通过对一线专家教师的访谈，不少专家认为新入职的教师专业功底较好，但师范技能较弱，教学法知识和实践能力有待加强。解决这个问题的关键是让学生参与到评价中，通过与同伴的对比和自己的反思，改变学生对课程的认识，促使学生主动学习。由于教师教育类课程通常是在5—6学期，学生完成了一定的专业课程的学习，具有一定的评价能力，同时该专业学生以后从事中小学教师行业，这要求学生能对教学设计与实践进行评价。

为保证评价的公平性，在同伴评价和自我评价时，首先组织进行学生讨论评价方案，明确评价目的，并对评价方案进行修订；其次给定一个作品（如学生讲课视频、教学设计、现场讲课等）进行试评，统一标准，然后是教师和小组学生同时对10分作品进行评价（结果见附录），并检验评价的一致性，给定案例中的检验结果为见下表：

检验结果表明，评价缺乏一致性。此时进行两两比较，找出差异。在评价具有一致性后，最后是同伴（小组）评价和学生自评。教师、同伴、学生自评按照一定的权重，计算出综合成绩。学生在进行评价和自评时，能够认识到别人的优点和自身的不足，从而在竞争中激发学生的学习主动性。

（三）实验总结

2013 年学院成立"名师梦工厂班"，这为评价模式实验创造了条件。实验结果表明：课程联动的"三位一体"评价吸引了学生对教师教育课程兴趣，激发了学生的学习热情，学生能主动进行课程实践。

（四）实践应用

从 2014 年开始，在 2011 级、2012 级、2013 级数学与应用数学专业（师范类）教师教育课程正式实践课程联动的"三位一体"评价，取得了良好的效果。学生在各级各类比赛中取得优异成绩，同时学院其他专业课程也正在借鉴和使用该模式进行课程评价。课程联动的"三位一体"评价促进了专业人才培养的改革，目前，该评价模式也被学校其他专业借鉴。

四、解决的主要教学问题

评价方式是影响和制约人才培养的重要因素，评价方式改革一直是教育改革的难点，对基础教育如此，高等教育也如此。课程联动的"三位一体"评价是主体多元，形式多样的评价，是高校应用型转型中课程评价模式的有益探索。评价主要解决了以下的教学问题。

第一，突破学科边界限制。传统评价是一门课程独立进行评价，割裂了同类课程之间的联系。课程联动机制的建立，打破了学科课程之间的边界限制。

第二，解决评价主体唯一性问题。传统课程评价是教师对学生进行评价，忽略了学生的需要。"三位一体"评价模式的建立，解决了传统评价主体单一的问题，通过多主体参与评价，激励学生积极投入课程学习。

第三，改变评价形式单一性问题。传统评价形式单一，主要是试卷形式进行评价，是结果性评价，没有考虑知识的特点。新的评价模式根据教师教育课程的性质与特点，采用不同的形式进行评价。

课程联动的"三位一体"评价主体多元、形式多样、方式灵活，既有教师评价，又有同伴评价，还有学生自评；既有理论性知识的评价，又有实践性知识的评价，既有试卷测试，又有作品分析、教学实践、视频分析和现场面试等多种形式的评价方式，能吸引和促使学生主动进行课程学习与实践，是对应用型课程评价的有益探索，值得借鉴。

参考文献

［1］张彦通，赵世奎．高等教育分类办学的多元价值分析［J］．教育研究，2008，347（12）：62－67.

［2］胡天佑．建设"应用型大学"的逻辑与问题［J］．中高高教研究，2013，（05）：26－31.

［3］陈新民．应用型本科的课程改革：培养目标、课程体系与教学方法［J］．中国大学教学，2011，（07）：27－30.

［4］孙泽平．关于应用型本科院校人才培养改革的思考［J］．中国高教研究，2011，（04）：56－58.

附录：教师和学生对 10 分作品的评价

	教师	学生 1	学生 2	学生 3	学生 4	学生 5
作品 1	78	70	65	70	65	70
作品 2	70	80	75	72	78	71
作品 3	78	75	78	75	79	72
作品 4	85	75	80	78	83	80
作品 5	83	70	73	82	74	78
作品 6	82	80	82	83	78	82
作品 7	88	78	84	80	82	85
作品 8	80	73	72	76	76	74
作品 9	88	80	88	85	88	88
作品 10	82	79	79	80	79	81

工业机器人应用型人才"一基双能，四位一体"培养模式的探索与实践

胡　旭

主要围绕工业机器人应用型人才培养，全面实施人才培养模式改革，我校将机械工程专业向工业机器人应用型人才培养方向转型，构建了以工业机器人的集成与应用为主线，以"一基双能，四位一体"为核心的应用型人才培养新模式。该模式强化专业基础，突出工程实践能力与创新创业能力培养，即"一基双能"，注重教学、实训、竞赛、创新一体化，即"四位一体"，成效显著。完善了学生工程素质训练、创新能力训练、"双师型"教师培训与认证有机融合的实践教学体系；实现了知识技能、工程素质及职业素养同步培养的目标。

面对新时期地方经济社会的快速发展、科技革命的严峻挑战以及日益激烈的人才竞争，高等院校急需更新教育观念，加强教育教学改革，以提升人才培养质量、科技创新水平和社会服务能力。从 2011 年开始，为了满足新时期重庆市经济社会发展对应用型人才的迫切需求，提高应用型人才培养的质量，重庆文理学院机电工程学院在机械工程专业中逐步开展了以专业基础知识提升和工程素质训练、创新能力训练为核心的应用型人才培养改革，全面实施"一基双能，四位一体"人才培养模式改革。经过多年的探索与实践，该模式在学生工程素质实践技能训练、创新能力训练、"双师型"教师培养与认证、校企合作等方面取得显著成效。

一、成果主要内容

面向"中国制造 2025"，积极转型发展传统专业，将传统机械工程专业与工业机器人及智能装备等新兴产业衔接，培养新兴产业急需工程技术人才，解决了机器人与智能装备产业升级对应用型人才培养需求的问题。

为适应我国制造业的转型升级，特别是重庆市当前产业结构调整、布局（"6＋1"支柱产业、"2＋10"战略性新兴产业）和机器人应用领域迅猛发展的

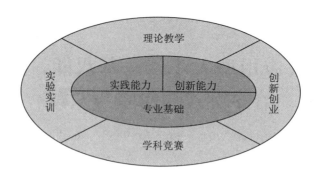

图1 人才培养模式

战略需求，从2011级起我校机械工程专业及时调整了专业人才培养目标，重构了人才培养方案，形成了工业机器人技术人才培养的课程教学体系，并同步引进了工业机器人技术相关专业教师，搭建了机器人与智能装备教学实验实训平台。目前已成功培养了两届毕业生，及时满足了重庆市机器人及智能装备相关行业企业对人才的需求，成效显著。

面对工科学生普遍存在的专业基础薄弱，创新创业能力不足的问题，根据岗位核心能力要求，重点夯实专业基础，强化工程实践能力与创新创业能力的培养，解决了学生专业基础较差，工程实践与创新创业能力不足的问题。

本专业以机械制造、工业机器人集成与应用能力培养为目标，探索出了"专业基础＋工程实践能力＋创新创业能力"一体化的教学新模式。教学中改革传统的各专业课程与实践教学条块分割的模式，融通了课程体系及实践教学平台，提高了资源利用率，解决了学生的专业能力泛而不专、适应能力差、创新思维不足的问题，为目前智能制造产业升级的应用型人才培养提供了保障。

为满足社会对人才的需求及学生职业发展，改革了传统的教学模式，通过开展多种多样的创新活动，培养学生创新能力、创新意识，解决了工程素养与创新素质欠缺的问题。

在工程训练中心与市级"机电众创空间"的支持下，实现了"理论教学、实验实训、学科竞赛、创新创业"的四位一体化，突出"一基双能"特色。在"四位一体"的驱动下，解决了工程素养与创新素质欠缺的问题。

二、解决教学问题的方法

通过重构人才培养方案，建立了项目支撑、能力递进、创新创业一体的课程体系，突出学生的专业基础、工程实践能力与创新创业能力，解决智能制造与工业机器人应用行业领域学生专业面窄、就业适应能力差、教学资源利用率低的问题。以专业建设与人才培养为核心，协同重庆固高自动化应用技术开发有限公司、重庆广数机器人有限公司等 20 余家相关企业培养工程技术人才，制定了工业机器人应用型人才的通用培养目标。

将工业机器人的理论教学、实践教学和专业学科竞赛有机相结合，实现了"理论教学、实验实训、学科竞赛、创新创业"的四位一体化，以实验实训教学改革带动实验室建设，以管理体制和实验实训队伍的建设为根本，搭建了以工业机器人专业技能训练为重点的工业机器人基础、焊接、打磨、装调与维修、物料搬运、智能生产线等实验实训教学平台，建成了管理体制科学、实验实训队伍过硬、实验设施先进的工程训练中心。

与地方政府、中科院重庆绿色智能技术研究院合作，以"项目 + 方案 + 实施"合作模式，推动了专业的学研发展；采用"项目 + 基地 + 实习"的合作模式，与企业共建实训中心、建立实训基地，通过"3 + 1"的人才培养模式，促进专业的产教深度融合。目前与重庆固高自动化应用技术开发有限公司、重庆威诺克智能装备股份有限公司、重庆广数机器人有限公司、重庆西源凸轮轴有限公司、重庆海通机械制造有限公司等企业开展了广泛合作；遴选部分优秀的有潜质的学生到企业开展"优秀工程师"暑期集训，采用"师傅 + 徒弟"合作模式，让学生进入企业熟悉工业机器人的开发设计流程、制造工艺过程、企业生产经营管理等项目，培养学生的工程意识、提高工程应用能力。

针对机械工程专业工业机器人方向的专业建设特点，以项目支撑、能力递进、自主创新的课程体系为标准，开发了适合专业特点的校本教材及配套学习资源，包括教案、实训指导书、PPT 课件、视频、习题库、教学案例库等多元化教学资源形式。

三、成果创新点

（一）创新人才培养体系，夯实专业基础

以专业核心能力为基础，以工程能力培养为重点，构建了适合机械工程专业的"一基双能，四位一体"工程技术人才培养体系，着重培养专业基础扎实，分析问题、解决问题能力强的应用型工程技术人才。根据专业特点与岗位核心能力要求，重点夯实专业基础，强化工程实践能力与创新创业能力的培养；以专业建设与人才培养为核心，协同中科院重庆绿色智能技术研究院、重庆广数机器人有限公司、重庆固高自动化应用技术开发科技有限公司、重庆威诺克智能装备股

份有限公司等20余家相关企业培养工程技术人才，让学生进入企业熟悉产品的开发设计流程、制造工艺过程、企业生产经营管理等项目，培养学生的工程意识、提高工程应用能力，取得了较好的效果。

（二）创新人才培养，对接战略新兴产业

为适应重庆市当前产业结构调整布局和机器人应用领域迅猛发展的战略需求，主动对接重庆市"6+1"支柱产业与"2+10"战略性新兴产业，本专业在立足机械制造的基础上，及时开设了工业机器人方向，在全国本科院校中率先开展工业机器人专业技术人才培养。目前该方向已开设《机器人导论》《工业机器人技术》《工业机器人使用与维护》《工业机器人系统虚拟仿真》《工业机器人系统集成》和《工业机器人编程》等相关专业课程，并同步引进组建了机器人技术相关专业教师团队，搭建了完善的机器人与智能装备教学实验实训平台。

（三）创新人才培养模式，突出工程能力与创新创业能力的培养

专业教学改革过程中形成了"2+4"人才培养新模式。人才培养过程中注重"工程实践能力与创新创业能力"二元制培养；同时将专业理论教学、实践教学、学科竞赛、市级"机电创客空间"有机结合，实现了"理论教学、实验实训、学科竞赛、创新创业"四位一体。

四、成果应用推广情况

（一）广泛的教学实践和良好的人才培养质量

近4年来机械工程专业机器人方向学生参加省市级以上各类竞赛，荣获第十三届"挑战杯"全国大学生课余科技作品大赛重庆赛区决赛特等奖、2015年中国机器人大赛暨RoboCup（机器人大赛）公开赛一、二等奖各1项，2014年"尚和杯"中国机器人大赛暨RoboCup公开赛分项赛一、二等奖各1项，第三届全国大学生工程训练综合能力竞赛（重庆赛区）二等奖1项，2014年第六届全国大学生机械创新设计大赛（重庆赛区）二等奖1项，第四届全国大学生工程训练综合能力竞赛（重庆赛区）二等1项，第12届全国大学生"挑战杯"科技发明制作指导（重庆赛区）一等奖等1项，2016年第九届"高教杯"全国大学生先进成图技术与产品信息建模创新大赛一等奖3项和二等奖2项，2016年第七届全国大学生机械创新设计大赛（重庆赛区）二等奖4项，2016西部先进成图技术及计算机信息建模大赛一等奖2项，二等奖5项。学生科研课题立项15项，公开发表论文10篇。

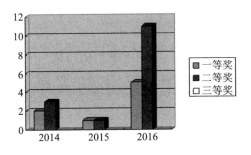

图2 获奖情况

目前已培养两届工业机器人应用型人才，本专业毕业学生一次就业率稳定在90%左右，专业对口就业率达到85%以上；办学质量获得社会广泛认可，近4年该专业的第一志愿报考率平均达到123%。毕业学生就业于重庆广数机器人有限公司、重庆固高自动化应用技术开发有限公司等重庆市龙头企业，并能够迅速成长为企业技术骨干，获得广泛好评，并得到企业高度认可。

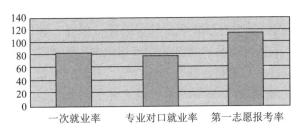

图3 毕业生就业情况

（二）成果得到社会的广泛关注与认可

近年来，我校开展的机械工程专业"一基双能、四位一体"人才培养模式的探索与实践工作得到了社会的广泛关注与认可。中央电视台、《中国青年报》等10余家媒体先后对本成果予以报道，产生了重要的社会影响。重庆大学、西南大学、四川文理学院等相关院校多次来我校就工业机器人应用型人才"一基双能、四位一体"培养模式进行学习和调研，得到相关专家的认可。2015年10月26日《中国青年报》专题报道了我校机械工程专业工业机器人相关人才培养的情况，同时中青在线、OFweek机器人网、网易新闻中心、凤凰教育、中国网、人民网等20余家主流媒体先后报道了我校机器人相关人才培养的成功经验与做法，受到社会的普遍关注与认可。

行业模式下应用型本科院校"新闻采写"课程的项目制改革

雷璐荣

高校新闻教育的应用型趋势虽已得到鲜明确立，但依然面临如何有效实施的问题。作为应用型本科院新闻教育的基础课程，"新闻采访与写作"可以参照新闻行业业务运行的执行流程，建构一个模拟的"新闻采写"实体，而这一运作又以项目制为总体指导，从新闻采写的任务分配到报题、策划、评稿、排序，再到成果计算，进行一系列改革；从而实现课程中教学方式和教学角色的全新变革，提高学生的应用型水平。

"项目制"模式教学引自国外职业教育范例，倡导一种以行动为导向的教学方式，其教学方式的实现不是以零散的章节知识内容为单位，而是以一个完整的项目为单元，在项目单元里整合各种知识含量，并进行系统地训练。国内的高校教学中最早使用"项目制"教学的领域是艺体类科目，这也与国外"项目制"教学的诞生一脉相承。[1]但随着高校教学改革的呼吁之声不断高涨，市场对高校人才的需求越发实际化，使得"项目制"教学方式这种流行于欧美的教学模式也逐渐应用到国内的一些文理科的课程之中。

"新闻采访与写作"是一门新闻学专业基础课程，与其他理论、史论课程所不同的是，它是一门新闻业务课程，尤为强调实践环节，新闻的采写能力是业界对新闻工作者最基本和最重要的能力要求。当前，一方面新闻行业不断抱怨"新闻专业的学生不会写新闻"[2]，另一方面，由于新闻行业的特殊性，新闻专业的学生缺乏其他专业学生直接进入行业进行实战教学的优势，[3]我们必须得思考如何实现新闻专业的应用型教育。事实上，"项目制"的理念不仅可以依托新闻行业的实际运行模式，还刚好吻合新闻业界的业务制作模式：小到一线新闻记者采写新闻，大到新闻责编策划、审稿，都是在完成自己的项目任务，这样既结合了高校教育精神，又紧扣了行业发展趋势。因此，本文提到的项目制改革，正是要在课程中建设以融入行业模式的项目任务。

一、项目设定：建立生产新闻的真实项目制

既然要引进行业模式，就要将生产新闻的"流水线"建立起来，不再是"讲采访、练采访，讲写作、练写作"，在"采写合一"的基础上建立起学生要完成的真实的项目任务。

作者所在的课程组根据本校新闻专业的人才培养方案，设定了两个具体的项目：一个是以图文类新闻为表现形式制作一个微信公众号，另一个则是以视频类新闻为表现形式制作一档电视新闻栏目。课程分两学期，一学期实施一个项目，全班学生在教师指导下共同完成。因为教学节奏的限制和初学者的能力问题，两个项目的进度不宜过快，通常采用以"月"为周期的更新。而在具体的实际运行中，会因为新闻时效的因素，设计具体的子项目，如表 1 所示，这些子项目正是学生们完成新闻采访与写作的具体任务导向。

表 1　本校"新闻采访与写作"课程项目设置情况

总项目	图文类新闻（微信公众号）		视频类新闻（新闻栏目）	
子项目 1	9 月	新生入学及军训专题报道	3 月	大学生看两会专题策划
子项目 2	10 月	校庆专题报道	4 月	新闻采风专题
子项目 3	11 月	毕业生双选会专题报道	5 月	人物专访
子项目 4	12 月	"末"专题策划	6 月	"毕业"专题策划

表 1 中所设置的子项目是本教学组在 2015—2016 学年度所实施的具体情况，2015 年 9 月至 12 月的项目是课程上半期的实训任务，2016 年 3 月至 6 月的项目是课程下半期的实训任务。图文类新闻和视频类新闻是不变的总项目，而下面的子项目则需要根据教学时间、教学进度以及周围新闻的变化性，进行具体的安排与更新。

从中可以看出，实训中的项目都是需要真实执行，并且可以产生真实的新闻采写价值，图文新闻通过微信公众号传播，也可以编排成报纸校内发行，视频新闻则可以通过在校园网的视频站点播放（或申报学院宣传部，在校园电视台播出）。因此，"新闻采访与写作"的课程不再是"为学而学"，而成了一个生产新闻的真实的"战场"。

二、采写分配：项目执行的重要途径

全班学生共同完成一个项目，如何具体地执行，学生必须分工合作。我们引进新闻行业中的方法，让学生深刻感受真实的新闻采写分工是如何进行的，旨在减少学生盲目学习中"实践动手能力不足""难以直接参与行业工作"[4]的现象。

在新闻业界，新闻中心是新闻生产运作的核心区域，新闻业界对新闻作品的运作是分工合作的结果。如表2所示，新闻业界的新闻采写实务工作分配主要有两种渠道：一是分部门，一个新闻中心通常分为"时政新闻""社会新闻""财经新闻""体教娱乐新闻"等多个部门，这主要是根据新闻的种类、发布的栏目作为划分依据的；另一种则是分口线，这是新闻界的一个特定行业名词，口线是按照职能部门和当地管理的行政区域来划分的，是记者获得新闻线索的重要途径之一，新闻中心的记者大多数都可以被分到属于自己的口线。

这两种分配方式也用到了"新闻采访与写作"课程中，由表3可示，全班学生分成大约4个小组，分别是"校园要闻""院系追踪""校园民生""校外观察"，而这4个组也分别关照到微信公众号的4个常规栏目，以及电视栏目的4个板块。另一方面，学生们有可以分有属于自己的对应口线，笔者所在的学校，有14个职能管理部门、16个二级院系，以及17个学术研究中心，而这47个部门都被逐个地分配给班上的学生，作为他们自己搜集新闻线索的口线。

将新闻采写的任务分配到每个小组中，在类似行业中部门的小组中，再将任务细化到每个学生的头上。这不仅使学生模拟着行业中记者的身份进行工作，让他们熟悉并接受记者的工作模式；更重要的是学生新闻采访与写作的能力得到了实际的锻炼，在实际的采写中熟知并掌握理论知识，并通过一轮又一轮的子项目，强化这些知识，演变为真正采写技能。

表2 新闻业界新闻采写的执行分配方式

分部门	分口线
政新闻部	教育口线
社会新闻部	公检法口线
经济新闻部	医疗口线
体育/娱乐新闻部	交通建设口线
……	……

表3　"新闻采访与写作"课程中新闻采写的分配

分组	分口线
校园要闻	校宣传部口线
院系追踪	校学工部口线
校园民生	校总务部口线
校外观察	各二级学院口线
……	……

三、会议式教学：行业场景走进课程

我们经常说，大学的课堂是开放的课堂，而开放的要义就在于要将新的技术、新的知识引入课堂。[5]因此，传统的"理论＋案例"式教学方式不能是唯一的主角，而教改中常说的"互动式""讨论式"在很多理论性较强的课堂中也并没有突破"教员中心"的模式。"新闻采访与写作"实施项目制，并非都是室外的实训，也有以教室为依托的室内教学，而在这个环节中，课程组将新闻业界的会议引入课堂，实行了一种"会议式"教学方法。

表4　传统教学方式与会议式教学方式比较

传统教学方式		会议式教学方式			
理论＋案例	课堂内讨论	报题会	排序会	评稿会	专题策划会
理论知识为主，案例知识相辅	围绕当堂授课知识展开的讨论	上报新闻新闻线索、确定新闻线索、分派采写任务	讨论用哪些稿，如何序（新闻的头条、第二、第三……排序）	品评优稿修正差稿	讨论确定专题主题、版块，以及任务分工
以教师为中心		以学生为中心			
教师讲授，学生学而知		教师提问，师生探讨，学生惑而知			
以教材或教案为课堂内容		以具体的采写项目为课堂内容			
上下相对式的教室布局		圆桌式的教室布局			

表4中明确罗列出会议式教学法的具体内容，将新闻业界常开的一些例会直接植入课堂教学中，如：报题例会（新闻线索呈报、讨论）、评稿例会、上线传播前的排序会，以及新闻专题的策划会议等。在这种新式的课堂上，真实实现了"以学生为中心"，课堂的内容是他们自己的线索、自己的新闻稿、自己的栏目

或版块、自己的专题，使学生成为每一个采写项目的真正执行者，而不是被动的新闻知识的倾听者。不仅如此，在教室布局上，尽可能和真实的会议室贴近，比如：圆桌式会议室布局，让学生更快地了解自己所要工作的环境，强化专业归属感。

四、评价标准："按劳所得"的评分体制

在课程的评价环节，项目的完成效果成为主要的考核对象，而在具体的评分体制，我们一如既往地引进了新闻行业的模式。根据前面所提到的两个具体项目，即：图文类新闻和视频类新闻，评价方式略有不同。

在图文类新闻项目中，每篇稿子按照优劣分为 A、B、C、D 四级，从高到低得分各不相同（如表5）；摄影的图品同样按良莠不齐分为 A、B、C 三级，得分如表所示；微信公众号内置各栏目的编辑负责收稿、校对、排序；最后教师作为公众号总编辑，负责整体规划。

表5　图文类新闻制作项目的评分体系

类别	分数	备注
文稿 A	65—70 分	各项目可累计加分，满分以 100 分为限 文稿、摄影需单独完成，如为合作完成，合作学生分享总分 每个栏目的编辑可设 1—3 人，可由小组组长担任，也可自荐，每期轮换
文稿 B	60—64 分	
文稿 C	50—59 分	
文稿 D	40—49 分	
摄影 A	35—40 分	
摄影 B	25—34 分	
摄影 C	15—24 分	
栏目编辑	另加 10—15 分	

而在电视新闻栏目（综合消息类，可含小专题）中，每个单条新闻片子分为 A、B、C、D 四级，从高到低得分各不相同（如表6）；每一期栏目总体的串词撰稿、播音、包装合成，由各版块栏目编导轮流负责，其工作量另有加分计算；任课教师担任总编导总体把关。

表6　视频类新闻制作项目的评分体系

类别	分数	备注
稿 A	65—70 分	各项目可累计加分，满分以 100 分为限
稿 B	60—64 分	
稿 C	50—59 分	文稿、摄像需单独完成，如为合作完成，合作学生分享总分
稿 D	40—49 分	
栏目导播	另加 15—20 分	共四个版块，各板块设编导 1—2 人，每期可轮换

事实上，这一套评价标准正是新闻行业对新闻记者的考核方式，只是实际工作，记者的稿分会算作薪酬；学校里虽没有薪酬，但依然可以用课程分数来形成竞争性，带动学生的积极性。同时，严格实施量化式的"按劳所得"标准，去除教师打"人情分"的可能，一切客观公正，这也正体现了新闻类课程的精神内核。

五、教学角色创新：准新闻工作者各司其职

新闻采写课堂中项目制的实施彻底改变了学生与教师的教学关系，因为新闻课堂成为生产新闻的现场，表面上师生的关系依然在，而在新闻项目的实际运作中，各自的角色权责也应该以项目任务作为指导标准。

在图26中，我们看到教师与学生的关系虽然也有互动，但显得单一，作为纯粹的理论知识教学还可以适用，但对实践性较强的课程，是不能完全真正实现学生的能力培养的。

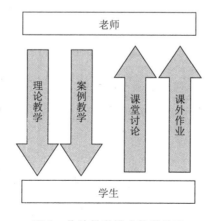

图1　传统教学模式教学关系

在项目制的建构中，教师与学生一起都成为项目的参与者和负责人，不仅学生在实践练习，教师同样也是实践者。将新闻业界的人员安排放到课程之中（如图1所示），教师恰好做的是公众平台和电视新闻栏目的新闻总编的工作，进行宏观的把关与指导，而每个小组的组长相当于栏目的责任编辑或电视栏目的子栏目（或版块）编导，组员则是项目中的第三级负责人，进行新闻的采访写作编辑，也就是记者、编辑。在这样的人员构成中，师生们的角色决定大家在课程中实践的积极性和主动性更强，更有利于促进大家实践能力的提高。

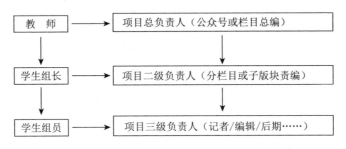

图2　课程教改中的教学关系

综上所述，要在"新闻采访与写作"课程中建立完整的项目，必须打破传统的章节式教学模式，要从根本上改变"理论唱主角，实训跟着走"的老方式，从项目的设置到执行实施的具体方式都要有全新的改变，而这个变革需要将行业的模式融入教学之中，才能让我们的教学成效不与实践脱轨。当前，我国新闻行业自身也面临着各种改革困境和复杂局面，[6]新闻教育模式如不紧贴行业动态，新闻学界滞后于业界的局面将难以改变，而作为应用型高校的新闻专业更应该将这种开放的教学理念落到实处。

（本文发表于《重庆高教研究》2013 年第 2 期）

参考文献

［1］张卫伟．设计教学中如何运用项目制［J］．南京艺术学院学报 2010（4）：149—150．

［2］李希光．新闻教育未来之路［M］．北京：清华大学出版社，2010：130．

［3］雷璐荣．高校新闻专业"合作教育"的困境与对策［J］．新闻知识，2012（12）：71—73．

［4］邢丽梅．媒体融合时代地方高校新闻专业实践教学改革研究［J］．新闻知识，2012（4）：72—74．．

［5］李希光．新闻教育未来之路［M］．北京：清华大学出版社，2010：135．

［6］朱清河．市场化趋势下高校新闻教育改革价值取向的反思［J］．国际新闻界，2011（8）：6—12．

以工程实践能力与创新创业能力培养为核心的实践课程体系研究与实践

谭修彦　李文江　赵华君

　　遵循工科教育回归工程，对机电类专业的实践课程体系进行了综合改革，探索形成了工程实践能力与创新创业能力结合的"双螺旋"人才培养新模式，并对应采取了"分层进阶式、模块项目制"的教学方式。

　　长期以来，高等教育尤其工程教育存在诸多问题与不足，如：重知识技能传授、轻创新创业教育，重理论、轻实践等，严重影响了教学质量，不利于创新人才培养。[1]工程教育是我国高等教育的重要组成部分，在高等教育体系中处于重要地位，[2]在国家工业化进程中，对独立完整、门类齐全工业体系的形成与发展，发挥了不可替代的作用。实施全面工程教育，是实现"中国制造2025"[3]，是提升国家未来竞争力的重要途径。近些年，国内外掀起了工程教育"回归工程"的浪潮。[4-6]2001年，美国工程院工程教育委员会发起名为"2020工程师"研究计划，将问题分析能力、实践经验、创造力列在"2020工程师关键特征"的前三位，[7]并指出工程教育重点在于培养学生的工程实践、工程设计和工程创新能力。2012年1月，我国教育部、中宣部、财政部等7部门联合发布《关于进一步加强高校实践育人工作的若干意见》[8]。文件要求强化实践教学环节、深化实践教学方法改革等，并明确规定："理工农医类本科专业实践教学占总学分（学时）的比重不少于25%"，再次把工程实践能力培养提上议事日程。真实的工科类专业实践兼具创新、设计和综合应用于一体，而高等院校零星设置的工程实践训练缺乏系统性和制度保证，对于亟需变革的工程教育委实杯水车薪。[4]

　　近几年，重庆文理学院本着工科教育回归工程的理念，对机电类专业实践教学体系进行了综合改革，探索形成了工程实践能力与创新创业能力结合的"双螺旋"人才培养新模式，并采取了"分层进阶式、模块项目制"的教学方式，如图1所示。经实践证明，该模式能够大大提高学生工程实践能力，在创新创业方面也取得了突出成绩，总体成效显著。

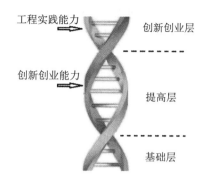

图 1　实践课程体系"双螺旋"模型示意图

一、基于工程实践与创新创业能力培养的实践教学体系

（一）创新人才培养模式，突出创新创业能力培养

2015 年 6 月 9 日，国务院办公厅印发《关于深化高等学校创新创业教育改革的实施意见》，全面部署深化高校创新创业教育改革工作。该意见对推进高等教育综合改革，推动大众创业万众创新具有重要意义。[7]创新创业教育的根本任务是培养大学生具有一定创新精神、创业意识和创业实践能力，其核心是培养大学生创新精神和创业能力，实现人才培养从注重知识向更加重视能力和素质转变，提高人才培养质量。[9-13]

重庆文理学院开设有机械工程、机械电子工程、材料成型及控制工程等多个机电类工科类专业，重点培养机械设计、机械制造、工艺设计、工业机器人与高端智能装备集成应用、模具设计及材料成型工艺等工程技术人才。工科类专业的实践课程教学是人才培养体系中的核心环节之一，我们对传统实践教学环节进行了综合改革，构建了工程实践能力与创新创业能力相结合的"双螺旋"人才培养模式，利用市级"机电创客空间"，结合技能大赛及工程创新大赛等平台开展多层次、多模块的实践教学。部分实训项目采取真题真做的形式，将学生作品对照企业合格产品标准严格要求，学生也可以将创新思维与毕业设计、科研项目和学科竞赛结合并设计制作创新作品，并向创业延伸。学校提供设备、场地和适量经费等便利条件。好的作品通过创客空间、微创园等创新创业平台直接变为商品或直接创业，实现了课内外教学与创新创业的有机融合。通过这种模式学生的学习热情与创新创业意识大大增强。

（二）改革教学方法，实施"分层进阶式、模块项目制"教学

根据工科类专业的特点采取了"分层进阶式、模块项目制"的创新教学方

法，如图2所示，构建了模块化教师团队，教师根据特长分模块、按项目教学。在学生不同学习阶段逐级采取基础层（工程认识、工程技术基础实践），提高层（工程综合实践）和创新创业层（综合性、创新性技能训练）3个层次分层进阶的教学方法，解决了教师教学内容繁杂，学生学习困难，实践教学缺乏系统性的问题。各教学层次由不同教师专门负责，分模块逐级实施。实践教学环节所采取的项目化与体验式教学在澳大利亚墨尔本大学的课程改革中同样被采用，并在该校课程改革中取得了极大的成功。[14]

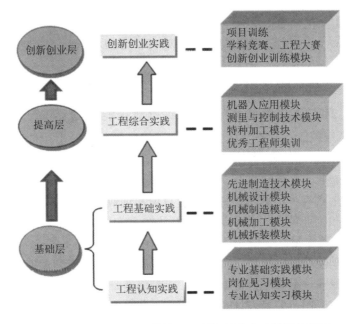

图2　"分层进阶式、模块项目制"教学方法模型示意图

基础层（工程认识、工程技术基础）。本阶段主要通过专业基础课程实验、专业认知实习和岗位见习指导学生掌握专业相关的学科基础知识、技术应用基础，熟悉零件的工艺特点和加工工艺，了解传统及现代加工装备的原理、特点，增加学生对机械设计制造方法、原理及过程，电子及控制技术基础等知识的学习。

提高层（工程综合实践）。本阶段主要采取理实一体化教学，通过专业技术实践、工程综合实践等课程的教学实践使学生学习掌握专业知识与技能，体验学习工程综合实践及相关测量、加工仪器设备的操作方法，应用所学专业知识分析解决工程问题，在教师的指导下逐步培养学生的专业技能、工程素质与工程能力。

创新创业层。采用学生为主的项目式与探索式教学，通过创新项目、科研项目、学科竞赛、科技创新竞赛、创业大赛、毕业设计等环节，引导学生自主学习，将所学专业知识解决实际工程技术问题，为培养学生的创造性思维与工程综合能力而进行的综合性训练。该阶段学生进入创客空间自愿组成项目小组或创新创业小组，自主选择设计题目，进行分工协作，设计产品，选择合适的加工方法与工艺进行生产实施，并向创业延伸。该阶段实习从选题、设计到制造均由学生自主完成，教师不直接参与，只是引导、启发、保障实习的顺利进行。通过综合性、创新性技能训练，可强化学生分析设计及工程管理的能力，为学生提供个性化成长、施展才能和展示自我的机会。

二、工程实践与创新创业能力培养的实施路径

（一）整合更新教学内容

科学技术的发展，生产力的进步改变了传统的生产方式。新材料、新技术、新工艺、新装备在现代工业制造中被大量采用。如果教学仅停留在传授传统内容，不增添新知识、新技术，培养的学生就跟不上时代发展和社会需求。因此，我们对实践教学体系进行了综合改革，根据科学技术的发展，生产力的进步更新拓展了教学内容，将数控加工、激光加工、3D 打印、机器人运用等反映现代先进加工制造技术及工艺的新知识、新技术融入机电类专业实践课程教学内容中，解决了原有教学内容陈旧，与行业企业生产实际脱节的问题。为使实践教学更系统、更高效，我们将实践教学组合划分为专业基本技能及工程基础模块、专业综合能力与先进制造技术模块以及创新设计与制造模块等 3 个模块，模块间相互递进、相互衔接，学生不但能够学习到专业及工程师必备的知识、技能，也能学习掌握机器人应用等先进的制造加工技术。

（二）改革教学模式

实践课程的重要目的是训练并提升学生的专业技能、创新能力及工程实践能力。传统的实践课程通常采取集中实验或实训的方式，并在相关教学计划中统一安排，这种运行方式具有较完善的管理模式和易操作性。然而，这种方式通常内容格式化、标准化，项目固定化，不利于学生自主学习，也不利于学生个性化发展及创造性思维锻炼。我们经过不断探索，创新了教学形式，打破了原有固定统一的实践教学形式，采用"集中 + 分散，固定 + 自选（自拟）"的模式开展教学。具体为：专业基础性实践采取集中教学的模式，重点培养学生的工程认知、工程技术基础和专业基础技能；而专业技术性实践及创新创业层则采用项目制分散教学的方式，学生可以根据自己的时间和兴趣特长选择实践项目，也可以自拟

项目开展创新性探索。"集中＋分散，固定＋自选（自拟）"的实践教学模式有利于学生的个性发展，有利于学生创造性思维的培养。

（三）改革考核评价方式

科学合理的考核评价方式是保证实践教学效果的基本保障。要提高实践教学质量，必须建立完善的考核评价机制，对各个环节加以科学考核。我们对实践课程的考核评价方式进行了改革，鼓励教师实施多样化的考核评价方式，减少期末答题式考核。目前已进行考核评价方式改革的课程达到80%，采取的考核评价方式主要有过程评价考核、实作考核、答辩考核、项目认定考核、评定考核等，同时《金工实训》等课程还将企业生产管理引入课程考核评价，从产品实际生产管理的角度出发，制定出严格的考核评价标准，从加工工艺路线、加工精度、加工尺寸几方面进行考核，重点考核学生所加工产品的质量。考核内容包括应知和应会两方面，应知主要考核学生对专业基础知识的掌握情况，而应会则重点考核学生工艺编制、仪器设备的使用等专业技能。

（四）改革教学方法和手段

采用模块化教学方法，在实训课程中将任务分解为若干相对独立的教学模块，每一教学模块均有具体的教学目标、教学要求以及时间安排，形成周密的实践教学计划。以学生实践为主教师讲解为辅，讲练结合的"理实一体"方法教学。讲练结合的教学方法是提高实践教学效果的有效方法，在内容具体、实际操作性强的实践教学中效果尤为突出。将单一、零碎、缺乏系统性的实践教学转变为以设计制造技术为核心的综合性实训，使学生对整个设计制造流程、工艺过程、加工方法有完整的认识。如数控加工实训，在学生已掌握数控编程、机床操作和加工方法等有关知识基础上，根据零件图设计出零件的加工工艺卡片，并独立完成零件的加工，由教师和检验员检验评分；机械工艺实训要求学生根据所给的材料，自己确定工艺，设计、加工一件有实用价值的产品，达到科学合理、适用美观的要求；仿真实训课程中引入现代化的仿真及多媒体教学手段，使学生既能够及时了解国内外最先进的制造装备、加工技术和生产工艺，而且对一时难以开展实训项目，学生也可以通过仿真模拟学习了解，使实践教学更具前瞻性。

在创新创业层采用以学生为主、师生互动的教学方法，实施个性化培养，学生在技术创新型实践过程中自己发现问题、独立解决问题，全方位培养学生的工程实践能力和创新创业能力。通过实践教学培养学生实事求是的科学态度、百折不挠的工作作风，勇于开拓的创新意识和相互协作的团队精神。

（五）实践教学与创新创业实践教育有机融合

实践教学中融入创新创业实践教育是工程训练的重要特征之一。传统的实践课程通常采用固定的教学模式与固定的教学内容，这限制了学生创造力的发挥和施展，也不利于个性化人才培养。我们将实践教学与科研项目、创客空间项目、学科竞赛、技能大赛、工程创新大赛、毕业设计等平台结合，学生凭借自己的创新思维进行设计和制作产品，并向创业延伸，学校提供设备和适量经费及便利条件，这大大激发了学生的创新热情，有利于学生创造性思维的培养。据统计，近3年学校机电类专业总计获得市级以上奖励50余项，其中一等奖17项，二等奖29项；获得科研项目15项，公开发表科研论文14篇，申请专利5项，多人注册了公司成功创业；中国青年报专题报道了我校应用型人才培养的成功经验与做法，[15]对此中青在线、网易新闻中心、凤凰教育、中国网、人民网等10余家主流媒体也进行了跟踪报道，受到社会的普遍关注与认可。

三、结语

通过创新教学模式、创新教学方法以及对教学资源的有机整合，构建了科学有效的实践课程教学体系，突出学生的工程素质和创新创业能力培养，促进学生个性化及创造性发展，建立了特色显著的工程技术人才培养体系和管理机制。一是人才培养模式创新，探索形成了工程实践能力与创新创业能力相结合的"双螺旋"教学新模式。把创新创业教育融入实践教学之中。二是教学模式创新，探索出了"分层进阶式、模块项目制"的教学新模式，教学中采取了基础层、提高层和创新创业层三层次分层进阶，实现了实践教学从第一学期到第八学期的不间断。同时还采用了"集中+分散，固定+自选（自拟）"的创新模式进行教学，学生可以根据自己的时间和兴趣特长选择或自拟创新实践项目。三是教学内容创新，拓展增加了新技术、新工艺、新装备等内容，根据实际新编出版与满足教学实际需要的特色应用型教材。部分实训项目实现了学校教师与企业技术人员联合授课，并安排学生进入企业，在企业技术人员的指导下感受并实际参与企业实际生产，具有较高的推广应用价值。

（本文发表于《学术新视野》2018年第1期。）

参考文献

[1] 陈鹏. 工程教育如何从大到强 [N]. 光明日报, 2014 - 11 - 16 (004).

[2] 宗河. 首份中国工程教育质量报告出炉 - 多视角多层次多维度呈现中国工程教育质量 [N]. 中国教育报, 2014 - 11 - 14 (001).

[3] 国务院关于印发《中国制造 2025》的通知 [EB/OL]. (2015 - 5 - 8). http://www.mof.gov.cn/zhengwuxinxi/zhengcefabu/201505/t20150519_1233751.htm.

[4] 吴婧姗, 邹晓东. 回归工程实践: 欧林工学院改革模式初探 [J]. 高等工程教育研究, 2013 (1): 40 - 45.

[5] Richard K. Miller. Rethinking Engineering Education: Richard K. Miller [J]. Research Technology Management, 2013, 56 (6): 68.

[6] 李凤红, 邹雪梅, 陈延明. 面向工程实践能力培养的教学改革与探索 [J]. 实验科学与技术, 2015 (3): 126 - 129.

[7] NSB. Moving Forward to Improve Engineering Education (NSB - 07 - 122). NationalScienceFoundation, 2007: 58. http://www.nsf.gov/pubs/2007/nsb07122/nsb07122.pdf.

[8] 教育部等部门关于进一步加强高校实践育人工作的若干意见 [EB/OL]. (2012 - 1 - 10). http://www.moe.gov.cn/srcsite/A12/moe_1407/s6870/201201/t20120110_142870.html.

[9] 国务院办公厅关于深化高等学校创新创业教育的实施意见 [EB/OL]. (2015 - 5 - 4). http://www.gov.cn/zhengce/content/2015 - 05/13/content_9740.htm.

[10] 董颖, 郑友取, 李俊. 地方高校创业教育的模式探讨 [J]. 高等工程教育研究, 2016 (4): 95 - 98.

[11] 鲁宇红, 张素红. 对大学生创业教育和创新教育关系的分析 [J]. 江苏高教, 2011 (6): 106 - 108.

[12] 周祖翼. 加强创新创业教育, 提高人才培养质量 [J]. 中国高等育, 2013 (8): 42 - 43.

[13] 霍正刚. 工科院校大学生创新创业教育的策略 [J]. 教育探索, 2012

（10）：147 - 148.

［14］郑忠梅. 从"墨尔本模式"到"墨尔本课程"—墨尔本大学的课程改革及发展启示［J］. 重庆高教研究，2016，4（1）：115 - 122.

［15］赵立兵，田文生. 机器人职业教育迎来春天［N］. 中国青年报2015 - 10 - 26（011）.

《展览策划与组织》应用型课程
改革的实践与思考

冉晓芹

为了更好地适应展览业的迅速发展，深化应用型课程改革创新，本文探讨了在《展览策划与组织》课程改革和实践过程中，以"突出展览工序流程应用实践，融汇公司创业项目管理理念"为目标进行课程改革。具体以行业需求为导向，教学内容突出展览工序流程；以具体项目为依托，教学方法强调典型工作任务；以技能提升为目的，实践环节突出具体工作岗位；以多重评价为抓手，考核方式关注学生管理意识；以资料平台为媒介，教学资源倡导师生共建分享为举措，推进课程的应用型改革和实现专业核心课程在学生创新创业过程中的积极作用。

国务院在 2015 年出台的《关于进一步促进展览业改革发展的若干意见》中，提出加强会展人才体系建设，需要深化教育教学改革，"培养适应展览业发展需要的技能型、应用型和复合型专门人才"[1]。重庆文理学院历来注重应用型人才的培养，为了积极响应学校教育教学改革的号召，认真探索应用型人才培养和学生创业就业的实施路径，《展览策划与组织》课程改革在积极借鉴和吸收国际国内展览业项目的基础上，结合学生的实际情况，以"突出展览工序流程应用实践，融汇公司创业项目管理理念"为目标，采用项目管理的方法进行建构，着眼于科学全面地培养学生的综合素质，强化实践能力、应用能力、创新能力、创业能力和管理能力，充分调动学生的主动性和积极性，激发学生的创新思维和创业精神。

一、课程基本情况

《展览策划与组织》课程是重庆文理学院会展经济与管理专业的专业核心课程之一，是为会展专业应用型人才培养服务的。早在学校 2004 级工商管理（会展商务方向）应用技术本科课程的设置时，展览策划与组织的应用性就被凸显出来。在多版人才培养方案的改革过程中，会展经济与管理课程围绕建构应用型人才培养体系进行了全新的设计与改革,《展览策划与组织》专业核心课程的地位从位动摇,应用型课程功能不断完善,以专业课程引导学生创新创业的影响逐渐显现。

二、课程总体教学目标

本课程着眼于科学全面地培养学生的综合素质,强化实践能力、应用能力、创新能力、创业能力和管理能力,充分调动学生学习的主动性和积极性,激发学生的创新思维和创业精神,以适应随着中国展览业的迅速发展,面对多样化的国际竞争与合作,展览行业对人才提出的"技能型、应用型和复合型"的需求。

课程坚持理论与实务相结合,以培养学生的展览策划与组织专业技能为目的。逐步形成丰富、反映时代特色的课程理论体系,使会展专业学生通过学习该课程,逐步树立科学的、符合市场运作规律的展览策划与组织的知识体系;通过实践技能训练和模拟市场运作,使学生能用科学的市场观念去策划和组织展览会,并能正确地评价各特色的展会案例,创造性地生成合乎时代特点、符合市场需要的展览策划能力与技能。构建开放的、立体的、面向全市场化的展览策划平台,为学生后继发展性提供了丰富的理论和实践资源。

三、应用型课程改革的创新与实践

(一) 以行业需求为导向,教学内容突出展览工序流程

在课程应用型教学模式的改革与实践中要培养学生理解国家政策,熟悉本地展览市场,掌握国际国内展览企业经营管理模式,熟悉具体展览项目的策划与组织的理论与技能。同时根据国务院办公厅《关于深化高等学校创新创业教育改革的实施意见》中"挖掘和充实各类专业课程的创新创业教育资源,在传授专业知识过程中加强创新创业教育"[2]相关精神。课程教学团队认真思考,提出课程教学内容以行业需求为导向,透视展览工序流程。通过公司项目统领,引导学生成立会展公司,在培养学生创业意识和项目管理能力的基础上,以培养学生展览策划与组织的综合能力为主线,教学内容按照展览项目策划、展览营销推广、展览现场服务与管理、展览后续总结与评估的展览工序流程展开。如图1、图2所示。

在课程的教学过程中,课程教学团队认真召开集体研讨,基于国务院《关于进一步促进展览业改革发展的若干意见》中为展览业的发展提出的"坚持专业

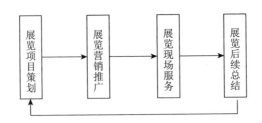

图1 展览工序流程图

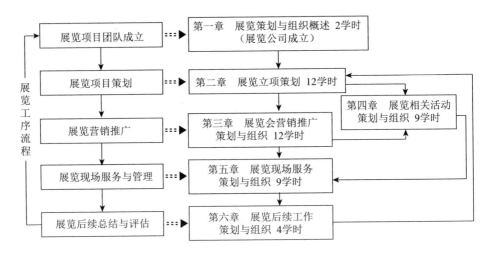

图2 展览工序流程与教学内容对应图

化、国际化、品牌化、信息化方向"的指导思想，广泛收集国际国内展览实例。例如中国进出口商品交易会（CHINA IMPORT AND EXPORT FAIR 广交会 Canton Fair）、中国国际电子信息博览会（China International Electronic Information Expo）、中国（重庆）国际投资暨全球采购会（China Chongqing International Investment and Global Sourcing Fair 渝洽会 CCISF）、香港玩具展（Hong Kong Toys & Games Fair）、德国汉诺威工业博览会（HANNOVER – MESSE）、美国芝加哥国际家庭用品展览会（The International Home ＋ Housewares Show）、意大利米兰国际家具展（The Milan Furniture Fair，Italian：Salone Internazionale del Mobile di Milano），结合学生的实际情况进行积极引导，把教师为主导的理论阐述及讲解，和以学生为中心的实践训练结合起来。

图3　部分教学展览案例标志

图4　2014会展专业启策会展公司介绍

（二）以具体项目为依托，教学方法强调典型工作任务

教师转变观念，在充分发挥教师的主导作用的同时，坚持以学生为中心的教学理念。积极引导学生组建展览公司，根据展览工序流程的不同阶段，以学生项目团队为单位，通过典型的展览场景，具体的工作任务来激发学生的学习兴趣，强调角色扮演中的身份意识和岗位技能，锻炼学生的公司创业和项目管理能力。教学活动以具体的展览项目为统领，分阶段练习，模拟市场运作的方式进行，充分体现"教"与"学"的互动。以项目为依托的方式，弱化了理论课程章节的割裂，典型的工作任务，有力地激发了学生的学习兴趣。

（三）以技能提升为目的，实践环节突出具体工作岗位

为了更好地实现实践教学对应用型人才培养的基础作用，需要"在教育教学各环节中强化实践教学，突出实践能力、专业能力、职业能力的培养"[3]。因此在《展览策划与组织》课程实践教学环节中，根据行业发展现状和学生在课程

图5　2012级会展专业学生公司logo和2011级会展专业学生公司胸牌

图6　会展专业学生公司完成的策划方案及展会参展嘉宾证

前进行校外实训调研会展公司构成情况等，结合教师上课分析的英国励展博览集团、杜塞尔多夫展览（中国）有限公司、重庆国际博览中心有限公司、重庆国际会议展览中心经营管理有限公司等公司内部组织结构，分别建立会展公司。在学生明确展览流程中的工作岗位及所需技能的基础上，组建展览公司，成立项目团队，设计具体展览项目的策划与组织实施。通过平时训练、展览工作岗位实践和展览后续总结评估，全方面提升学生展览策划与组织技能，为课程后市场化运作的校园展会——重庆永川学生用品展和今后的工作实践做好充分的准备。

图7　学生进行标准展位搭建

在课程的实践环节中，实现学生到公司员工的角色转变，在具体的项目操作中，各家公司既明确分工，又团结协作。特别是在项目策划和具体的展会实践中，每家公司根据要求完成自己公司策划的展会的组织实施，每一位公司成员熟悉展会的不同工作岗位。

（四）以多重评价为抓手，考核方式关注学生管理意识

在考核方式上，采用"1＋2＋3＋4"多重评价（即一个项目依托＋两种考试形式＋三个成绩构成＋四个考核视角），摆脱了以往单一的理论闭卷考试，使考试标准与行业接轨，激发了学生的积极性和创造力，强化学生管理意识。

1. 一个项目依托

在课程考核上，根据行业展览会项目运作特点，结合教学内容，全学期以学生项目团队的具体展览项目为依托，按照展览工序流程，分阶段评价，要求学生展示具体的展览项目策划方案、展览营销推广成果、展览服务和管理现场，展览后续工作及评估报告。

2. 两种考试形式

本课程采用理论考试与实务考核相结合的方式，考察学生的展览策划与组织基本理论掌握的同时，强调具体展览项目的策划与现场组织实施技能。考试采用理论考试（闭卷）与实务考核（开卷）相结合的形式考核学生成绩。理论考试考查学生基本理论的掌握，实务考核通过模拟市场运作的方式进行，让学生在平时学习和课程考核的过程中完成具体展览项目的策划与组织实施，重点考查学生前期展览会方案的撰写，展览会各项筹备工作，到展场的布置，及展会现场的组织和管理，展览后续及评估的相关技能。

3. 3 个成绩构成

根据展览会项目特点，本课程综合成绩评定由 3 个部分构成，具体评定办法如下：期末成绩（考查，展览项目策划与组织综合考核）成绩占 50%（行业专家和教师共同考核），阶段性测试（考查，展览项目进度和展会案例分析）占30%，平时成绩（课堂参与度和作业设计）占 20%（由学生公司评价、学生个人评价和主讲教师评价共同构成）。

4. 四个考核视角

在成绩的评定过程中重点突出学生展览策划与组织的实际能力考核，注重过程考核，引入学生自我评价、模拟公司主管人员评价、行业专家评价、教师评价4 重考核视角。在《展览策划与组织》的期末考试中特别邀请 2005 级会展专业校友原重庆国际会议展览中心策划分公司副总经理，现任重庆萨拉伯尔展览公司

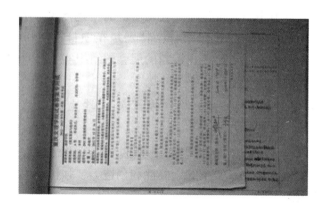

图8 《展览策划与组织》理论考试试卷

总经理周立波、重庆枫缘传媒公司总经理覃川与主讲教师一起完成实务考核，保持课程考核要求和企业、行业接轨，在有效地提升学生的积极性与创造力，同时加强学生的自我管理意识的。

在展后评估环节，学生们对课程的改革给予了充分的肯定，普遍表示这种将理论知识融合在实践中的实务考试有效地提升了自身的实践能力，在"四个考核视角"的改革中，加强了自身的管理意识，在与周立波总经理和覃川总经理的交流中更好地了解行业对会展人才的要求、创业经验以及自己努力的方向。

（五）以资料平台为媒介，教学资源倡导师生共建分享

在应用型课程改革的过程中，项目还围绕环境营造，为学生搭建学习资源平台，完善校园网络课程资源建设，师生共同建设知名展览资料库，和学生策划和组织的校园展会影像资料库。同时鼓励学生多参与知名展览会志愿者服务工作，积极参加全国及重庆会展专业技能大赛，并与其他同学分享心得体会。目前学生在全国会展策划大赛上屡创佳绩，校园会展——重庆永川学生用品展已经成功举办九届，学生服务过的展会包括中国（重庆）国际投资暨全球采购会、立嘉国际机械展、重庆车展等展会，获得了丰富的展览策划和组织的实际经验，这些都共同构成了课程的教学案例，建立了良好的师生互动平台。另外还聘请行业展览策划与管理专家为学生深度阐释展览会的运作规律，为学生后继发展提供丰富的理论和实践资源。

经过不断地改革和实践，《展览策划与组织》应用型课程改革效果显著，对学生展览策划与组织技能的提升、学生公司创业和管理意识的强化起到重要作用。一批批学生已经成长为会展公司的业务骨干，部分学生毕业后创办了自己的公司。作为会展经济与管理专业的核心课程，《展览策划与组织》课程在未来的

参赛院校：重庆文理学院
指导老师：冉晓芹
策划团队：魏皓楠 杨露慈 郑静

图9　会展经济与管理专业学生展览策划方案蝉联全国会展策划比赛一等奖

改革中将继续突出展览工序流程应用实践，融汇公司创业项目管理理念，切实提高课程的教学质量，提升学生综合素质，以适应社会经济发展的需要。

参考文献

［1］关于进一步促进展览业改革发展的若干意见［EB/OL］.（2015 - 04 - 19）. http：//www. gov. cn/zhengce/content/2015 - 04/19/content_9621. htm.

［2］关于深化高等学校创新创业教育改革的实施意见［EB/OL］.（2015 - 05 - 13）. http：//www. gov. cn/zhengce/content/2015 - 05/13/content_9740. htm.

［3］陈小虎，杨祥. 新型应用型本科院校发展的 14 个基本问题［J］. 中国大学教学，2013，（01）：17 - 22.

基于项目制为导向的服务营销课程
综合教学改革

苏　燕

作为工商管理类专业主干课程之一的服务营销学是一门实践性很强的课程，其传统的理论或案例教学弊端日益凸显，亟待教学改革。本文以项目制为导向，模块化教学内容、细化项目任务，采用项目任务驱动、情景体验和互动评价等教学方法以及过程、形成性评价等考核方式，开展服务营销课程综合教学改革，以促进学生思维、方法和习惯等训练，提高学生的服务营销职业能力和实战技能。

教学改革是学校改革的核心，是提高教学质量，提升人才培养工作水平，实现应用型人才培养目标的必要之举。因此，在《中共中央、国务院关于深化教学改革，全面推进素质教育的决定》指导下，系统探究如何从教学内容、过程、方法以及教学评价等方面进行综合教学改革，具有重要的理论和现实意义。

一、服务营销课程教学现状

服务营销学是市场营销专业学生一门必修课程，其理论性、实践性和技术性都比较强。该课程教学工作旨在培养学生的服务营销职业能力，为社会培养服务营销实战型技术人才。同时，要求学生在系统学习服务营销学的基本概念、特点和理论的基础上，初步掌握服务营销战略问题以及服务企业市场定位、营销规划的基本理论与技能，进而形成正确的服务质量观，并能有效组织服务营销活动全过程。然而，服务营销学课程教学现状堪忧，其主要表现如下：

（一）教学内容陈旧，实践教学缺失

目前服务营销学教材的选择面不广，缺少将理论教学与实践教学紧密结合的实用性教材，教材的编写多偏重于理论，内容较为死板，案例陈旧，不新颖。教学内容已不能紧跟时代步伐，迫切需要改革。同时，因对服务营销的学课程定位不一致，部分高校定位为专业核心课程或专业基础课，在教学课时设计中，一般是39、42、48课时不等。但多数院校选择39课时，教学课时计划主要是理论教学，难以满足实践教学需求。由于教师自身的服务营销实践能力、教师在教学改革中投入精力等原因，教学还停留在课堂当中，并没有走出教室，理论教学还是

核心,课程设置缺乏对学生实践能力的考虑。此外,由于没有稳定的校外实习基地,以及缺乏服务企业的长期合作机制,难以突破服务营销学的实践教学瓶颈。

(一)教学方法和考核方式单一

目前服务营销学的教学基本上沿用的是理论教学为主、案例教学为辅的教学方法。伴随着教学改革的推进,加上服务营销课程的应用性特点,部分教师开始运用案例教学来增强课程吸引力,加大知识的运用讲解力度。案例教学能有效地帮助学生理解具体服务营销知识在实践中的运用情况,但在案例教学中所涉及的案例多是国外企业较为典型的案例或国内知名企业的案例,学生总觉得离自己比较遥远,效果往往一般。以理论为主、案例为辅的教学形式,较好地保证了理论的系统性,但这种教学方式在经济飞速发展、职业要求更高的今天是远远满足不了学生、社会、企业需求。同时在考核方式选择上注重理论考核,期末考核,忽视了平时的课堂训练和实践能力的考核。

二、以项目制为导向的综合教学改革内涵

项目教学法,是一种对学生综合能力进行培养的方法,是师生通过共同实施一个完整的项目工作而进行的教学活动,它能提高学生的综合职业能力和技能,具有实践性、自主性、发展性、综合性、开放性等特点,非常适合服务营销学课程教学目标。服务营销学以项目制为导向开展综合教学改革实际上是将理论教学过程与服务营销工作过程有机融合,以某一企业服务营销项目为核心主项目,按照工作任务逻辑过程,精选若干个子项目,将教学目标、教学内容融合到各子项目任务中去。也就是将服务营销学知识转化为多个与学生的学习、生活、工作、创业相结合的多个子项目任务,按照工作过程组织设计教学内容和学习内容。同时在项目化教学操作过程中改革教学和学习方法,采取以学生为主体,以自主学习和小组合作学习完成项目任务,教师提供指导和监控,对学生提交的项目任务作业进行检查、评价,促使学生在项目任务的完成过程中掌握服务营销理论和技能。考核评价采用小组合作,并以平时考核与期末考核相结合,个人考核与小组共同考核的方式完成考核评价。最终通过综合教学改革提升服务营销专业学生专业知识和岗位技能,从而满足社会和工作需要。

三、项目制综合教学改革在服务营销课程中的实践

(一)以项目制为导向,整合课程教学体系

1. 模块化课程内容

服务营销是企业在充分认识满足消费者需求的前提下,为充分满足消费者服

务需要在营销过程中所采取的一系列活动。因此在课程内容选择与组织方面，淡化学科体系，打破按部就班安排教学内容的传统方式，以学生在企业从事服务营销工作职业岗位及其生涯发展为基础，以服务企业创建、运营、管理、发展为主线，设计教学模块。本课程教学从开学之初选择具有可操作、学生能够"做"的工作任务内容。根据服务营销活动过程，将服务营销学分为了服务营销基础理论、服务市场分析与战略规划、服务营销策略、服务营销管理4大模块（见表1）。这4大模块设计，体现了服务营销的逻辑性，也突出了实践性和可操作性特征，不再是传统上的分章节的孤立行为，而是使知识服务于企业服务营销的实际工作过程，教学内容更加贴近学生工作、生活实际。

2. 构建项目任务化实践教学体系

在服务营销课程开课之前，教师首先确定一个服务营销企业创业大项目，结合具体的服务营销课程内容体系和模块化的教学内容板块，按照工作过程，创设教学情境，形成项目任务。在此基础上，分析工作任务背后学生所应掌握的服务营销理论知识和实践工作技能，以此确定各个教学板块的能力训练项目和程度，化大为小，化整为零，便于学生接受，也便于教学实施。即是说，以4个教学内容模块为基础，依据核心项目创设项目背景和项目任务，设置14个具体的子项目任务把教师的教学和学生的学习过程以及今后的工作岗位相结合，具有很强的实践性和可操作性，将学生的能力培训贯彻教学始终，真正将能力训练落到实处，达到培养应用型人才的目的。学生在掌握服务营销基础理论知识的同时，提升了岗位职业能力。

表1　《服务营销学》模块化＋项目任务化课程体系

主体项目	教学内容模块	章节内容	子项目背景	项目任务	课时
××茶艺文化培训公司整个服务营销过程	模块一：服务营销初体验	第一章：服务营销本职及过程 第二章服务营销理念	确定项目主题，为顺利完成项目任务做理论铺垫	任务1：请谈谈你对服务营销的认识 任务2：请谈谈你对几种营销理念的认识	3
	模块二：服务营销战略分析（STPF分析）	第三章：市场探查：区域环境分析了解消费者行为；市场调查 第四章：市场细分与目标市场选择和市场定位	现需成立××茶艺培训公司，你将负责××茶艺培训公司成立的前期消费者行为、市场调研、市场细分和市场定位工作	任务3：结合该公司所在区域和消费者行为分析，撰写××茶艺培训市场调查报告 任务4：根据调查报告细分茶艺培训公司市场与目标市场的选择以及明确市场定位	6

主体项目	教学内容模块	章节内容	子项目背景	项目任务	课时
××茶艺文化培训公司整个服务营销过程	模块三：服务营销7P策略	第五章：产品策略 第六章：价格策略 第七章：渠道策略 第八章：促销策略 第九章：人员策略 第十章：过程策略 第十一章：有形展示	成立××茶艺培训公司，依据前期市场定位，负责××茶艺培训公司成立后制定的7P策略	任务5：请为××茶艺培训公司做服务产品策略 任务6：请结合价格策略为××茶艺培训公司提供的产品进行定价 任务7：请结合渠道策略分析××茶艺培训公司服务营销渠道 任务8：请结合该项目所在地情况做××茶艺培训公司的促销策略。 任务9：请结合服务人员策略，策划撰写××茶艺培训公司服务人员管理方案 任务10：请结合服务过程策略，设计××茶艺公司服务流程 任务11：根据有形展示的构成要素，设计××茶艺公司的有形展示	21
	模块四：服务营销管理	第十二章：服务质量管理 第十三章：建立顾客忠诚度 第十四章：服务企业管理文化	××茶艺培训公司正式运营后的顾客、质量及文化管理	项目12：撰写开展××茶艺公司服务质量控制措施 项目13：撰写建立××茶艺培训公司建立顾客忠诚度的办法和措施 项目14：撰写××茶艺培训公司企业管理文化	9

注：项目的选择以经济发展状况为背景，根据年级和学期不同，选择服务行业不同项目。

（一）以任务为驱动，改革教学方法

结合学生实际和人才培养目标要求，课程教学方法坚持"教中学、学中教、学中做，做中学"一体化的原则，激发学生学习兴趣和学生的主动性，培养学生创新意识、团队精神和职业方向感。

1. 项目任务驱动教学法

采用项目任务驱动教学法，可以促使学生以项目为基础，以任务为驱动，在项目任务的操作过程中理论知识与实际操作知识的有效结合，最终通过项目任务的完成体验职业岗位要求和掌握专业岗位技能，从而能够激发学生的创造力和应用实践能力。本课程以 14 个项目任务为驱动，促使学生不断在完成任务的过程中，思考体验如何进行市场细分和市场定位，如何选择服务营销策略，如何进行服务营销管理，达到任务驱动，主动学习，追溯知识，掌握技能的目的。

2. 情景体验教学法

就是在服务营销教学过程中结合项目任务给学生创设一种可观、可感的项目情景，让学生在情景中体验任务要求，并在体验中感知怎么才能完成项目任务，怎么才能做好项目任务。如在讲述服务营销有形展示时，将学生放入××茶艺公司开业中，让学生在情景体验中策划该公司应该怎么做才能将服务做到有形展示，并深入人心。这样的情景体验有助于贯彻课程教学始终，增强教学的吸引力和实效性。

3. 互动评价教学法

互动评价教学法，改变了传统的以老师为主体的教学模式，让学生参与到项目任务的质量和完成情况的评价过程中，这既是对被评小组知识掌握和运用能力的评价，也是一种主动学习、主动参与的过程。通过互动评价提高了学生发现、分析、解决问题的能力，同时也能活跃教学气氛，提高教学效果。

（三）以能力为本位，改革考核评价方式

考核评价方式既突出能力考核，又兼顾知识和素质的考核；既注重学习效果的考核，又兼顾学习态度、学习过程的考核；既以教师评价为主，又适当考虑学生自评、互评的结果。因此，配合教学改革的关键是完善评价考核方式，为了使考试过程突出学生的服务营销实践能力，一方面，采用实战为主、以理论为辅助的考核方法；另一方面，采取平时学生评价成绩10% + 期中作业20% + 平时作业10% + 期末成绩60%的考核方式。

1. 学生评价成绩

以小组为单位，由学生自评和互评构成。

2. 平时成绩

每次课程，安排两个小组结合模块理论知识，完成项目任务，制成 PPT 课件，做课堂讲述，其他组同学可以自由提问，最后由教师点评，以完成项目任务的态度和质量作为该组平时成绩。

3. 期中作业

结合每个模块项目任务，选择一个项目任务为期中作业，以小组方式开展，小组代表发言（PPT 展示），教师提问，并根据回答情况给予小组成绩分。

4. 期末考试（营销策划书 50％＋现场 PPT 讲述 50％）

以小组为单位，教师给定 2 个实践项目，学生 2 选 1，制作服务营销策划书，并在考试当天，由各组代表制作 PPT 用 8 分钟时间对本小组的策划作陈述。教师和评审小组根据学生总体思路和采用的方法给予现场打分。同时根据小组的营销策划书给出成绩。两者各占 50％，以考核学生的对所学知识的运用和实际策划能力，并考查学生表达和思维能力，达到多方位灵活考察学生的目的。

四、项目制综合教学改革思路设计与操作过程

围绕能力培养的目标，根据项目任务教学的教法思路和教学设计原则，进行设计和操作。

（一）课前调查，选定项目

在选择企业服务项目时，需注意项目的目标性、所选项目的完整性，项目从设计、实施到完成的系统性，并考虑到项目是否体现出教学计划与内容。同时可根据不同年级，不同学期背景选择不同的项目。

（一）自由结组，团队协作

首先，根据学生的基本情况，学生自由组合，然后教师再进行调整，分成 8—10 组不等（每组 6 人）学习小组。通过组建学习小组，培养学生的协作能力和团队精神，在小组组建团队的基础上，选出小组负责人，明确成员分工。其次，各小组在教学过程中，结合教学内容分模块、分小组完成各模块项目任务，并在期末时各小组为选定的服务项目制定营销方案。

（三）参与项目，课堂展示

在每个模块理论讲授过程中，要求每个小组在课后将所学内容与服务企业项目相联系，以该模块的理论知识为引导，以小组为单位，根据选定项目，通过实地调查、网络查找等手段收集资料，集体研究讨论，完成该模块项目任务。并要求学生结合项目任务完成的章节内容，制作成 PPT 课件，在进入新的理论学习之前向全班展示，讨论和答疑，而其他组同学可以自由提问和评价，此举可极大提

高全班学生的参与性和学习的主动性。展示小组结合其他组意见和教师点评指导，修改项目任务，修改后的任务作业作为平时成绩。

随着教学进度，将每一模块的理论知识与选定服务企业项目的实际相结合，增强了教学的实战性、针对性和趣味性，调动了学生的学习主动性、积极性，并强化了学生对基础知识的理解、记忆和应用，提高了学生实战能力。例如：在本课程教学过程中，所授课班级学生以本课程项目营销策划为基础申请注册了微型企业，并在市级创业比赛中荣获银奖。

五、结语

开展以项目制为导向的服务营销综合教学改革，进一步解决了理论与实践脱节的问题，真正实现了理论与实践教学一体化，通过探索合理的教学计划和内容，解决了教学内容与岗位能力培养的匹配问题，推动了学生实践技能训练，形成了以项目制为导向的服务营销实践教学体系。通过改革教学方法和评价方法，促进了学生思维、方法、习惯等训练，进一步解决学生"只会模仿、不会创作，只会操作、不会创意"的问题和学生学习动力不足的问题，提高学生的设计和创意思维的能力，增强学生学习的主动性，进一步提升学生实践能力和岗位职业技能，达成了应用型人才培养目标。

（本文发表于《重庆文理学院学报（社会科学版）》2017 年第 3 期。）

参考文献

［1］丁美琴．项目教学法在服务营销课程中的应用探讨［J］．现代营销，2016（4）：64．

［2］郑锐洪．任务驱动体验式教学模式的过程控制及启示［J］．高教论坛，2015（5）：36－39．

［3］杨楠．基于创新能力培养的营销策划课程教改探索［J］．创新与创业教育，2014（6）：80－82．

［4］黄丽清．应用文写作项目化教学改革与实践［J］．职业教育研究，2013（5）：116－117．

［5］姚飞．营销前沿与技能实训［M］．大连理工大学出版社，2013.1－9．

实践导向的《人力资源开发与管理》课程教学改革

赵　斌

　　《人力资源开发与管理》是行政管理专业开设的一门专业核心课。传统的重理论轻实践的教学已不适应现代应用型大学人才培养目标的要求。分别从教学内容、教学方式、考核方式等方面对人力资源管理课程进行改革，取得了一定的成绩，并分别从学生角度、教师角度、学校角度提出进一步改善《人力资源开发与管理》课程的建议。

　　"21世纪什么最贵？人才！"《人力资源开发与管理》课程是一门让人成为人才的科学，也是一门综合管理学、经济学、心理学、社会学等多个学科知识的现代新兴管理课程。在公共管理学院行政管理专业的核心课程中，《人力资源开发与管理》课程占有重要的地位。2010年以来，学校一直在致力于推动五大教学改革。在五大教学改革中，核心课程的改革是重中之重，在学校的号召下，《人力资源开发与管理》课程也在不断地进行改革探索，试图寻找适合提高行政管理专业学生素质的重要途径。2012年12月，该课程有幸被学校列为专业核心课程改革资助项目的首批课程之一。几年来，该课程结合学校的五大教学改革目标，在教学内容、教学方式、课程考核方式等方面进行着积极的改革尝试，取得了一定的成效，同时在改革中也存在着一定的教训。

一、课程改革措施

（一）教学内容：优化分解

　　实际的人力资源课程教学中主要是从两个方面来设计教学内容。一是按照模块设计各章教学内容。把人力资源管理分为6个模块，即人力资源规划、员工的招募与配置、培训与开发、绩效管理、薪酬管理、员工与劳动关系。在讲课过程中，动态化设计6大模块，既突出各自模块的功能，又强调它们之间的内在联系，通过各种案例向同学们讲述每个模块的思路，同时结合目前社会上非常热门的人力资源管理师资格认证考试中的重难点内容进行讲解，为考取人力资源管理

225

从业资格证的同学在人力资源管理课堂上做好知识的铺垫与强化，增强人力资源课程的应用型与实用性。二是根据人力资源管理 6 大模块内容，适时引入中国古典文学名著经典故事，用古典名著故事来分析现代人力资源管理的基本规律与方法。如根据《西游记》中唐僧师徒 4 人西天取经历程中功劳的大小，用点数法计算各自薪酬和奖金的大小。根据《水浒传》中梁山好汉排座次的故事，讲解岗位价值评估的来源和方法等。

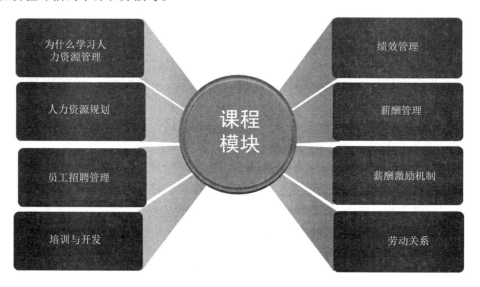

图 1　课程模块图

（二）教学方式：六位一体

1. 案例教学

案例教学是本次教学方式改革中重点采用的手段之一。在每章节开始或最后，利用经典的案例强化学生对本节知识的理解。主要包括以下 6 个环节：一是精心选择和设计案例；二是和全体同学一起阅读案例，提出问题，引发思考；三是小组讨论，教师点拨；四是全班交流，分享成果；五是老师总结归纳，深化提高；最后达到强化技能的目的。

2. 情景模拟教学

在人力资源管理课程中，情景模拟教学的手段也得到普遍应用。比如在开篇，要求学生分成小组组建模拟公司，要有公司名称、组织架构、企业文化、人员分工、经营特色等内容，以后分组在班上向全班同学进行展示。在讲解招聘章节的无领导小组讨论内容时，将学生以 5—7 人为一组分为若干小组，围绕一个既定的情景问题，每组学生先轮流自由发言，然后要求该组学生要再规定的时间达成一致意见，最后再选派一个代表陈述该组的看法；或者以模拟公司为单位直接开展模拟招聘的活动，让学生既体验作为应聘者所需要的求职技能，又学会了作为招聘方选人的重点。通过类似这样的实验，使学生对所学知识有直观的感受，并掌握了一定的方法技巧，从而在情景模拟的过程中，实现对书本上的知识从感性到理性的转变。

图2　情景模拟图

图3　学生发言图

3. 小组讨论法

在课程开始，首先让同学们自由组建小组，以后围绕课程中提出的热点问题或典型案例以及适合采用小组讨论的方式学习的内容，以小组为单位进行讨论，目的是集中大家的智慧，达成一致的效果。

图4　小组讨论图

4. 辩论赛

在人力资源管理课程中，引入辩论赛是一个全新的尝试，同时也受到了好评。在该课程中有很多适合同学辩论的专业题目，比如人力资源管理者是专才还是通才，内部招聘好还是外部招聘好，男性更适合从事人力资源管理工作还是女性更适合从事人力资源管理工作，人力资源部门是盈利部门还是消耗部门等。通过开展辩论赛，使同学们对人力资源专业知识有了更深的认识，同时也激发了大家的学习兴趣。

图5　辩论赛现场图

5. 视频教学法

在人力资源管理领域，有很多优秀的社会培训讲师，这些讲师的授课内容形成的视频也是人力资源丰富的内容。根据课程的内容，选取适当的讲课视频和同学们一起分享，让同学们见识人力资源管理大师的风范，从大师身上汲取所需的营养。

6. 网络教学法

在学校的网络课堂里开通了人力资源管理课程，在网络课程里设置大量的习题供同学们思考，同时开通互动答疑和教学讨论模块，同学们可以利用网络和同学们尽情交流。网络课程摆脱了传统上课时间和空间的限定，并且活跃了大家的业余生活。

网络课程名：人力资源开发与管理

开设人：赵斌

课题中资源类别	数量	文件大小（M）
课题简介	1	0.02
教学大纲	1	0.08
课件与教案	2	23.55
教学视频	4	65.48
参考资料	3	2.94
互动答疑	268	
教学讨论	1167	
作业与测试	10	

图6　网络教学截图

（三）课程考核方式：强化过程

由于该课程是核心课程，大量的理论知识需要同学们掌握记忆，因此仍然采取闭卷考试方式。但在课程考核方式上，变终结式一次性考试为过程式考试，将学生的平时成绩和期末成绩相结合，平时成绩拿不到一半将被取消考试资格。学生总成绩构成：平时成绩：40%；期末考试：60%，其中，平时成绩由上课考勤、期中作业、上课回答问题进行综合评定。满分100分。具体公式如下：

学生成绩＝平时成绩（40%）＋期末成绩（60%）＝100分

平时成绩＝上课考勤（60分）＋期中作业（20分）＋上课回答（20分）＝100分

主题	提出人	身份	时间	状态
人力资源管理案例	赵斌	教师	2013/6/23 22:33:32	开放·
同学们，可以将你班同学的名字编成诗歌赋，看谁的精彩哦。	赵斌	教师	2012/12/28 23:59:10	开放·
宅男与宅女哪个更有市场？	赵斌	教师	2012/12/28 23:17:24	开放·
父母吵架是帮爸爸还是帮妈妈？	赵斌	教师	2012/12/28 23:16:52	开放·
曹操和刘备——谁是更优秀的人力资源管理者？	赵斌	教师	2012/12/28 23:15:14	开放·
人力资源是资本还是成本？	赵斌	教师	2012/12/28 13:12:38	开放·
人力资源的服务性职能和管理性职能哪个更大？	赵斌	教师	2012/12/28 13:11:36	开放·
绩效作用最明显的是物质激励还是精神奖励？	赵斌	教师	2012/12/28 13:10:54	开放·
人力资源管理应该注重人治还是法治？	赵斌	教师	2012/12/28 13:10:02	开放·
企业人力资源部是公司非营利部门还是营利部门？原因？	赵斌	教师	2012/12/28 13:09:31	开放·
HR工作是立足于老板还是员工？为什么？	赵斌	教师	2012/12/28 13:08:25	开放·
唐僧师徒四人你最喜欢哪一个？为什么？	赵斌	教师	2012/12/28 13:03:31	开放·
如何管理你的上司？	赵斌	教师	2012/12/28 13:02:03	开放·

图7　网络教学截图

每旷课一次扣5分，每回答一次问题加5分。

期末成绩＝试卷成绩

二、课程改革取得的经验

(一) 教学主体上：以学生为中心

教育是用生命激活生命的崇高事业，因此在现代教学中，要充分考虑学生的特点，最大限度地激发学生的学习潜力。重庆文理学院是国内一所实施"三标一体"管理的高校，在学校"教育即服务、学生即顾客、质量即生命"的方针指导下，更要紧紧围绕以学生为中心，发挥学生的主体作用，秉承教师只是知识的引导者，学生是知识的创造者的理念，让学生行动起来，充分发挥学生的能动性和主动性，不但要提高学生的理论知识接受能力，还要培养学生的动手操作能力。

(二) 教学内容上：引古典名著借古喻今

《西游记》《水浒传》《三国演义》《红楼梦》作为中国的四大文学名著，是中国古典小说的最高峰。这些作品不但以恢宏的手笔描绘出了中国传统人文、社会、伦理、历史、地理、民俗、心理等方面的内容，而且还蕴含着深刻的人力资源管理思想。用一个个喜闻乐见的名著故事来阐述人力资源管理的道理，可以使枯燥乏味的教学内容变得生动活泼，活跃课堂气氛，最大程度地激发学生的兴奋点，从而有助于学生的记忆和对知识的掌握。

(三) 教学方法上：多种方式多管齐下

单一的教学方式容易使学生产生惰性，产生对知识的抵触心理，弱化思考能力。在课堂上使用多种教学方法要求教师确立新的教学观，克服教育生涯中的惯性，并能调动同学们学习的积极性，激发同学们的好奇心理和探究心理，提高课堂效果。

三、进一步改善《人力资源开发与管理》课程教学的建议

美国"钢铁大王"安德鲁·卡内基曾说过："带走我的员工，把我的工厂留下，不久之后工厂就会长满杂草；拿走我的工厂，把我的员工留下，不久之后我们还会有一个更好的工厂"。从现实意义上讲，学好人力资源管理不仅是对人力资源管理从业者的基本要求，也是对每一位管理人员的要求，因此从行政管理专业人才培养目标出发，学好《人力资源开发与管理》这门课非常重要。

（一）从学生角度

首先学生在上课之前，要通读教材、精读教材，了解本节所讲的重点内容章节框架结构。其次学生要能善于利用各种学习资源，比如互联网、网络课程、图书、杂志等，提高学习能力，开阔视野。最后学生要能在学习中理论联系实际，能用人力资源管理的基本原理和方法解决现实中的问题，同时能通过实践辨明基本原理的适用范围，在学习中不断提高创新能力。

（二）从教师角度

一是教师作为知识的引导者，自身要加强学习，对本课程知识能融会贯通，在讲课过程中能调动学生的积极性，举一反三。二是加强人力资源管理课程的"双师型"教师队伍建设，让授课的老师能有在企业中锻炼的机会，增强人力资源管理课程教师的实战性。

（三）从学校角度

《人力资源开发与管理》是应用性、实践性非常强的课程，学校应加强校企合作，在相关单位建立人力资源管理实践教学基地，给予学生到企事业单位人力资源部门实践的机会和平台，从而提升学生人力资源业务流程的操作技能和实战经验。

（本文发表于《改革与开放》2014 年第 13 期。）

基于项目驱动的《会议策划与组织》实践教学改革

周健华

针对会展专业课程实践教学中存在的学生动手能力普遍不强的问题，以理实结合、提高学生实践能力等综合性实践教学环节的改革为切入点，基于"项目驱动"理念组织教学，并以会议工序流程贯穿整个实践教学。实践表明，"项目驱动法"能将课程理论教学与实践环节有机地结合起来，可进一步提高学生的职业素养和实践创新能力。

《会议策划与组织》是一门理论与实践结合较强的专业核心课程。通过实施实践教学，将理论学习与实践活动结合、课堂教学与行业体验结合，使学生在参与社会实践与行业实践的过程中加深对会议策划与组织的系统知识，掌握会议策划与组织的基本工作程序、基本方法和操作技能，促进学生的全面发展和团队协作精神塑造。

一、《会议策划与组织》实践教学概述

（一）课程性质

会展是一门综合性、应用性很强的新兴学科和实践性极强的学科，无论是本科还是专科层次，实践教学都应是教学中的重点环节。《会议策划与组织》是会展经济与管理本科专业的专业核心课。本课程实践环节是在相关课程完成的基础上进行。通过实践环节，程能够加深会展专业的学生对所学的理论认识深度，并且能够提高学生实际应用和解决问题的能力。

（二）课程目的

一是配合专业理论教学，将理论与实践相结合，巩固并扩宽理论知识。本课程实践教学要求学生能够深入理解各类会议活动的策划、组织、实施、控制与管理等基本理论，并且在实践过程中掌握会议各个过程的要求与操作要点及文案写作；

二是培养和提高学生的学习能力、实践能力和创新能力。通过实践，让学生

直接或间接地"深入"（身人）会议现场（会前、会中）或会展公司内部，体验其中流程、环节、疑难、甘苦……加深对专业课程、理论知识的消化、理解；

三是培养学生从事会议实务的技能。让学生有目标、目的地的参与会议执行、现场管理、现场服务经验技巧，改善和提高自身的动脑、动口、动手、动脑能力，从而适应市场选择、职场竞争的需要；

四是为参加各类会展专业技能竞赛预热准备。通过本课程实践教学，继续探索和实践教学改革，形成独具特色的"以赛促训、以赛促学、以赛促教、以赛促改"的实践教学模式。从实践中学习，撰写出富有创意、具有可行性、客户认可的会议策划方案。

二、《会议策划与组织》实践教学设计思路与载体

（一）实践教学思路

1. 实践教学过程全程化

实践环节应贯穿于教学活动始终，是与教学紧密结合，并非仅仅搞一两次活动而已。实践就是将所学的理论知识用于解决现实问题，对学生这方面的训练应体现在教学活动的每一环节。在这一思路的指导下，本课程教学采用了以项目驱动教学为主，以会议工序流程贯穿整个项目，讲授教学为辅，并配合多种实践方式的"一种为主多种结合"的模式，注重将实践贯彻始终。

2. 实践教学方式多样化

针对《会议策划与组织》课程特点，采用多种实践教学方式。为培养学生的会议策划与组织专业技能，逐步树立科学的、符合市场运作规律的会议策划与组织的知识体系，拓展学生知识的深度和广度的效果，比较适宜采用分组讨论、专题讨论、案例讨论、项目驱动教学、模拟会议实践、行业考察、邀请行业人士做讲座等方式。

3. 实践教学设计需求化

实践是需要学生积极配合的学习方式，究竟什么样的实践形式学生能够接受并且乐于接受，是在设计教学方案时必须考虑的问题，较好地把握学生对实践环节的需求，能有效提高学生的参与度。在设计实践方案时，考虑了采用座谈会、匿名建议的方式对学生的意向进行摸底，作为本课程制定实践方案的依据。

4. 实践教学考核过程化

课程实践应与形成性考核挂钩，应注重过程考核，保证实践质量。在每一个模块、每一个流程讲授完毕后，由学生分组自由选择符合该流程内容的实训内

容。例如：在讲授完会议准备工作内容后，学生可进行会议室选择、会议室现场布置、会场座次安排等小组实训，以一个实际任务驱动，要求同学们通过学习，及时总结相关知识，结合自己的创造，情景演练。合自己的创造，情景演练。我们将学生参加实践活动的态度和表现作为形成性考核的一部分来考核，作为提高学生积极性，保证实践活动质量的措施。

（二）实践教学载体

《会议策划与组织》实践教学的开展是以岗位工作过程的任务项目为单元而开展。项目的开发重视课程与企业实际的结合，项目任务广泛征求企业指导教师和专家的意见，联合制定综合实践课的项目。[1]每个项目主要包含以下几个部分的基本内容：

一是项目任务和训练目标。由具体工作岗位所从事的工作项目确定，说明该项目涉及的职业岗位（群）、项目的具体任务、完成要求。二是知识要求。完成该任务应具备的基本技能要求，说明学生应学习和掌握哪些相关的人力资源知识和技能，以及在岗位中应用计算机操作、外语的能力、信息资料收集、文献检索的能力；岗位工作所需的沟通、交流和团队合作能力等。三是任务描述。对真实工作情景的具体内容如公司性质、岗位情况、真实工作场景、任务的布置等均进行了详细说明，完全来自于真实的工作情景。详细安排。四是训练要求。对工作情景项目训练提出了可供参考的要求，以及学生必须完成相应的基本能力内容训练和应该掌握的相关技能。五是操作说明和操作提示。对工作情景项目的操作过程进行说明，并且具有适当地提示，以便学生可以进一步更好的完成任务或者深入实践。六是工作过程范例。主要针对工作情景任务而设置，目的在于帮助学生了解和掌握在真实情景中如何通过沟通、交流去完成真实的工作任务。在工作过程概述中简单描述了完成任务的基本过程，供教师或学生在实践完成后参考交流。

三、《会议策划与组织》实践项目开发

目前高校大部分课程设置仍围绕知识体系展开，通过知识的学习来安排实践教学的"非情境式实践"，只能学习到简单的管理操作技能，工作过程中特殊的情景模式下的人际沟通技能、职业态度、环境适应能力等却被忽略，这就容易造成学习与工作过程情境相脱离。[2]而实践中实践技能的学习与工作过程情境中人的行为密切相关，学生的实践应当融入岗位工作过程情景中以增进学生理解实践和零距离接触职业岗位。

（一）实践项目设计思路

《会议策划与组织》实践项目开发，是在以岗位任务驱动的课程的开发过程中，将职业岗位（群）的真实工作情景过程转化成多个具体的综合项目，即通过完成"工作过程情景项目"项目的实践来学习和掌握职业岗位工作过程所需的知识和技能，从而培养高职学生真正掌握职业岗位所需的综合实践能力。学生在"工作过程情景项目"项目的驱动下有效开展实践活动，指导教师负责对其过程进行监控和考核，指导学生以积极的态度、合理的方式完成布置的任务，培养学生形成解决职业岗位问题所需的清晰思路、方法和系统技能。

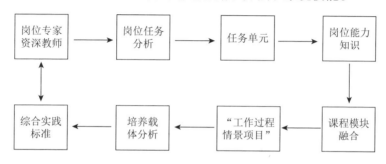

图1　"工作过程情景项目"工学结合范式

（二）实践项目设计开发要点

第一，将课程内容情景项目化。以情景任务项目为载体推动课程实训，项目均以一项实际工作情景任务（企业真实的工作过程活动）为依据，"工作过程情景项目"任务包含从事岗位某项工作所需要的知识和技能，即体现职业岗位要求；

第二，岗位情景任务"工作过程情景项目"项目具有岗位典型性。在实际工作中具有代表性，同时又能涵盖从事职业岗位工作所需要的基本知识点和技能点；这些典型工作情景任务在高职学生的就业岗位群里具有重要的意义，同时对学生的职业成长又能起到关键作用；

第三，岗位工作情景为主线串联理论知识模块体系。"工作过程情景项目"以情景项目为主线，以典型情景工作任务驱动统领来重构课程，通过工作情景和任务的学习，既掌握了岗位情景任务所需的技能，同时也学习了较为系统化的知识模块，实现理论与实践教学合一。

（三）实践教学设计流程

高等院校实践教学设计的重点和难点是职业岗位群工作过程向实践课程的转

换。[3]《会议策划与组织》实践教学项目开发是在广泛调研和与行业企业专家共同探讨的基础上，在工作过程（职业岗位群的真实工作）和实践任务之间搭建了岗位任务驱动的"工作过程情景项目"流程模型。该模型是按照职业岗位群的工作（服务）管理流程，将完成工作中的各关联情景所需的技能进行归纳整合，形成体现职业岗位工作过程情景的综合实践单元，即实践教学开发的技术流程（如下图所示）。本课程实践教学项目设计思路是结合职业岗位的工作内容和任务要求，构建以岗位工作过程组织的项目化课程，课程按情景化方式设置，突出岗位能力的训练。

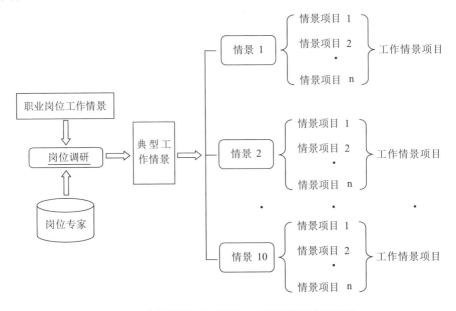

图2　《会议策划与组织》实践教学设计流程图

四、《会议策划与组织》实践教学实施

（一）实践教学过程组织

一是任务描述。描述基于真实岗位的典型工作情景任务，模拟学生接到情景任务设计学习情境，引导学生去思考如何去完成工作任务。二是教师讲解。教师根据工作情景任务描述，提供案例等教学方法，讲解解决任务的方法和步骤，并围绕工作任务的完成过程讲解相关理论知识，引导学生在完成工作任务的过程中建构理论知识。三是情景任务实训。根据教师布置的情景任务，由学生自主完成工作情景任务，部分项目完成过程中学生可以互相讨论，也可以向教师询问一些

技术问题，最终完成工作任务。四是工作实施（任务部分）过程汇报。学生汇报任务完成过程、工作成果，进行相互交流比较，由学生共同找出存在的问题的优缺点，教师进行指导完成。

（二）实践教学方法选择

《会议策划与组织》在教学方法与教学手段上学习借鉴了行业和兄弟院校经验，在教学过程中注重将理论讲授、实践辅导、社会考察、现场实习等不同教学方法灵活应用，充分利用现代多媒体电子教学和网络学习，努力将现代科学技术充分应用于教学改革之中。

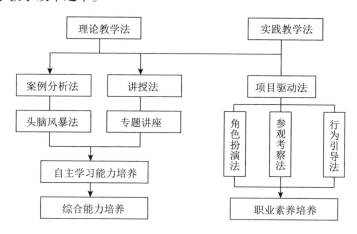

图3　《会议策划与组织》教学方法图

本课程教学方法在选用时主要采取理论教学法和实践教学法。前者主要以案例分析法为主，针对行业发展的实际动态，结合学生关注的兴趣焦点，由教师举例分析会议策划的典型案例，直观生动地通过课堂讲授、分析答疑等形式，帮助学生提高利用所学知识思考和解决实际问题的能力；后者主要采用项目驱动法教学。该方法在实际的教学过程中，将理论与实际结合起来，以实际的项目贯穿整个课程教学，使学生在做项目的过程中，掌握理论知识。在项目导向过程中，始终突出学生主体参与，采取角色扮演、分组讨论、启发引导等方式，生动有效地指向学生能力生成。本课程改革时以会议项目为统领，尤以项目驱动教学法为主。

（三）实践教学考核

考评是实践教学的指挥棒。本课程实践教学项目考核要体现职业岗位工作过程的能力需求，要对学生进行全方位的职业能力考核，彻底摒弃传统的一次性结果考核方法，因此，本课程实践教学采用了工作过程全程考核办法。注重学生在实训过程中的表现和评价，注重学生在工作过程中全方位和多元化评价，改变评价结果单一笼统的缺点，有助于改变学生实习中走马观花、浮于表面的情况，并可以真正掌握学生实训的成效。

同时，引入四维考核视角。在成绩的评定过程中重点突出学生会议策划与组织的实际能力考核，注重过程考核，引入学生自我评价、模拟公司主管人员评价、行业专家评价、教师评价四维考核视角，保持课程考核要求和行业接轨，逐步实现"教考分离"；同时有效地提升学生的积极性与创造力，加强学生的自我管理意识。

（本文发表于《当代教育实践与教学研究》2018 年第 1 期）

参考文献

［1］马韵涵，张竞．项目驱动教学法在高等教育本科课程中的应用［J］.高教学刊，2015（14）：44-44.

［2］李铁成，等．基于会展"知识—能力"体系的会展课程设计研究［J］.现代教育科学，2017（2）：115-119.

［3］张尚先等．按照"职业岗位群"构建教学体系的实战与探讨［J］.机械职业教育，2011（5）：33-35.

应用型本科院校《房屋建筑学》
课程教学创新研究

徐新瑞

本研究以重庆文理学院土建类专业为例，按照土建类专业人才能力结构中的"设计""识图"能力要求，本课程从目标、内容、教材、实验实训、教学模式、课程考核、教学团队等进行全方位的综合改革。形成了"任务驱动 + 项目导向 + 教、学、赛、训"的课程教学模式，突出了"实景教学在现场、学科竞赛进课程、规范与标准入内容"的课程教学特色。学生学习积极性、兴趣性得到提高，职业岗位能力得到实践。

一、课程改革的背景

"房屋建筑学"是一门理论性和实践性都很强的土建类的专业基础课。需要掌握大量烦琐的设计原理、节点详图和构造原理。由于学生缺乏工程实践的认知和感性体验，学习积极性不高、自主性差，教学效果很难得到提高，也束缚了学生的发展空间。[1]

按照应用型人才培养的要求，重庆文理学院建筑工程学院针对"房屋建筑学"课程传统知识教学方式及能力提升不足等问题，坚持能力本位、理实一体的课程教学改革，瞄准应用型本科院校土建类专业人才培养方案现场工程师能力结构中的"设计""识图"能力，本课程从目标、内容、教材、实验实训、教学模式、课程考核、教学团队等进行全方位的综合教学改革。获得了国家级全国成图大赛一等奖等 10 余项具体成果。形成了实景教学在现场、学科竞赛进课程、规范与标准入内容的成果。

二、课程改革的实施

（一）课程目标改革

按照课程特点，依照重庆文理学院建筑工程学院土建专业人才培养方案里面的"设""识"能力来确定课程目标，在目标的确定时又考虑与重点大学及高职高专教学目标形成区别，突出应用型本科院校人才的培养特点。具体见下表。

表 1　改革及成果表

重点大学	高职高专	目标改革	成果体现
1. 了解民用与工业建筑设计的基本理论与方法 2. 基本掌握民用与工业建筑构造的理论与方法（综合部分985/211及建筑类专业大学）	1. 对基础、墙体（柱）、楼地层、楼梯、屋顶及门窗等常用建筑构造的作用及构造设计要求，有较深的理解；对其他建筑构造和工业建筑构造的基本组成和构造要求等也有一般的了解 2. 懂得从安全、经济、适用的原则出发，根据初步设计、运用建筑构造的基本理论和方法，选择建筑构造方案、构件的形式、基本尺寸和材料做法，初步掌握其设计方法和步骤 3. 明确民用和工业建筑中各种建筑构件在布置上的要求，能根据建筑构造的作用和特点、具体情况，拟定其主要细部构造形式，知晓其构造处理方式和手段 4. 能识读一般的建筑施工图纸，基本掌握建筑细部构造节点图样	1. 了解建筑设计的主要内容与设计程序 2. 了解国家、行业现行的建筑规范与标准 3. 理解建筑设计和建筑构造的基本原理和方法 4. 掌握建筑规范与标准图集的选用与检索，能根据具体情况选择合理的构造方案。进行构造设计 5. 掌握工程图形语言表达的基本方法与技能，并能在掌握理论知识的基础上创造性进行建筑设计、构造设计 6. 独立完成中小型工业与民用建筑设计的建筑工种设计 7. 能准确识读大型项目施工图，并能理解设计意图	1. 《房屋建筑学》课程教学综合改革（2012校级教改重点项目） 2. 2013年通过《房屋建筑学》专业核心课程建设立项 3. 《房屋建筑学》2016版教学大纲

（一）课程内容与教材改革

教学内容在改革上根据课程在人才培养方案的地位与作用，对课程内容进行优化组合，并将建筑构造设计规范标准与全国成图大赛融入教学内容中。全方位培养学生的抽象思维能力、空间形象思维能力、读图绘图能力和创新能力。按照优化的教学内容主编和参编了 2 本应用型教材，2016 年本课程获批重庆文理学院首批特色应用型教材立项建设。具体见下表。

表 2　改革及成果体现表

改革前	改革后	成果体现
按照所选教材（中国建筑 8 校编著的教材理论教材）的目录章节进行知识讲解	模块化： 内容优化为 3 个模块：民用建筑设计模块；民用建筑构造模块；工业建筑设计与构造 项目化： 该课程与重庆旭光建设（集团）有限公司合作，由对方提供真实在建项目为课程情景教学场地，把情景教学变成实景教学 任务化： 每个大模块的子模块都按照能力培养的要求设计任务书，学生按照任务要求完成相关能力实践 能力化（应用能力）： 把建筑设计构造规范与标准与全国先进成图大赛引入教学内容里面，按照国家的标准规范及成图大赛的大纲来完成知识与能力的培养，以提高学生"识"与"设"的能力 教材选用： 主要选用立项的《房屋建筑学》学校首批特色应用型教材的讲义	1.《房屋建筑学》学校首批特色应用型教材（2016 立项） 2. 出版教材 2 本：《房屋建筑学》副主编天津科技出版社 2015；参编四川大学出版社 2016 3. 第九届"高教杯"全国大学生先进成图技术与产品信息建模创新大赛团体一等奖 4. 第二届"万学教育杯"中西部地区大学生先进成图技术与产品信息建模创新大赛一等奖

（三）教学方式改革

课前安排教学任务单，学生以任务单区学习，以实际典型建筑项目的为载体，设计教学情境，直接使课程教学内容与实际工作相对接，以民用建筑学习情境进行民用建筑设计及全套施工图识读与会审综合内容的实训为基本项目，每个情境按照"学图、设计图、识图"的步骤实施教学，通过真实的工程任务的驱动，让学生反复强化训练，不同的情境重复的是设计与识读的过程。

本课程把全国及重庆市成图大赛比赛大纲转化为教学实践，按照"以赛促教、以赛促改、以赛促学、以赛促训"进行课程实践教学创新。将行业和用人单位的需求考虑到教学中去，将技能大赛中的内容与具体的行业内容进行结合并且用于解决实际问题并将教、学、练、训结合起来。以技能大赛作为平台能够提升学生的专业技能水平，实现学生技能水平和实践能力的提高，对学生以后的岗位能力的提升有较大帮助。在教学中积极推行现场教学，与重庆旭光建设（集团）有限公司联系确定现场实景教学，提高了教学效果，受到学生的欢迎和好评。[2]

改革成果：我院学生在第二届"万学教育杯"中西部地区大学生先进成图技术与产品信息建模创新大赛中获得了成图专项一等奖 3 人、团体二等奖，主讲教师徐新瑞获得"优秀指导教师"；首次参加国赛就以全国第四名的决赛成绩获得第九届"高教杯"全国大学生先进成图技术与产品信息建模创新大赛建筑类竞赛团体一等奖（重庆高校只有重庆大学和我校获得团体一等奖），还同时获得建筑类尺规、建模的单项二等奖。受到全国高校同行的高度认可。课程组成员邓德学作为主要起草人员完成了重庆市建设标准《重庆市房屋建筑与市政基础设施工程现场施工专业人员职业标准》（DBJ50/T－171－2013）；《重庆市房屋建筑与市政基础设施工程现场施工技术工人职业技能标准》（DBJ50/T－177－2014）的编写工作。

（四）考核方式改革

改革和完善了考试形式、方法、内容，转变传统的学生成绩评价方法，通过现场实景教学、任务单完成答辩、现场测试、学科竞赛（重庆文理学院建筑工程学院制图大赛，要求全员参与，成绩作为课程成绩的组成部分）、识图能力训练等多种考核形式，实现理论考核和能力评测相结合，通过对学生专业能力的评估考核，检验学生的能否将所学知识和方法应用于工程建设中，使学生真正掌握本课程所要求的专业技能，检验学生是否具备日后走向工作岗位所需的本课程专业素质。

成绩构成如下：重庆文理学院建筑工程学院制图大赛成绩 10%（全员参与）＋重庆旭光建设（集团）有限公司提供项目实景教学任务书完成成绩 20%＋按照重庆文理学院 3 号、6 号、7 号教工住宅楼项目的图纸识读 20%＋出勤及小组构造设计作业（3 次）20%＋理论考试 30%。

改革成果：《房屋建筑学》获得重庆文理学院第二届"说课程·教改课"总决赛二等奖。

三、课程改革的特色

完善了"项目导向＋任务驱动＋教、学、赛、训"课程教学模式，情境独创，实践应用能力得到提升。

本成果负责人徐新瑞老师（讲师、工程师、学校首批双师型教师、注册一级建造师、注册一级结构工程师、重庆工程图学会理事）从 2009 年就开始探索《房屋建筑学》"任务驱动＋项目导向＋教、学、赛、训"的课程教学模式。课程以真实工程项目为载体，以现行的建筑与构造标准规范和全国先进成图大纲来设计教学情境与任务单，直接使课程教学内容与实际工作及专业能力相对接，每个任务设计 3 个学习情境，每个情境按照"学建筑、识建筑、设建筑"的步骤实施教学，通过真实的工程任务的驱动，让学生反复强化训练提高专业人才培养方案的"识"与"设"能力。

实践了"以赛促教、以赛促学、以赛促训、以赛促评（评价）"课程教学方式，教、学、赛、训、评结合，效果显著。

课程按照"全国大学生先进成图技术与产品信息建模创新大赛""中西部大学生先进成图技术与产品信息建模创新大赛""重庆文理学院建筑工程学院制图大赛"的比赛大纲，将技能大赛中的内容与具体的行业内容进行结合并用于解决实际问题将教、学、练、训结合起来。以技能大赛作为平台能够提升学生的专业技能水平。[3]并将重庆文理学院建筑工程学院制图大赛成绩作为课程成绩评定的一部分（10%）。

实施了课程与合作公司开发真实项目，实现实景教学新亮点。

本课程与重庆旭光建设（集团）有限公司合作开发，在教学中积极推行现场教学与合作企业联系确定教学内容进行现场教学，既提高了教学效果，又节省了讲授时间，受到学生的好评。

合作企业为课程选择确定每学期的情景教学的施工项目及施工场地；提供现场施工图纸；组织完成现场情景教学的内容及目标。公司还安排张远涛（高级工程师；一级建造师，项目经理）担任实景教学现场教师，每年暑假重庆旭光建设（集团）有限公司为"房屋建筑学"课程优秀学生提供 5—8 个实习岗位，并安排专人进行指导。

四、课程改革的应用

通过课程综合改革，"房屋建筑学"课程课堂教学气氛轻松活泼，学生能认识到课程的重要性，认真听课，师生讨论热烈，教学反馈及时有效。学生尤其对课程中的实景教学非常感兴趣，实例和书本知识的比较，更激发学生学习的乐趣。经过"任务驱动＋项目导向＋教、学、赛、训"的课程教学模式改革，促进了学生综合职业能力的发展。学生多次获得全国、重庆市先进成图及创意建模及 BIM 全国大赛一等奖，毕业生跟踪调查显示学生识读施工图、进行建筑构造处理、理解设计理念等职业通用能力较强，获得了用人单位的一致好评。

（一）课程建设的成果应用

该课程负责人徐新瑞通过"房屋建筑学"课程改革获得重庆文理学院教学

示范岗称号立项推荐。课程组成员邓德学于 2013、2014 年参加起草了重庆市城乡建设委员会组织的重庆市工程建设标准——《重庆市房屋建筑与市政基础设施工程现场施工专业人员职业标准》（DBJ50/T-171-2013）、《重庆市房屋建筑与市政基础设施工程现场施工技术工人职业技能标准》（DBJ50/T-177-2014）。

（二）推广效果和评价

为重庆文理学院土建专业构建实践教学体系提供支撑。《房屋建筑学》课程的全面有效改革，对重庆文理学院的土木工程、工程管理、工程造价专业课程教学改革起到有效借鉴及支撑，对这些专业"图学"课程群（《建筑制图》《建筑CAD》《建筑识图》）的建设与改革提供方向及方法，能为我校在"工程图学"实验室及实践基地建设提供有力的论证。

学生专业技能不断提升。我校土建专业学生首次参加全国大赛就以全国第四名的决赛成绩，获得第九届"高教杯"全国大学生先进成图技术与产品信息建模创新大赛建筑类开放创意竞赛团体一等奖（重庆高校只有重庆大学和我校获得团体一等奖），还同时获得建筑类尺规、建模的单项二等奖，受到全国高校同行的高度认可；第二届"万学教育杯"中西部地区大学生先进成图技术与产品信息建模创新大赛获得一等奖 3 人，并获得团体二等奖；全国首届高等院校工程造价技能及创新竞赛获得个人一等奖 2 人并获得团体二等奖。

（本文发表于《教育界》2017 年第 16 期。）

参考文献

［1］于宁．基于 CDIO 工程教育模式的房屋建筑学课程教学改革［J］．当代教育论坛，2011 年第 8 期（综合研究）：124 - 125.

［2］王秀芳，范建淑．"以赛促教、以赛促学"的教学模式改革在办公软件课程中的应用探索．中国技术教育装备［J］．2012 年 12 月下 第 36 期（总第 294 期）：109 - 110.

［3］赵瑞芬．"以赛促训、以赛促学、以赛促教"——探索计算机网络技术专业课程教学模式改革［J］．科技展望，2012，19：285.

会计岗位教学模式研究

谢君伙

在会计教学中借鉴 CBE 职业教育模式，实行会计岗位教学模式，开展会计职业分析，开发会计岗位课程，建立会计实习中心，建设会计教师队伍，实施会计理论和会计实践一体化教学，促进学生会计能力增长，把学生培养成为懂理论、会操作的会计人才，使学生毕业就能顶岗胜任会计工作。

长期以来，我国高校会计教学中注重理论知识教学，忽视实践能力培养，传授的会计理论知识没有与实际会计工作相结合，学生实际会计能力低下，很多学生毕业工作后很难进入角色，大都要重新学习培训才能适应会计工作，这是当前高校会计教学存在的通病，更是用人单位反映突出的问题。针对会计教学存在的问题，借鉴 CBE 职业教育模式，实行会计岗位教学模式，从会计职业能力出发，开设会计岗位课程，建立会计实习中心，建设教师实践能力，实施会计理论和会计实践一体化教学，提高学生实际会计能力，增强学生社会适应能力。

笔者在 20 世纪 90 年代，在会计教学中借鉴 CBE 职业教育模式，实行会计岗位教学模式改革，取得良好教学改革成效，获得四川省石油管理局优秀 QC 小组成果奖。

一、会计岗位教学模式的基本思路

CBE（Competency based education 以能力为基础的教育）是广泛应用于美国、加拿大等北美国家的一种职业教育模式。CBE 职业教育模式打破传统的以学科知识为主导的教学体系，是一种以岗位职业能力为核心的教学体系，其基本思想是：以"职业能力"作为教育的基础理念、培养目标和评价标准，以通过职业分析确定的"综合能力"作为教学科目，以职业能力分析认定的"专项能力"安排教学计划，教师在实训场所向学生传授知识和示范技能，学生在实训场所学习知识和训练技能，采取日常性多频次地衡量学生能力水平，确保实现职业能力培养目标。我国在 20 世纪 90 年代引进 CBE 职业教育模式，在一些学校和企业单位实践证明，无论是职前教育还是在职培训，都有很好的教学效果。

借鉴 CBE 职业教育模式，实行会计岗位教学模式，其基本构架是：成立会计教学指导委员会，由会计教师、企业单位会计人员、财政部门会计管理人员组成，总体负责制定教学制度、开展职业分析、开发课程模块、组织教学管理、评估教学质量等工作。在会计教学指导委员会下设立若干专门工作小组，具体负责教学及相关专项工作。

1. 设立职业分析小组，调查研究社会对会计人才的需求，通过会计职业分析，确定从事会计工作所必需的能力（综合能力及其对应的专项能力），列出会计能力大表，明确会计能力培养目标。

2. 设立教学分析小组，对照会计职业分析结果，开发会计岗位课程，设计会计教学模块，制定课程教学大纲，明确会计能力培养途径。

3. 设立教学工作小组，制定教学工作计划，安排教师教学活动，教师传授会计理论和示范会计技术方法，学生学习会计知识和训练会计应用能力，贯彻会计能力培养方法。

4. 设立教学评估小组，制定教学评估标准，采取定期和随机方式，对教师的教学效果、学生的学习效果进行评估，确保实现会计能力培养目标。

二、会计岗位教学模式的实施步骤

（一）开展会计职业分析

深入企业单位调查研究，了解社会对会计人才的需求，通过会计职业分析，确定每个会计岗位的综合能力及其对应的专项能力，制定会计岗位能力总表。

1. 会计岗位

根据国家有关规定，会计岗位包括会计主管人员，出纳，财产物资核算，工资核算，成本费用核算，财务成果核算，资金核算，往来结算，总账报表，稽核，档案管理，会计电算化等。每个会计岗位都有任职资格、工作任务、工作标准、工作责任、评价要求等基本内容。

2. 综合能力

根据会计岗位工作要求，确定完成岗位工作必不可少的基本知识、基本技能、职业经验、道德素质及相关知识和能力。通常每个会计岗位包括 8—12 项"综合能力"。例如，资产会计岗位包括固定资产核算、材料物资核算、无形资产核算、在建工程核算、资产账簿管理、公共事务管理等综合能力。

3. 专项能力

在综合能力确认后，深入分析每项综合能力中，包含多少专项能力，并将每个专项能力分解为基本知识、基本技能、工作条件、学习步骤、学习方法、评价标准等。通常每项综合能力包括 10—30 个专项能力。例如，资产会计岗位的固定资产核算包括固定资产计价方法、固定资产增减核算、固定资产折旧核算、固定资产维修核算、固定资产调拨核算、固定资产报废核算、固定资产清查核算、登记固定资产账簿、编制固定资产报表、固定资产档案管理等专项能力。

4. 能力总表

编制会计岗位能力总表（DACUM 大表），首先列出每项综合能力（依照会计事项处理程序的顺序，纵向排列），其次列出每项综合能力对应的专项能力（依照认知到操作、从易到难的顺序，横向排列），最后列出能力等级评价标准，明确教师教学、学生学习要求。

（二）开发会计岗位课程

对照会计岗位能力总表，开发会计岗位课程，设计会计能力教学模块，制定会计岗位教学大纲。

1. 岗位课程

对照会计岗位要求，开设会计岗位课程，包括出纳核算和管理、资金核算和管理、工资核算和管理、固定资产核算和管理、材料物资核算和管理、基建工程核算和管理、成本费用核算和管理、对外投资核算和管理、往来业务核算和管理、收入利润核算和管理、总账报表管理等。

2. 教学模块

针对会计能力要求，设计会计教学模块，按照会计岗位实际工作程序排序，每个教学模块包括工作职责、会计知识、会计技能、会计实务、会计管理、职业道德等。

3. 教学大纲

按照岗位课程和教学模块，制定会计岗位教学大纲，包括教学目的、教学内容、知识结构、能力结构、设备用具、教学方法、学习方法、教学进程表等。

4. 教学标准

对照会计岗位应知应会要求，制定教学、学习标准，包括教师教学标准、演示标准，学生学习标准、实训标准，学生会计能力等级标准，学生学习考试办法等。

（三）实施会计岗位教学

按照会计岗位教学大纲，教师在会计教学活动中，传授会计岗位基本知识，示范会计岗位技能方法，指导学生完成会计实务训练，培养学生实际会计能力。

1. 实训课堂

建立会计教学实习中心，设置会计机构和会计岗位架构，配备设备用具、学习资料、实训材料、财务软件等条件，建成真实会计工作场景，提供教师教学、学生学习使用。

2. 知识教学

在1、2年级开展各个会计岗位必备的专业知识教学，开设会计学原理、财务会计、成本会计、财务管理、审计学、会计法规等理论课程，采用教师教学和学生实验方式，讲授会计基本知识，训练会计基本方法，使学生形成会计岗位的基础知识和基本能力。

3. 技能教学

在3、4年级开展每个会计岗位必备的专业技能教学，开设出纳核算和管理、资金核算和管理、工资核算和管理、固定资产核算和管理、成本费用核算和管理、收入利润核算和管理等岗位课程，采用教师示范和学生实训方式，传授会计岗位基本知识，训练会计岗位实际技能，使学生形成会计岗位的应用能力和工作能力。

4. 学生学习

学生在教师指导下，按照会计岗位工作流程，使用真实会计业务资料，完成从填制会计凭证到编制会计报表的业务处理，学习掌握每个会计能力。

（四）评估会计岗位能力

在会计岗位教学中，采取学生自评、教师评估和专家评估方式，对教师教学效果和学生学习效果进行评价。

1. 入学评估

教师在学生进入岗位课程学习之前，采用岗位课程标准检测学生的知识基础，并根据每位学生的不同情况，分别和每位学生商量制定学习计划。

2. 学生自评

学生在学习掌握某个专项能力后，对照学习标准自我评估。自评合格后，提请指导教师进行审查。获得教师认可的即为合格，载入学生会计能力表的成绩栏中。

3. 教师评估

教师每周提供一次企业单位的实际业务，学生在实习中心进行真账实做，所得结果与实际结果相符的即为合格，记入学生会计能力表的成绩栏中。教师对未合格者提出重修警报，学生接到重修警报后，必须在规定时间内重修合格，否则，暂缓进入下一个岗位或者模块学习。

4. 专家评估

每学期举行1—2次会计岗位教学专家评估，既要对教师的教学效果做出评价，更要对学生的学习效果做出评价，针对评估结果提出整改意见。教师和学生在接到整改意见后，及时整改存在的问题。

三、会计岗位教学模式的保障条件

（一）建设会计实践教师队伍

为了适应会计岗位教学需要，解决教师实践能力欠缺问题，必须建设一支理论扎实、实践丰富的"双师型"教师队伍。

抓好教师会计继续教育。每年安排会计教师参加财政部门的会计人员继续教育，更新教师的会计理论知识。

（2）提升教师会计实践能力。学校设立代理记账公司，从制度上安排会计教师担任记账公司的会计人员，从事实际会计工作，培养教师的会计实践能力。

（3）加强教师会计实践锻炼。每年安排教师到企业单位挂职，深入企业单位会计工作一线，拓展教师的会计实践能力。

（二）建设会计教学实习基地

为了加强学生会计实践锻炼，从根本上解决学生实习困难问题，必须建设一个长期固定的、随时可用的实习基地。

1. 学校在工商管理部门注册设立代理记账公司，设置会计机构和会计岗位架构，建成真实会计工作环境，作为会计教学实习中心。从制度上安排会计教师担任记账公司的会计人员，承担校产企业的会计工作（学校制度安排内部业务），承接社会企业的会计业务（学校扶持对外承揽业务），形成提供学生实习的会计实务；学生在教师安排指导下，随时到记账公司的各个岗位实习，训练每个专项能力。这样，不仅解决了教师的实践问题，而且解决了学生的实习问题。

2. 学校在当地大中型企业建立校外实习基地，一方面提供学生校外实习场所，接触企业单位实际会计工作，更好地培养学生实践能力；另一方面提供学校教学信息来源，有针对性地改进会计岗位教学，更好地适应社会人才需要。

（三）建设会计岗位教学资源

为了满足会计岗位教学需要，解决教学手段落后问题，必须建设会计理论知识和企业会计工作接轨的学习资源。

1. 岗位课程教材。根据会计岗位课程、会计能力模块和教学大纲，整合会计、财务、审计学科知识，编制会计岗位课程教材，制作会计岗位课程PPT、教学音像、实验音像等电子教材，作为会计岗位教学基本资源。

2. 学习资源。在实习中心设置专柜存放每个专项能力学习材料（称为学习包），包括课程教材、参考书目、期刊报纸、课程PPT、教学音像、实验音像、实验用品、会计用具、财务软件、会计数据库等，提供学生学习、训练专项能力使用。

3. 学习系统。在实训中心设置专用音像阅览室，学生可以利用音像播放机或者计算机学习软件，按照自己与教师商定的学习计划，反复多次地学习每个课程模块、训练每个专项能力，直到学会掌握为止。

（四）建设会计岗位教学标准

为了让教师、学生清楚地知道教学、学习的知识、技能及考核要求，必须建立一套合理可行的、操作性强的教学标准。

1. 教师教学标准。这是教师教学工作规范，包括会计岗位课程教学标准，会计能力模块教学标准，实验项目示范标准等，每个标准包含教学内容、教学期限、教学课时、日程进度、检验标准等。

2. 学生学习标准。这是学生学习行为规范，包括岗位会计课程学习标准、会计能力模块学习标准、实验项目训练标准等，每个标准包含学习内容、学习期限、学习课时、日程进度、检验标准等。

3. 教学评估标准。这是教学质量评估规范，包括教师教学评估标准（评估项目、时间、标准等），学生会计能力等级标准（能力模块、能力等级、考核时间、考核标准等），学生学习考试办法（考试科目、时间、标准等）等。

参考文献

［1］谢君伙．会计岗位教学模式探索与实践．四川省石油管理局优秀QC小组成果奖．1998.

［2］360搜索．CBE职业教育模式．（2017－5－20）.

https：//wenku. baidu. com/view/5e07356427d3240c8447ef71. html.

［3］黄俊婕．我国会计本科教育存在的问题与对策研究［J］．赤峰学院学报（自然科学版），2011，（4）：238－239.

［4］罗勇．我国高校会计教育中存在的问题及对策［J］．财会月刊（理论），2006，（7）：29－30.

［5］牛冬艳．CBE模式在高职院校会计教学上的应用［J］．科技信息，2008，（22）：243，281.

［6］谭先华．借鉴CBE模式进行会计教学中的具体应用［J］．中国乡镇企业会计，2009，（12）：222－223.

［7］张桂春．用CBE/DACUM开发财务会计技能教学的研究［J］．会计之友，2008，（2）中：64－66.

［8］蒋春艳．浅析高职会计专业财务会计岗位教学模式及其应用［J］．职教财会，2015，（21）：50－52.

体育学院专业课程《健美操》
之课程建设与改革实践

王玉英　孔庆波

结合社会人才需求背景，以"健美操"课程建设为基础以健美操人才综合能力培养为导向，摆脱传统教学框架的束缚，从教学内容、方式和评价等方面，探索学生"自主学习"的教学模式，目的在于提高教学质量和教学效率，提高学生的综合素质，培养多元化应用型健美操专业人才，从而更好地适应社会需要。

一、课程建设与改革背景

体育学院健美操专业课从 2001 级开课到现在，改革一直在路上。从社会需求出发，结合我校应用型人才培养与合格 + 多元的理念，从出口往回找，发现以下问题：其一，学生就业去向主要分两大块：一是中、小学学校；二是社会健身房，对健身房教练的培养。其二，学校体育教学中竞技健美操与健身性健美操相比，难度大、受众小。因而，减少竞技健美操教学内容，增加健身健美操的课时和内容，特别是风格健美操内容，以适应社会需求。其三，传统教学重技术，轻技能，导致高分低能。因此，"健美操"课程教学改革尤为重要。

二、课程改革方案

为适应社会需要，结合学校五大教学改革，对教学内容、教学方式和评价体系进行了一系列改革。

（一）教学内容的改革

减少竞技健美操课时与内容，增加风格健身操内容。改革前：竞技健美操三级 3 人操规定动作（96 学时）、竞技健美操二级等级规定动作（60 学时）、自编健美操组合动作与教学实践。改革后：竞技健美操三级 3 人操规定动作（48 学时）、竞技单人自编操（32 学时）、增加"自主学习"模式学习风格健美操动作、增加个人和集体创编风格健美操成套动作、制定一堂完整的社会健身房风格操课并教学，制作 PPT 说课稿。

（二）教学方式的改革

教学方式由传统教学模式向教法、学法多样化改变。改革前：教法主要为示范法、讲解法、纠错法，学法主要为模仿练习。改革后：教法增加了启发法、激励法、创新法等，学法采用自主学习、自我展示、骨干带领、互助合作和说课、评课等方法。

"自主学习"模式：在第六学期风格操教学中，本课程主要采用小团体组长负责制下的"自主学习"模式。即在教师的指导下，学生根据兴趣、爱好选择一至两项风格操项目，每个项目5—8人组成学习小组，进行自主式学习的教学模式。此模式充分体现了互帮互学、自主学习、合作学习的教学方式。经验证，此模式教学效果非常好，社会认可度和学生满意度极高。

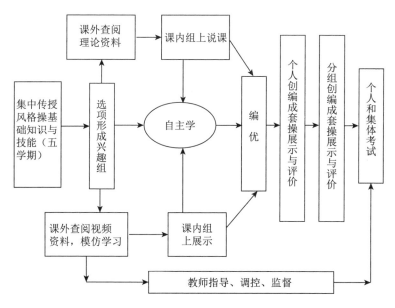

图1 健美操"自主学习"模式流程图

（三）评价体系改革

1. 考试内容的改革

表 1　考核内容改革对照表

评价指标	改革前	改革后
技术考试	大众健美操成套动作1—6级 竞技健美操三级、二级规定动作	1. 增加了自编风格健美操成套动作技术考试 2. 减去竞技健美操二级规定动作，增加了自编单人竞技健美操成套动作技术考试
技能考试	自编健美操组合课内教学实践	1. 创编一套社会健身房风格健美操动作，并独立完成教学 2. 第二课堂教学实践 3. 健美操裁判员、教练员、健身指导员考证
理论考试	闭卷考试	增加了制定一堂社会健身房风格健美操课时教学计划（教案），并将此课的说课稿制作成 PPT
平时成绩	考勤	考勤 作业 学习态度

2. 考核方式的改革

考核方式由单一向多样化转变。重点对学生的能力进行评价。达到以考促教的目的。

表 2　考核方式的改革对照表

评价指标	改革前	改革后
技术考试	教师随堂考试	1. 期末集中，教考分离和随堂考试相结合 2. 个人与小组评价相结合
技能考试	教师对学生课堂内教学实践进行评定	教师评价、学生自评与互评相结合；课内和课外教学实践相结合；岗前培训、考证
理论考试	闭卷考试	闭卷考试和教学设计相结合
平时成绩	教师考评	组长考评

三、改革的亮点

（一）课程建设系统化

1. 教、训、研一体化。该课程将教学、训练融为一体，教学内容与训练内容相结合，课外训练是课内教学的延伸，通过竞赛，提高师生的专业技能与业务水平，随着竞赛水平的提高带动专业教学水平的整体提高。达到以赛促教、以赛促练的目的。教、训中的优良传统——传、帮、带。老教师带年轻教师，主教练带教练，言传身教；代表队队员带专选班同学，专选班同学带普修班同学，在教学中起骨干带头作用；老队员带新队员，高年级学生带低年级学生，层层带动，大大提高教学质量。以教研成果指导教学和训练，使教学和训练达到事半功倍的良好效果，优异的竞赛成绩是教研成果的直接转化。教学、竞赛、教研融为一体，互相促进，共同提高。

2. 师资培养多元化。师资队伍建设，采取多元化培养，在合格的健美操教师和教练基础上，针对每位教师的特长确定1—2个方向，长期、定向培养。如：戴老师——竞技健美操、技巧啦啦操；王老师——舞蹈啦啦操、风格健身操等，教学、训练中发挥每位教师所长，进行合理安排，分工合作，打造出合格＋多元的优秀教师、教练团队。

3. 代表队建设特色化。代表队是课程建设的重要组成部分。按学院规定，代表队实行主教练负责制，主教练负责代表队的建设、竞赛、管理等所有事宜。主教练根据比赛的任务、内容，确定有相应专长的教练团队，按其所长将项目分到每个教练，基础训练共同完成，形成分工不分家，责任到人，分工合作的训练模式。主教练在完成自身训练任务的同时，还负责管理教练团队和运动员团队，制定训练计划，把控训练效果，对出现不胜任训练的教练作合理的调整，对不合要求的成套创编责令其修改，取长补短，互相补台，直至达到主教练的要求，方能参加比赛，确保训练有计划、有目的、科学有序地进行，确保竞赛取得优异成绩。

（二）综合能力培养全程化

1. 校内夯实技能基本功

能力培养列入课程教学大纲，具体的内容、要求、评价标准和成绩比例，落实到每学期，并进行严格考评。

创新能力、教学实践能力培养。学生在掌握了健美操创编的原则和方法后，每学期进行相应的健美操动作与组合的创编与教学实践，由简到难，循序渐进。

第六学期，每位学生设计一堂社会健身房风格操教学课，并独立进行教学实践。反复创编、实践，使学生的创编能力、教学组织能力、教法的运用、教练员的领操技巧等专业技能明显提升，达到能力培养的目的。

自学能力、合作学习能力培养。自始至终强调学生自主学习、合作学习。以小组为单位，在组长带领下，按教师的要求按计划一步步完成教学任务。课内与课外相结合，个人和集体学习相结合，最大限地提高学生的自学能力和合作能力。

运用现代化教学设备的能力的培养。教学中，要求学生上网查阅大量的教学资料；同时选择音乐进行剪接；制作 PPT 说课稿；将教学视频进行摄像、剪接；利用多媒体进行教学；利用网络平台进行学习、交流等，从多方面培养学习对现代化教学设备的应用，不断提升其应用的能力。

表现力、自信心培养。课内安排学生在组上进行自编操动作组合的个人展示的环节；课结束之前安排以组为单位进行小组展示，以及校内、外的表演、比赛等。在此过程中，学生的自我价值得到体现，表现欲得到张扬，使学生体验成功感，培养自信心。

2. 校外搭建合作平台，强化学生专业技能培养

与重庆凯建健身中心合作，开设"凯建班"，培养专业健身指导员。构建学生教学实践基地，拓展了学生就业渠道。

与永川多家大型健身房合作。健美操课程坚持课内学生技能培养的同时，还鼓励学生走向社会，据统计，健美操专选班接近50%的在校学生，在永川多家大型健身房进行社会教学实践，受到用人单位及学员的好评，部分学生表现特别优秀，作为精英教练、担任重要管理岗位。

与重庆、永川多所中、小学合作。健美操专选班90%的学生在永川10多所中、小学担任健美操、啦啦操教学和比赛教练，取得很好的成绩，得到用人单位的好评。

3. 借助各种比赛、表演平台，培养学生技能

参加全国、重庆市专业比赛。2009、2014、2017 年健美操班学生，参加全国健身操舞、体育舞蹈大赛总决赛中，取得 6 个项目的冠军和两个一等奖；参加重庆市高校健美操比赛，连续 4 次获得团体冠军。

参加各种表演。健美操班学生作为骨干，多次参加重庆市、重庆文理学院田径运动开幕式团体操表演；校内、校外表演，中、外足球、篮球赛啦啦操表演等。

参加重庆市和本校舞蹈大赛。学生在教师指导下，利用所学知识，自编、自导、自演，在重庆市校园之春和我校第十二届"动感地带杯"大学生"畅想文理"文化艺术节舞蹈大赛中，均获得一等奖。

（三）教学管理全员化

本课程实行教师监督下的小团体组长负责制管理模式，学生全过程参与课内、课外的教学管理和评价。

1. 课外管理。本课程要求学生每周一次班集体课外体能训练和 2 次早操专项训练，由高年级成绩优秀者担任课外辅导教练，班长负责组织、考勤、管理；每周 2—3 次小组课外练习，由组长负责组织、考勤、管理，每周的第一次专业课，教师检查课外训练情况，对出现的问题作相应的处理。形成教师管班委，班委管组长，组长管组员，高年级带低年级，教师监督下的全员管理制度。

2. 课内管理。课内教学过程中，分组练习和分组教学实践时，组长负责组织练习、指导和评价。

3. 平时成绩管理。每学期的平时成绩，由组长根据组员平时的出勤率、作业完成情况和学习态度，按平时成绩评价标准进行评价。

四、改革成果

（一）教研教改成果

体育专业《健美操》课程教学改革研究与实践，获重庆文理学院第四届教学成果三等奖。2013 年 11 月，健美操课程被确定为重庆文理学院专业核心课程，于 2015 年完成结项。在重庆文理学院第二届教师"说课程·教改课"比赛中，课程负责人获得比赛一等奖。课程负责人撰写的论文《体育院校健美操专业人才综合能力培养模式探析》，在重庆市第七届高校体育科学论文报告会上分别获一等奖。2013 年，"职业核心能力"导向下的体育专业健美操人才培养模式探索与实践，成功立项重庆市教研教改一般项目。项目编号：133184。并于 2015 年完成结项。

（一）教师获奖

2011 年在广州举行的中国学生健康活力大赛（健美操）锦标赛和 2014 年在青岛举行的全国全民健身操舞大赛总决赛中，课程组 3 名教师被组委会评为优秀教练员。在 2014 年 10 月，项目负责人被评为重庆文理学院第六届八大奖之"优秀主讲教师"奖。2012、2015 年，课程组两名教师被重庆文理学院评为专业技术课教学示范岗。

（三）学生获奖成果

在重庆文理学院第二届师范生教学技能竞赛中，健美操专选班 1 名学生获得艺体组比赛一等奖，第一、三届比赛中，专选班两名学生分别获得比赛二、三等奖。代表队竞赛成果如下：

表3　2008—2017 年健美操队竞赛获奖一览表

时间	级别	团体获奖名次	奖牌统计
2008 年	重庆市第二届大学生运动会健美操比赛	体育专业乙组团体冠军	3 枚金牌 2 枚银牌
2008 年	重庆市大学生校园之春健美操、啦啦操比赛		2 枚金牌
2009 年	2009 年"浩沙杯"全国万人健美操大赛总决赛	全国大专院校组五级规定动作 全国大专院校组自选动作健身操类	一等奖 一等奖
2010 年	重庆市第五届大学生健美操比赛	体育专业乙组团体冠军	4 枚金牌
2011 年	中国学生健康活力大赛（健美操）锦标赛	竞技健美操男单、女单、混双 3 项第五名	全国第五名
2012 年	重庆市第九届大学生健美操比赛	竞技健美操男单、混双、三人操	1 枚金牌 2 枚银牌
2014 年	全国全民健身操舞大赛总决赛	全国大专院校有氧踏板（FIG 规则）、成年组 5 级和表演轻器械	3 枚金牌 获最佳人气奖
2015 年	2014—2015 中国大学生篮球啦啦队选拔赛 CUBA 西南赛区	舞蹈啦啦操团体二等奖	二等奖
2017 年	2016—2017 年中国大（中）学生体育舞蹈锦标赛总决赛	校园维也纳华尔兹舞、恰恰恰舞、牛仔舞 3 项冠军	3 枚金牌

（四）社会评价

学生就业率高。优化教学内容、改革评价体系，有效地促进了学生的创新能力（成套操的创编）、教学实践能力（课内、外教学实践相结合），教学管理能力的培养，顺应了时代的发展，教学质量大大提高。据学院统计，从 2010 届至

2016届健美操专选班毕业学生的就业率高达99%。

毕业学生取得的成绩。健美操主项专选班毕业学生，进入学校或社会健身房，爱岗敬业，踏实肯干、能力强，成为单位骨干，受到用人单位的好评，部分毕业学生在健身房教练中脱颖而出，成为行业精英和优秀教师。毕业学生在全国、市级教师技能大赛和赛课中取得优异成绩。多名毕业学生作为教练，带队参加市级、区级健美操、啦啦操比赛，获得冠军。

五、结语

围绕应用型人才培养与合格＋多元，继续深化教学改革。加大校企合作力度，利用社会资源和毕业校友，拓展校企合作的深度与广度，立足重庆优秀企业，面向全国，采取引进来、走出去的方式，与更多健身行业中优质企业合作，拓展学生就业渠道，提升就业质量，同时学习企业先进的技术和管理理念，使人才培养与社会接轨，培养应用型、合格＋多元的优秀专业人才。

应用心理学专业学生"四个一"心理健康教学能力培养模式探索与实践

胡春梅　王　蕾

应用心理学专业学生是学校心理健康教师的主要来源,他们的心理健康教学能力直接决定了其入职后是否能够有效地开展心理健康教学活动。为了提高应用心理学专业学生的心理健康教学能力,我们结合教学实践,摸索出"四个一"心理健康教学能力培养模式,做到构建1门心理健康教学能力微格实训课程、推进1项心理健康教学能力实践改革,帮助学生建立1个心理健康教学能力观念、获取1个证书(教师资格证)。通过模式的实施,应用心理学专业学生开展心理健康教育的教学能力得到了有效提高。

2012 年,教育部印发了《中小学心理健康教育指导纲要(2012 年修订)》[1],规范了中小学心理健康教育的指导思想、工作原则、工作目标、工作内容等,明确提出"加强心理健康教育教师队伍建设、大力开展心理健康教育教师培训,建立一支科学化、专业化的稳定的中小学心理健康教育教师队伍"。随着社会各界对学生心理健康的重视,学校对心理健康教育师资量和质的需求在不断增加和提高。

开设心理健康教育课是学校维护学生心理健康的最主要途径之一。心理健康教育课和普通学科课程的课程性质、培养目标、教学方法等方面都有所不同,它侧重于培养和促进学生心理健康发展,需要教师采用丰富、生动、具有启发性和活动性的教学方式促进学生内化、掌握维护心理健康的知识、方法和技能,因此,它对授课教师的教学能力与普通学科课程教师有所不同。[2]心理健康教育课要真正起到心理促进和维护的作用,就必须要培养具有心理健康教学能力的专业师资。高校应用心理学专业的学生是学校心理健康教育师资的主要来源;要提高学校心理健康教育课的质量和效果,就必须从心理健康教育师资培养的源头——应用心理学专业学生的培养入手,提高其心理健康教学能力。

一、应用心理学专业学生心理健康教学能力培养现状

自 1998 年被列入本科专业，现在全国已有 200 多所本科院校开设应用心理学专业，这是一门运用心理学的技术、方法和理论对心理行为进行干预或影响，以改变心理行为、提高生活质量的一门新兴学科。[3] 虽然在人才培养的过程中，该专业将学校心理健康教师作为培养目标之一；但一直有一个尴尬的问题值得我们思考：应用心理学专业是非师范专业，大多数学校在学生培养的过程中都采用传统的心理学专业培养模式，注重心理学基础知识的教学，却忽视了对学生实践教学能力的培养，这直接导致其开展心理健康教育的教学能力较弱。同时，由于缺乏专门课程的讲解，很多学生在大学就读期间对学校心理健康教育课的性质、特点、教学方式、教学内容等都没有充分的了解，缺乏清晰的心理健康教育教学观。这会使应用心理学专业的学生在入职后要花较长的时间来进行教学理论知识学习和教学技能训练，降低入职后的工作效率和满意度。

可见，要培养合格的心理健康教师就必须加强对其心理健康教学能力的培养和训练。笔者依托所授课程《班队活动设计与指导》《心理健康教育课程设计与指导》等，围绕"提高应用心理学专业学生的心理健康教学能力"，开展了一系列教学改革，构建了"四个一"心理健康教学能力培养模式，并在人才培养过程中不断实践与完善该模式，取得了良好的心理健康师资培养效果。

二、应用心理学专业学生"四个一"心理健康教学能力培养模式

（一）培养理念

在应用心理学专业学生心理健康教学能力培养的过程中，我们坚持"四位一体"的培养理念，即"依托 1 门课程、实践 1 项改革、构建 1 个观念、获取 1 个证书"四位一体，最终培养出具有合格心理健康教学能力的心理健康职前教师。

（二）培养目标

通过"四个一"心理健康教学能力培养模式的实施，使应用心理学专业学生树立心理健康教学能力观，理解并能辨识学生常见的心理健康问题，掌握心理健康教育课的教学设计撰写、教学方法实施、课堂教学组织、课程评价及反思等教学技能，具备开展心理健康教育课的基本能力。

（三）实践模式

应用心理学专业学生"四个一"心理健康教学能力培养模式是指，通过做

到构建 1 门实训课程（心理健康教学能力微格实训）、推进 1 项实践教学改革
（心理健康教学能力见习、实训改革），帮助学生建立 1 个观念（心理健康教学
能力观）、获取 1 个证书（教师资格证），有效提高学生开展心理健康教育的教
学能力（见图 1）。

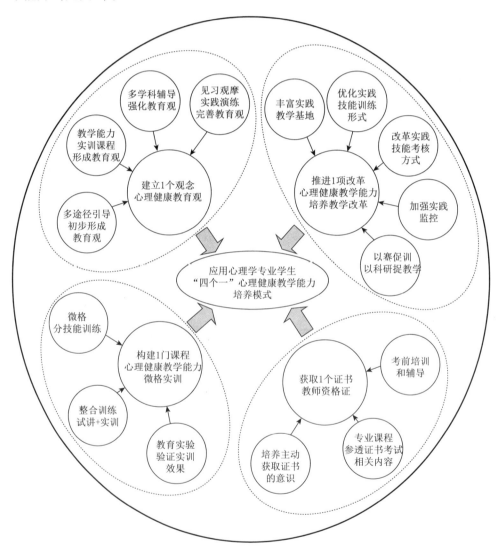

图 1　应用心理学专业学生"四个一"心理健康教学能力培养模式图

三、应用心理学专业学生"四个一"心理健康教学能力培养模式的实践与效果

（一）建立 1 个观念（心理健康教学能力观）

引导学生建立清晰的心理健康教学能力观，使他们知道心理健康教学能力是一名合格的心理健康教师必备的基本素质之一，它包括教学语言技能、导入技能、提问技能、组织技能、共情技能、结束技能和反思技能，每一种能力与普通学科教学中的相应能力都是不同的，学生应该知悉每一种能力的具体特点和要求。

实践：（1）多途径引导。在学生大一入学时通过人才培养方案解读、心理学专业导论课程、职业生涯规划辅导等多种途径帮助学生清晰了解心理健康教师必备素质，初步形成心理健康教学能力观。（2）教学能力训练课程培养。通过《心理健康教育课程设计与指导》和《班队活动设计与指导》课程专门培养学生的心理健康教育教学能力，系统形成心理健康教学能力观。（3）多学科课程辅助培养。结合《中小学生心理异常诊断与矫正》《学习心理学》《团队活动辅导》《教育学》《大学生心理健康教育》等课程的教学与实践进一步强化学生的心理健康教学能力观。（4）见习观摩 + 实战演练。充分利用心理学实践教学基地，带学生到学校、素质拓展基地等见习心理健康教育优质课，从优秀教师身上观摩心理健康教学能力，完善心理健康教学能力观。同时，到上述实践基地开展心理健康教育课程实践，在实践中巩固心理健康教学能力观。

效果：到大三下学期，应用心理学专业学生基本建立了清晰的心理健康教学能力观，能够有意识地在学习和实践中锻炼自身的心理健康教学能力。

（二）构建 1 门实训课程（心理健康教学能力微格实训）

依托应用心理学专业课程《心理健康教育课程设计与指导》，在课程中嵌入教师教学能力培养的有效训练手段——微格教学，在微格教学理论和实践的基础上，充分结合心理健康教育课的性质和特点，组织学生进行心理健康教学能力的微格训练。

实践：（1）微格训练。组织学生分别开展心理健康教学语言、导入、提问、组织、共情、结束及反思技能的微格训练。（2）整合训练。在微格训练结束后，组织学生通过试讲的形式在小组内进行整合训练，并在整合训练通过后，到中小学、高校讲授心理健康教育课。（3）教育实验。为了解微格教学是否能够有效

提高学生的心理健康教学能力，我们设计了为期 3 个月的教育实验检验微格训练的效果。实验采用单组前测后测设计，对应用心理学专业学生进行了为期 3 个月的心理健康教学能力微格训练。在实验过程中，首先对每种心理健康教学技能分别进行微格训练，然后进行教学能力整合实践训练。在实验开始前和结束后，学生均填写《教学能力评价问卷》[4]和《学校心理健康教育胜任特征量表》[5]，采用 SPSS 统计软件对前后测得分进行配对样本 t 检验。

效果：（1）实验效果。心理健康教学微格训练实验结果显示，应用心理学专业学生的"教学能力"后测得分显著高于前测，说明微格训练能够有效提高其教学能力；学生在"学生观、专业发展、宜人性"三方面胜任特征后测得分显著高于前测，说明通过微格训练，应用心理学专业学生加深了对心理健康教学对象——学生角色的认识，提高了他们的专业知识，增强了他们在课堂教学中宽容、助人等个性品质的发展。（2）实践效果。学生到中小学、高校讲授心理健康教育课、组织带领心理健康团队辅导活动及大型心理健康教育周活动，均得到了实践学校领导及师生的一致好评。

（三）推进 1 项实践教学改革（心理健康教学能力见习实训改革）

开展应用心理学专业实践教学改革，在改革过程中采取各种措施全面提高学生的心理健康教学能力。

实践：（1）丰富实践教学基地。为了给学生提供见习、实训的平台，学院与多所学校、社区服务机构、企业等建立了应用心理学实践教学基地，为学生实践提供多种选择，满足学生实践需求。（2）优化实践技能训练形式。在训练过程中，打破心理学实训形式单一的情况，引导学生通过试讲、微格训练、一线实践的方式来训练和提高心理健康教学能力。（3）改革实践教学技能考核方式。转变传统的笔试、老师评价方式，在对学生心理健康教学能力的评价中采用"三方综合评价"，分别为教师评价、学生互评和学生自评，帮助学生从指导教师、他人和自我的视角客观、全面地了解自身教学能力的优缺点，有针对性地改善和提高心理健康教学能力。（4）加强实践监控。加强对学生实习见习之后反思环节的监控，培养学生活动后主动反思的意识，从反思中促进学生心理健康教学能力观更新和教学技能提升。（5）以赛促训。鼓励学生积极参与各级心理学专业相关比赛，如市级成长论坛系列比赛（微课堂、调研报告、沙盘游戏等）、咨询技能比赛、挑战杯、互联网＋创新创业大赛等，学生在参赛过程中，撰写活动方案及讲授等能力得到了极大的锻炼和提高。（6）以科研促教学。鼓励学生积极申报各级科研、创新创业项目，促进学生在项目申报、实施的过程中运用所学理论知识及实践技能。

效果：近3年来，学生在市级大学生成长论坛各类比赛中获奖10余项，获得校级大学生挑战杯比赛特等奖1名；成功立项校级学生科研项目近20项，市级大学生创新创业计划项目近10项。

（四）获取1个证书（教师资格证）

要成为一名心理健康教师，首先就必须考取教师资格证，这是入职的敲门砖。在培养和提高应用心理学专业学生心理健康教学能力的同时，增强了学生对心理健康教师的职业认同和从业意愿。同时，我们鼓励学生考取教师资格证，获取入职的基本资格。

实践：（1）培养学生主动考取教师资格证的意愿。通过课程教学、课后交流等多种途径使学生了解成为心理健康教师应该具备的基本条件，使有意从事该职业的学生具有主动考取教师资格证的意愿，在平时主动涉猎相关知识，进行技能训练。（2）在相关专业课程教学中渗透教师资格证考试内容。组织心理学专业教师开展教研活动，在活动中号召老师们主动在专业课程教学中渗透教师资格证考试相关内容。（3）开展教师资格证考试考前培训和辅导。组织专业老师、邀请校外专家为学生开展教师资格证考试科目（《综合素质》《教育知识与能力》等）的考前辅导。

效果：近年来，应用心理学专业学生考取教师资格证的报考人数及通过比例都较之改革前有明显提高，12级（共24人）有9名学生获取教师资格证；13级（共23人）9名学生通过笔试环节，已经参加面试。

此外，笔者多年来在教学过程中一直致力于围绕"培养和提高应用心理学专业学生开展心理健康教育课、心理健康教育班队活动的教学能力"进行教学研究，2015年成功申报重庆市级高等教育教学改革研究项目《中小学心理健康职前教师"四个一"教学能力培养模式探索》；同时，及时总结和反思改革过程中的不足和成功经验，形成专著和论文，2016年8月由北京师范大学出版社出版专著《心理健康教师教学能力实训》，2016年10月在《继续教育研究》上发表论文《高校心理健康教师的核心能力探索》；2017年，研究报告《应用心理学专业学生心理健康教学能力培养改革实践》获得我校教学成果奖三等奖。

综上所述，应用心理学专业学生"四个一"心理健康教学能力培养实践改革取得了一系列丰富的成果，通过模式的实践，学生的心理健康教学能力、理论联系实践的能力得到了实在的锻炼和提高；同时，学生通过授课和团队活动实践，其沟通协调能力、合作能力等也有明显提升，其担任学校心理健康教师的综合素质大幅度提高。在应用心理学专业学生的培养过程中，我们会进一步推进"四个一"心理健康教学能力培养模式的实施，改进实践措施，不断优化模式，提高学生心理健康教学能力，为学校心理健康教育培养合格的心理健康教育师资。

参考文献

［1］中华人民共和国教育部．中小学心理健康教育指导纲要（2012 年修订）［EB/OL］．［2012 – 12］．http：//www. moe. edu. cn/publicfiles/business/htmlfiles/moe/s3325/201212/145679. html.

［2］胡春梅，王蕾，何华敏．心理健康教师教学能力实训［M］．北京：北京师范大学出版社，2016，9 – 11.

［3］张祖洲．近十年来中国大陆应用心理学专业研究综述［J］．黑龙江高教研究，2012，12：162 – 165.

［4］胡春梅，岳彩镇，何华敏，等．师范生对教学能力的自我评价、他人评价和反射性评价的关系研究［J］．心理发展与教育，2014，30（5）：520 – 526.

［5］王智，张大均．学校心理健康教育教师胜任特征结构及测量［J］．心理科学，2011，2（38）：481 – 487.

地方高校特色应用型纪录片创作
人才培养模式构建及实践

——以重庆文理学院为例

韩永青

中国纪录片行业发生了深刻变化，为地方高校传媒类专业着力培养纪录片创作人才提供了重要机遇。重庆文理学院广播电视编导专业探索形成了"1551"纪录片创作人才培养模式，即在特色应用型人才培养目标统领下，联通实验实训、学科竞赛、校媒合作、毕业设计、毕业实习5种实践教学要素及效果，以毕业生就业后的信息反馈为参照持续改进，培养出了大量优秀毕业生，取得了良好的人才培养效益。

21世纪以来，随着经济社会的高速发展和媒介生态的分化重组，中国纪录片行业发生了深刻变化，在国家层面高度重视和资本市场强大介入的双重推动下，纪录片产业进入了加速发展期。国家新闻出版广电总局在《关于加快纪录片产业发展的若干意见》中指出，要重点培养纪录片策划人才、摄制人才，经营管理人才等；建立纪录片创作人才库，有计划、有重点、有针对性地开展纪录片创作人才专业培训和国际交流工作。地方高校传媒类专业是培养纪录片创作人才的重要力量，大力加强专业教育教学改革，着力探索纪录片创作人才培养模式，具有重大而现实的意义。重庆文理学院较早开办了广播电视编导专业，历经多轮专业教学改革后，探索形成了"1551"纪录片创作人才培养模式，培养出了大量优秀毕业生，分布在西南乃至全国纪录片行业相关岗位上，部分毕业生已经成为单位业务骨干，取得了良好的人才培养效益。

一、构建特色应用型纪录片创作人才培养模式的背景

近些年来，中国纪录片产业实现了跨越式发展。2010年，中央新影集团总公司成立，成为中国最大的纪录片创作基地。2011年，CCTV纪录片频道开播，成为中国拥有纪录片受众数量最多的电视频道；2012年，CCTV综合频道纪录片

时段开播，表明纪录片成为传播国家主流话语的重要载体；2013 年，中国纪录片制作联盟与播出联盟先后成立，标志着中国纪录片产业进入规模化发展时期；年底，国家新闻出版广电总局下发通知要求，从 2014 年元旦起 34 家上星卫视每天需播出不少于 30 分钟的国产纪录片，国家层面对纪录片产业扶持力度逐步加大。随着国内纪录片创作人员与国外同行交流日益频繁，国内纪录片行业实现与国际接轨，逐步确立了纪录片行业标准，包括选题提案化、类型多元化、技术高清化、作品品牌化等。"互联网＋纪录片"局面形成，在网络平台上，除了可以播映传统语境下的影视纪录片外，还出现了体现网络传播特点的微纪录片、交互式纪录片等。纪录片行业背景的变迁，使得纪录片创作人才培养面临新的挑战。

二、"1551"纪录片创作人才培养模式构成及具体实践

（一）以特色应用型纪录片创作人才培养为目标

在高等教育领域竞争日趋激烈和高校普遍面临转型发展的态势下，很多地方高校为避免与许多名牌高校培养学术型人才的路径重复，提出了以注重训练学生技能为导向的应用型人才培养思路，即培养出能将专业知识和技能应用于所从事专业社会实践的专门人才。[1]2011 年，教育部提出地方高校应该注重特色化发展的指导思想，部分地方高校在人才培养模式改革中为了与其他高校有显著区别，培养出能适应特定行业或岗位需求的人才，以应用型人才培养思路的基础，提出了培养特色应用型人才的构想。2012 年，重庆文理学院提出建立特色应用型大学的目标后，广播电视编导专业着眼于加强专业内涵建设之需，提出了特色应用型纪录片创作人才培养目标，即适应国内纪录片行业背景变迁，以《纪录片创作》课程为支点，打通实践教学体系，扩展教学改革内涵，使学生就业后能迅速适应纪录片创作中策划、编导、摄影、编辑、包装等多种岗位需求，为未来成为纪录片行业一线业务骨干奠定坚实基础。

（二）以联通 5 种实践教学要素及效果为举措

1. 实验实训与作业创作

课程设置是人才培养体系构建的基础，因此课程教学改革是人才培养模式改革的起点。广播电视编导专业开设《纪录片创作》课程 10 多年以来，先后成功完成了课程教学内容改革、课程教学方式改革、课程考核方式改革等。在该课程教学改革中，实验实训教学改革成为重中之重，通过改革课时比例，实验实训课时由原初的 20% 左右调整为 60% 左右；实验实训教学实行基于 PBL 模式的项目制，学生需要以小组形式完成 10 分钟—20 分钟的纪录片作业；实验实训考核引

入现场考核制，由课程组老师组成考核小组，依据考核标准，在期末现场播放影片后即时打出分数。至 2017 年 6 月止，广播电视编导专业已有 11 届 1100 多名学生学习了该课程，以课程作业的形式创作完成了 300 多部纪录片。该课程实训实践教学改革的成功实施，极大地激发了学生的创造力，使他们的奇思妙想拥有了释放的舞台，并感受到了团队合作学习的魅力，使学生的动手能力、审美能力、表达能力、交际能力等得到极大提升。

2. 学科竞赛与作品打造

学科竞赛作为培养学生创新精神和动手能力的有效载体，对培养和提高学生的创新思维、创新能力、团队合作精神、解决实际问题和实践动手能力具有极为重要的作用。[2]此实践教学环节在一定程度上体现了行业标准变化的风向，为此广播电视编导专业教师逐步加大针对各类纪录片学科竞赛的指导力度，以《纪录片创作》课程作业为基础，要求学生结合后续拍摄活动继续修改，达到参赛要求后积极参赛。自 2012 年课程教学引入学科竞赛机制以来，该专业学生先后获得30 多个国际、国内学科竞赛的重量级奖项，例如 2012 级郭园春团队创作的纪录片《抢救川剧》获得 2015（中国）广州国际纪录片节"大学生优秀纪录短片评选"单元"最佳摄影奖"，2012 级陈晨团队创作的纪录片《山这边的父爱》连续获得第二届万峰林国际微电影盛典一等奖等 8 个奖项，成为该专业学生竞相学习的目标。这些学科竞赛成绩的出现，不仅开拓了学生的专业视野，而且极大提振了学生的学习热情。

3. 校媒合作与精品展示

传媒类专业实践性较强，但是长期以来存在专业建设与行业发展"两条道上跑车"的现象。很多意欲加强教学改革的地方高校已经意识到这个问题，开始积极行动起来，与相关媒体机构建立紧密联系，构建校媒合作办学平台，探索校媒合作办学模式。[3]广播电视编导专业不断强化校媒合作力度，除了共建实习基地等基础性措施外，重点将媒体作为展示学生创作才华的平台，使学生创作的作品提前接受市场检验。2015 年 7 月份，该专业与重庆市永川区广播电视台签署战略合作协议，其中重要内容之一是：电视台方面提供一个"窗口"，由该专业学生提供电视节目，在符合舆论导向和技术规范的前提下，采用季播方式集中播出学生创作的优秀纪录片作品。协议签署以来，该专业组织任课教师积极对学生创作的纪录片尤其是获奖纪录片进行修改，先后有《印象兴龙湖》等多部纪录片在电视台播出，不仅很好地展示了该专业学生创作实力，而且也为传播地方文化作出了重要贡献。

4. 毕业设计与创新实验

毕业设计是实现人才培养目标、提高学生综合应用能力、体现创新精神的重要实践教学环节。为强化学生创新能力的培养，广播电视编导专业要求学生自主组建毕业设计团队，鼓励走出校门寻找选题，充分发挥自主创新精神，扎实开展毕业设计创作。该项改革措施实施以来，学生选作纪录片方面毕业设计的人数呈现逐年递增趋势，毕业设计质量稳步提升，其中 2010 级 18 名学生共创作了 7 部纪作品，2011 级 42 名学生共创作了 15 部作品，2012 级 61 名学生共创作了 26 部作品。以 2012 级为例，张泽楚团队远赴缅甸创作完成了讲述中国工人在当地种植香蕉生活经历的长片《河畔种蕉人》，肖瑞云团队远赴江西抚州市南丰县创作完成了反映当地人祖辈坚持植树造林，使得自然生态得到逐步改善并走上致富之路的长片《守卫·大山》等。毕业设计改革工作的实施，极大突出了以学生为主体的人才培养理念，充分调动了学生学习的主动性和创造性，激发了学生的创新意识和创新思维。

5. 毕业实习与创业训练

毕业实习是学生在校学习经历的延伸，学生可以在实际操作中，获得实践知识、操作技能，培养发现问题、分析问题、解决问题的能力。[4] 目前，地方高校传媒类专业学生选择分散毕业实习的人数较多，但是存在的问题是随意性较大，不能有效应用在校学习成果，达不到理想的实习效果。为切实解决毕业实习中存在的问题，在国家大力倡导大学生创业实践的背景下，广播电视编导专业充分结合学校支持学生创业的相关政策，组建纪录片创作方面的创业团队，试点开展学生创业实践替代毕业实习。在具体实践中，紧密结合已签订实习基地协议的地方政府、地方企业、传媒公司等，引导学生重点创作反映地方特色文化、企业文化、文化遗产等方面内容的纪录片。此项举措将学生专业学习与企业管理、品牌传播等领域有效结合，改变了学生传统毕业实习模式，深化了学生毕业实习内涵，为学生未来快速适应岗位工作乃至自主创业奠定了坚实基础。

（三）以毕业生就业后的信息反馈为改进依据

培养特色应用型人才需要对人才需求市场变化随时做出灵敏性反映，因此，在人才培养模式改革过程中，建立灵活有效的毕业生就业后信息反馈机制就成为应有之义，因为高校毕业生就业后有效的信息反馈，能够促进高校培养理念、培养方法的不断创新，及时调整人才培养方向。[5] 为了深入推进纪录片创作人才培养模式的探索，广播电视编导专业每年指定专门任课教师，对各实践教学环节设置有针对性的问题，随机抽取往届毕业生中从事与纪录片创作相关岗位工作的学生，通过见面、电话、网络等多种途径进行访谈，收集整理意见和建议，作为后续改进的依据，例如有毕业生提出在《纪录片创作》课程教学中，应该加强故事化讲述能力的训练，由此任课教授在"纪录片选题与策划"一章中，增加了"纪录片与故事矛盾"这节内容等。通过毕业生就业后信息反馈，可以切实了解在校培养与岗位要求的落差，为修正和完善人才培养模式提供了可靠依据。

三、构建特色应用型纪录片创作人才培养模式的保障

为了切实推进"1551"纪录片创作人才培养模式构建工作，广播电视编导专业从 3 个维度建立了保障机制。一是设立专门管理机构，该专业遴选了 10 名专业骨干教师组建"纪录片创作课程组"，统筹推进人才培养模式改革。二是促进学生自主学习，"纪录片创作课程组"下设的"1551 纪录片工作室"与学校规模最大的学生社团"星湖写作社"实现深度融合，由"星湖写作社"每年定期组织举办"卓越学生团队作品展"等活动。三是深化政产学研合作，该专业与部分地方政府部门开展合作洽谈，由政府部门批量提供富有地方特色的选题供学生选择创作；在教师指导下，学生每年会与"中国·镇江西津渡国际纪录片盛典"下设的纪录片版权交易中心开展"影片定制合作洽谈"等；此外，"纪录片创作课程组"先后获得国家级、市级、校级教研教改项目 8 项，发表教研教改论文 10 多篇等，为人才培养模式构建注入了持续发展的动力。

纪录片是传播国家主流价值观念的重要载体，也是展示国家形象的重要窗口，可以实现国家话语的民间表达、历史话语的当下表达、政治话语的文化表达、民族话语的世界表达。[6]当前，中国政府正在倡导与实施"一带一路"发展战略，需要有专门人才讲述中国故事，传播中国声音。因此，地方高校应该切实抓住历史机遇，协调促进广播电视编导等传媒类专业走向特色应用型发展之路，深入探索纪录片创作人才培养模式构建路径，培养出更多数量和更高质量的纪录片创作人才，为全面实现民族文化振兴提供重要人才保障。

（本文发表于《四川戏剧》2017 年第 11 期）

参考文献

［1］陈曦．福建省地方本科院校应用型人才培养模式探析［J］．长春工业大学学报（高教研究版），2012（9）：43．

［2］王晓勇，俞松坤．以学科竞赛引领创新人才培养［J］．中国大学教学，2007（12）：59．

［3］韩永青，李天福．基于校媒合作模式的卓越新闻传播人才培养机制研究［J］．2016（1）：86．

［4］柴明勤，陈晓玲．新时期高校毕业实习的模式与策略探析［J］．河南教育，2009（2）：54．

［5］陈龙涛，张洪峰，杨越汀．互联网＋大数据背景下毕业生离校后跟踪服务体系构建研究［J］．河南理工大学学报（社会科学版），2016（9）：394．

［6］赵曦．建国60年中国纪录片创作中主流价值功能探讨［J］．现代传播，2009（5）：92．

国际视野与中国故事 产教融合的"影视导演"课程教学研究与实践

曹　锐

大学课程的应用与实践是目前国内研究型大学与应用型大学都努力践行的目标。本研究也正是顺应这一历史必然趋势，基于产业和学校的现状，积极探索重庆文理学院的"影视导演"课程的产教融合之路。为了真正能够顺利实现该课程的应用型目标，本文首先说明了"影视导演"在广播电视编导专业中的地位，并进一步明确了这门课程应该教授和掌握的内容，从而将"影视导演"内容逐步细化为《影视导演：好莱坞商业电影导演研究与实践工作坊》一文；其次大致梳理了中国电影产业现状，突出的问题是中国急需具有国际视野并且会讲中国故事的电影导演；再次是结合当前的产业现状和该课程的实际情况来提出相应的产教融合手段，主要是基于真学真做的理念，从理论和实践两个方面入手，将基于能力的传统章节，根据工作过程系统化的方法，分成 4 个循序渐进的学习情境，逐步达成跟岗锻炼、顶岗实习、宝岗包干的阶段性成就，通过在学校和行业中的刻意练习，从而形成工作过程系统化、教学任务工作化、工作任务课程化的目的。在产教融合实践 3 年来，以及和学院同仁的共同努力下也取得了可喜的教学成绩。最后追述了该课程所采用的课堂手段，辅助以双语教学、工作坊、线上线下来强化"任务—学习—工作"系统，在扎实地推进应用型课程的同时，也关注学生足以应对未来各种挑战的"学贯中西"的思维方式的培养，既要动手也要动脑，为职业生涯打好基础。

一、课程地位——专业基础课

"影视导演"课程是重庆文理学院文化与传媒学院广播电视编导专业的专业基础课程，全国开设这门课程的学校大约有 200 所。[1] 我院开设该课程的时间在大二第二学期，共 64 学时，4 学分，这是一门承上启下的综合性课程，前期相关的课程包括：

摄像技艺——培养学生使用摄像机和拍摄动态画面的能力；

非线性编辑技艺——主要培养学生对影视作品的画面剪辑能力；

影视编剧——培养学生编写电影剧本的能力；

影视表演——培养学生影视表演的能力；

影视照明技术——培养学生为影片布光的能力；

数字音频技术——培养学生录制和设计声音的能力；

视听语言——培养学生用画面和声音讲故事的能力。

后期相关课程包括：

影视美学——培养学生提高影视审美能力的课程；

数字合成技术——培养学生为电影做后期包装和特效的能力；

剧情短片创作——培养学生制作微电影的能力；

制片管理——培养学生统筹组织影视生产的能力。

总体来说，影视导演需要将前期课程内容全部整合内化，然后通过声画语言在自己的作品中展现出之前的所学。

二、课程内容改革：抓主要矛盾和主要矛盾的主要方面——细化课程题目

本课程名为"影视导演"，但这4个字内容过于宽泛，可能会导致两个后果：一是授课内容面面俱到，却又难免蜻蜓点水；二是课程的应用型特征不明显，且没有亮点。

（一）把"影视导演"细化为"电影导演"

"影视"二字包含电影和电视，如果分别讲授电影和电视可能又要多一门课程。事实上，两者的界限随着时间的推移越来越模糊，从国人80年代第一次看到《大西洋底来的人》和《加里森敢死队》时，我们对电影和电视的老观念就已经开始动摇，再到2005年《越狱第一季》的出现，让我们更难区分电影和电视的区别。如果单纯在这门课程中去纠结两者细微的区别，在手机看电影和电视剧的今天显得没有意义。

归根结底，无论电影还是电视，最根本的是如何用声音和画面来讲故事。我们所熟悉的电影和电视的区别主要是由他们各自播放介质的不同造成的，在介质趋同的今天，需要牢牢把握两者的根本属性——用声音和画面来讲故事，就可以帮助我们更加迅速地定位我们的授课内容，而更关键的事，电影的发明早于电

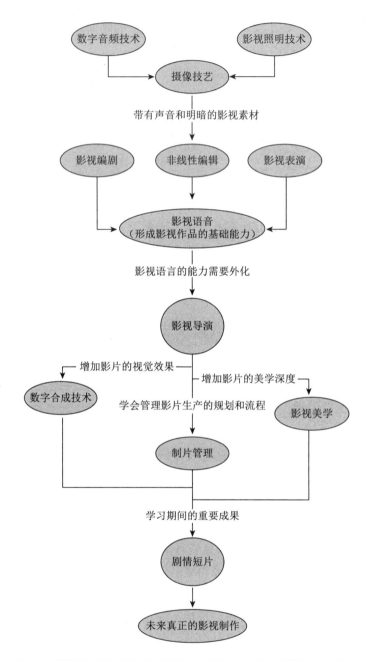

图1 "影视导演"课程在广播电视编导专业中与其他课程的关系

视，电视的主体语言也都是从电影学来的，比如景别、剪辑手法等。所以"影视导演"应细化为"电影导演"，这既细化了内容，也没有偏离这门课的主体。

（二）把"电影导演"细化为"商业电影导演"

首先，商品就是电影的第一属性，因为1894年的卢米埃尔兄弟就首开了售票观影的先河；其次，关于电影是否是艺术，早在80年代的学术大讨论中早已有了定论；再次，商业电影是有规则的，是可以教授的，但是艺术电影不能大规模地教授；还有一个考量是为了和大三《影视美学》错开，因为这门课会大量探讨电影的艺术性，所以本课也就自然把注意力全部放在了电影的商业属性上。

（三）把"商业电影导演"细化为"好莱坞商业电影导演"

论及商业上最成功的电影，自然就是好莱坞电影，因为它每年都几乎占据着全球75%的市场，[2]而关于电影的学习，理论上讲是容易的，因为这门课的研究文本是很容易通过网络获得的。电影的学习不像学习火箭原理，不拆下来研究，就根本没法知道火箭为什么能上天。而电影本身是由一幅幅画面和一段段声音组成的，也就是说电影在播放的时候，其实就已经是以拆解的形式示人了。所以，虽然课程进一步细化为对"好莱坞商业电影导演"的研究，也并不好高骛远。

（四）把"好莱坞商业电影导演"细化为"好莱坞商业电影导演研究与实践工作坊"

"好莱坞商业电影导演"的表述听起来目标更明确，也和其他院校的类似课程有了一定的识别度，但没有展现出应用型的特色，为了进一步突出应用型，本课程最终确定以工作坊的形式来突出好莱坞商业电影导演的技法研究和实践。因为本课程不以介绍导演及其风格为主，而是以探索这些商业导演的导演技法为主，有研究也有实践，形式不拘泥于传统课堂，用工作坊的形式，淡化教师，突出学生参与。

最终课程名称就细化为："影视导演：好莱坞电影导演技法研究与实践工作坊"，这一改革所呈现的特点包括：一是突出了应用型，不研究导演的八卦和生平，着重在其导演技巧；二是细化可以教授的内容，因为艺术在某种程度上来说是无法教授的，但商业可以；三是囊括研究和实践，与专科学校和研究型大学都或多或少地体现出了差异性。

三、产业现状研究：亟待"具有国际视野并且会讲中国故事的导演"

（一）国产影片需要提高影片质量

新华社指出，根据历年中国电影市场的年票房走势发现，从 2002 年到 2010 年的 8 年间，票房从不足 10 亿增长到 100 亿元，此后更是持续高速增长，2015 年超过了 440 亿元。[3]中国电影市场的年票房一路高唱凯歌，在准备 2016 年一举超越北美票房的呼声中，却仅仅勉强实现了正增长，2017 年第一季度的电影票房更是出现了罕见的负增长。

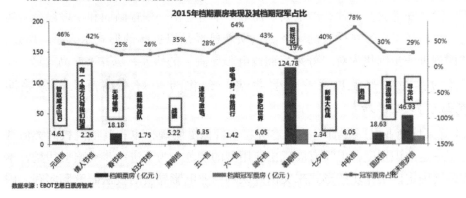

图 2　选自艺恩大数据平台的《2015—2016 年中国电影产业研究报告》

在各界人士纷纷分析下跌原因的时候，其实，早在 2015 年的高票房背后已经为后来的增速放缓埋下了隐患。从表中可以发现，2015 年的高票房是以国产影片全部在 3 大档期的保护中实现的，这在相当程度上说明，离开了国产保护月，国产影片势必被好莱坞影片超越，而且也很难保证年年都有如《捉妖记》一样的爆款救市。[4]

国家新闻出版广电总局电影局局长张宏森认为，2016 年电影票房增速放缓的原因很多，其中之一是中国电影要以工匠精神为指引，进一步提升质量和水平。[5]

（二）国产影片需要国际视野

近年来，中国一直致力于成为一个文化出口大国，但从广电总局公布的统计数据来看，2015 年国产影片在国内的票房高达 271. 36 亿元，而海外销售收入仅为 27. 7 亿元。

在已经狂飙突进近 10 年的票房奇迹戛然而止之后，演员天价薪酬、院线扩张产能过剩、国产影片盈利低下等种种结构性问题开始集中暴发，并且在中长期内都没有可以扭转的迹象。在这个意义上，"走出去"，尤其是选择合拍片的模式，从商业角度而言，就是当前中国电影不得不做出的最现实的选择。除了诸如《长城》等影片的中美合作试水以外，我国还正式试图通过在"一带一路"的疆域里将商业上的成功转化为文化上的成功。[6]

2017 年 5 月 3 日《中华人民共和国政府与丹麦政府关于合作摄制电影的协议》的签署，正式与加拿大、意大利、澳大利亚、法国、新西兰、新加坡、比利时（法语区）、英国、韩国、印度、西班牙、马耳他、荷兰、希腊、爱沙尼亚等 16 个国家和地区签署了电影合拍协议，相关影片立项已百余部。

据张宏森介绍，我国除了与多国签订政府间电影合拍协议外，2016 年起还开始通过华人文化产业投资基金探索建设"中国电影，普天同映"海外发行平台。进入 2017 年，越来越多的国产影片将进入海外主流电影市场。

但眼下一个最突出的问题就是，开展电影产业的国际合作，需要能够进行双语沟通的电影制作人才。[7]

基于以上的产业现状分析可以发现，目前我国影视产业亟待"具有国际视野并且会讲中国故事的导演"。

四、课程理论改革——寻找可操作化的导演技巧

（一）任何一部电影的价值都要放在历史中考量——梳理中外电影史

决定一部电影价值的因素很多，但是避不开一个核心要素，就是这部影片在历史中处于什么地位。无论我们今天如何评价一部电影，在当下也许暂时看不清这部电影的价值，但当放在过去或若干年后回过头再来评价这部电影时也许才能做到更加客观。比如笔者 2015 年参与拍摄的张艺谋电影《长城》，虽然招致影评人的谩骂和全球票房的失利，但它的价值终究会在历史中得到认可，因为这部电影是中国真正对话好莱坞的第一部作品。

作为导演，如果需要拍摄出有价值的影片，他本人对电影史的了解就非常重要，这不仅仅是从过去的电影中学到一些技巧，更是帮助审视自己创作出的影片的一把尺子。所以作为导演，对中外电影史的了解就非常重要，这决定了一部电影的地位和价值。

（二）任何一部电影的拍摄都需要清晰的结构——掌控一部电影的结构

对一部电影来说，剧本固然是最重要的，对导演来说，能够识别剧本的优劣也是必需的，但剧本的内容都在之前的《剧本写作》课已经学习过了。所以在《影视导演》中以学生对电影的结构把控为主，因为这是导演的基本功。众所周知，电影是按场景非线性拍摄的，所以导演必须用结构的尺子来衡量一部电影的剧情到底是如何一步一步发展的，才能进一步指导演员、服装等其他一切后续相关工作。所以在理论部分主要围绕着电影符号、电影本体论、电影史、电影节拍、戏剧元素、镜头设计、剧本拆析、制作流程8个章节展开，这8部分是导演拍摄之前需要完成的理论研究部分。

最终达成的目标是不要单纯地去评价电影本身或者给自己带来的某种感受，而是不断反思导演是通过哪些技巧传递给观众某种感受的。这就要求一切技巧的可操作化，学生不能只停留在普通理解电影的层面，而是要突破到准备创作电影的层面。

五、课程实训改革——掌握商业电影的导演技巧

理论部分之后，是实训部分，本课程所培养的导演能力按照可操作化的方式呈现，而不是笼统地概括为"组织能力""剪辑能力"，而是基于自身对"影视导演"课程的教材探索和本人的行业经历，以及多年来的工作调查得出的导演需要的能力到底有哪些。

（一）课程体系的系统化设计：工作任务分析——导演需要做什么

笔者2014年前专门去北京电影学院走访，买了很多关于影视导演的书，最终选择以张艺谋的同班同学、电影学博导、中国传媒大学潘桦教授编写的《影视导演艺术教程》及其《潘桦导演工作室》系列丛书为主要教授内容。教材虽然权威、符合中国国情，但是大多由其学生执笔，没有操作性。不以应用型为导向，有些内容过于学术化。

2015年本人响应学校双师型教师号召，参与拍摄张艺谋电影《长城》，于

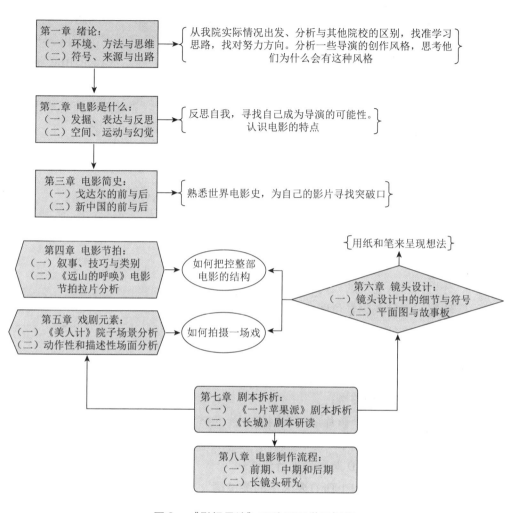

图 3 《影视导演》理论层面学习框架

2015 年 3—8 月在青岛、张掖、敦煌以美方现场制片助理/ 翻译的身份参与了该电影的全程拍摄。亲身感受了一次迄今为止中国投入资金最多、演职人员阵容最豪华的电影拍摄，以及目睹后来该电影在票房上的滑铁卢，促使我从一个更广阔的视角反思"影视导演"课程。

2016 年浙江省出版重点学科"广播电视艺术学"的研究成果，北京电影学院侯克明导演系教授翻译的《电影导演方法 ——开拍前"看见"你的电影（第 3 版)》。该书由美国哥伦比亚大学电影系教授尼克·普洛菲利斯根据自己的导演工作室多年的经验编写。本书操作性较强，解决了很多长时间困惑我的问题，但是翻译漏洞百出，甚至读不懂，直到在网上找到原版才解决了一些问题。

基于 3 年来的经验和反思，在遵守国家政策和学校的规章制度范围内，开始对教材内容展开进一步探索，在之前的教材内容上再次扩展，选择了 BBC 推荐的纽约电影学院教材 Hollywood camerawork 为主。剧本简单明了，并没有任何与我国法律法规相抵触和抹黑我国形象的内容，可操作性强。并且简明扼要地指出了好莱坞电影的拍摄技法。在中国有翻译版本，但是翻译水平非常差。

通过研究，可以大体上得出导演需要做的工作如下：

1. 组织好自己的队员，确保每个人都有各自分工；

2. 使用电影节拍这个工具来定位任意一部商业电影的任意场次位置；

3. 在合情合理的前提下编写人物小传；

4. 分析任何一场戏的戏剧元素；

5. 划分任意一场戏的地理段落；

6. 分析任意一场戏的人物动态关系；

7. 绘制标准的人物走位图；

8. 绘制标准的机位图；

9. 绘制准确的故事板；

10. 合理安排并组织演员预先排练；

11. 组织组员现场拍摄；

12. 组织灯光为整个影片增加戏剧张力；

13. 实现零度剪辑；

14. 使用 AE 或者 3D 对影片进行包装；

15. 使用英语表达以上所有要求中的关键词。

（二）课程体系的系统化设计：行动领域归纳——导演需要什么能力

本课程从行业普遍需求的能力着手，改变课程结构。如下：

1. 第一章：导演的组织与调度

2. 第二章：电影节拍

3. 第三章：人物小传

4. 第四章：分析戏剧元素

5. 第五章：划分地理段落

6. 第六章：分析人物动态关系

7. 第七章：绘制人物走位图

8. 第八章：绘制机位图

9. 第九章：绘制故事版

10. 第十章：安排演员排练

11. 第十一章：现场拍摄

12. 第十二章：现场布光

13. 第十三章：剪辑

14. 第十四章：包装

15. 第十五章：英文关键词索引

以上是我们熟悉的传统"影视导演"课程的基本体例，是按照能力本位来编写的，但是最大的问题是，每种能力都讲了一遍，直到学期末才把环节梳理完，学生根本没有实践的机会。

（三）课程体系的系统化设计：学习领域转换——怎样成为导演

以上 15 章内容，必须基于行业要求并根据认知规律和职业成长规律进行重新升级，继而得出 4 个学习领域：

一是能够拍摄演员的简单运动和复杂运动；二是能够在没有台词的前提下，既可以拍摄又可以指导演员的各种情绪；三是能够加入各种类型元素的拍摄，比如打斗、追逐等；四是能够拍摄各种元素混合在一起的剧本。这 4 个学习领域是同一范畴下的，难度递增的领域。

（四）课程体系的系统化设计：学习情境设计——怎样培养导演

具体做法是把传统的 15 章内容全部整合进情境一，再把 15 章内容整合进情境二，再把 15 章内容整合进情境三，再把 15 章内容整合进情境四。如图 4 所示：4 个情境难度是递进的，但流程不变，章节内容在不变的前提下得到 4 次重复和渐进。

4 个渐进学习情境，难度依次增大。分别为快速场景（Quick Scenes），简单片段，如演员走路，拿东西等；心理场景（Psychopath），如演员的各种情绪表达；戏剧（Crime Drama），加入类型片元素；电影场景（Movie Scenes），指定剧本段落的导演，这就会成为一个综合训练，而这些剧本来源则是选自行业经典电影的片段，并且受到了诸如纽约电影学院等世界名校的检验，即和行业接轨，又具有国际前沿性。

现在工作过程就被 4 个学习情境重复了 4 次，但学习认知是不断由易到难的, 工作过程被整合进了学习内容中, 随着重复的加深和行业的互动, 逐步达成跟岗锻炼、顶岗实习、宝岗包干的阶段性成就,[8]通过在学校和行业中的刻意练习, 从而形成工作过程系统化、教学任务工作化、工作任务课程化的目的。[9]

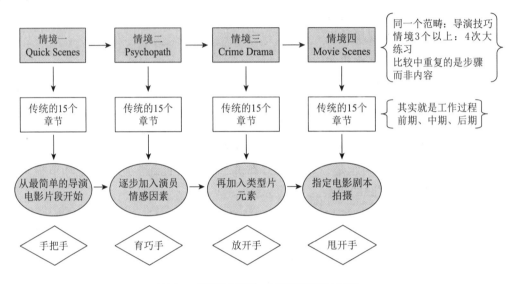

图4 "影视导演"实训层面学习框架

在这样的课程体系之下, 既兼顾了课本中根据能力制定出的章节内容, 又通过学习情境重复并强化了学习内容, 每次的情境学习相当于重复了一遍电影的生产流程, 在不断练习下追求精益求精的工匠精神。[10]

(五) 课程体系的系统化设计: 产教融合——跟岗锻炼、顶岗实习、包岗包干

学生在上课期间, 除了理论课需要传统教室以外, 在实训环节每5到6人一组练习行业剧本拍摄, 并将4次情境拍摄作业送到当地剧组评审, 合格的同学可以开始剧组的跟组学习, 2016年, 本课程100名学生中有60名左右的同学受到了剧组的好评, 并分别有机会参与了网络电影《我的同桌是极品2》和电影《雾都神探之绝情箭》的拍摄, 个别同学升为副剪辑或者副美术。

仅2016—2017学年第二学期, 我院学生共参加国家级影视大赛14项, 有51人次获奖, 相当于创作高峰期的大三同学, 平均每两人就得到了一项国家级奖项。

	学号	学生姓名	竞赛名称	获奖时间	获奖类别	获奖等级	说明
2	201301234026	向雅杰	重庆市"一战到底"大学生职场挑战赛	2016	省部级	一等奖	
3	201301234021	马彩莉	第八届全国大学生广告艺术大赛	2016	国家级	优秀奖	
4	201301234011	张骊	第八届全国大学生广告艺术大赛	2016	国家级	优秀奖	
5	201301234019	李赵辰	第八届全国大学生广告艺术大赛	2016	国家级	优秀奖	
6	201301234011	张骊	第八届全国大学生广告艺术大赛	2016	国家级	优秀奖	
7	201301234019	李赵辰	第八届全国大学生广告艺术大赛	2016	国家级	优秀奖	
8	201301234031	朱文琦	第八届全国大学生广告艺术大赛	2016	国家级	优秀奖	
9	201301234031	朱文琦	第八届全国大学生广告艺术大赛	2016	国家级	优秀奖	
10	201301234044	王瑶	第八届全国大学生广告艺术大赛	2016	国家级	优秀奖	
11	201301234053	颜加玉	第八届全国大学生广告艺术大赛	2016	国家级	优秀奖	
12	201301234064	李婷婷	第八届全国大学生广告艺术大赛	2016	国家级	优秀奖	
13	201301234079	苟维	第二十四届北京大学生电影节原创影片大赛	2017	国家级	入围奖	
14	201301234079	苟维	第十届上海大学生电视节	2017	国家级	入围奖	
15	201301234079	苟维	第三届国际大学生新媒体节	2017	国家级	优秀奖	
16	201301234046	徐文娟	第十一届"科讯杯"全国大学生影视作品大赛	2017	国家级	二等奖	
17	201401234018	刘长瑄	《家园》第五届"河北美术学院杯"全国大学生微电影节	2016	国家级	一等奖	团队
18	201401234018	刘长瑄	《家园》2016美丽乡村国际微电影艺术节	2016	国家级	优秀奖	团队
19	201401234018	刘长瑄	《家园》海峡两岸大学生微电影大赛	2016	国家级	提名奖	团队
20	201401234018	刘长瑄	《家园》"羊城印象"广州国际微电影大赛	2017	国家级	三等奖	团队
21	201401234018	刘长瑄	《家园》"米道杯"大学生电影众筹大赛	2017	国家级	三等奖	团队
22	201401234088	黄国平	《家园》第五届"河北美术学院杯"全国大学生微电影节	2016	国家级	一等奖	团队
23	201401234088	黄国平	《家园》2016美丽乡村国际微电影艺术节	2016	国家级	优秀奖	团队
24	201401234088	黄国平	《家园》海峡两岸大学生微电影大赛	2016	国家级	提名奖	团队
25	201401234088	黄国平	《家园》"羊城印象"广州国际微电影大赛	2017	国家级	三等奖	团队
26	201401234088	黄国平	《家园》"米道杯"大学生电影众筹大赛	2017	国家级	三等奖	团队
27	201401234090	李强	《家园》第五届"河北美术学院杯"全国大学生微电影节	2016	国家级	一等奖	团队
28	201401234090	李强	《家园》2016美丽乡村国际微电影艺术节	2016	国家级	优秀奖	团队
29	201401234090	李强	《家园》海峡两岸大学生微电影大赛	2016	国家级	提名奖	团队
30	201401234090	李强	《家园》"羊城印象"广州国际微电影大赛	2017	国家级	三等奖	团队

图5　2016—2017年第二学期重庆文理学院文化与传媒学院部分影视类比赛获奖信息

六、课堂的辅助手段

从2016年开始，本人在不断实践的基础上，开始以《国际化视野下的＜影视导演＞课程双语教学研究与实践》为题，在细化了课程内容、分析了产业现状、全面总结理论与实践层面的改革后，又进一步对课程系统地进行了工作任务分析、行动领域归纳、学习领域转换、学习情境设计，逐步达成了跟岗锻炼、顶岗实习、包岗包干的阶段性成就，在积极和行业合作的过程中，也逐步形成了工作过程系统化、教学任务工作化、工作任务课程化的初步格局。

但除此之外，还在课堂实施环节中，加入了以下辅助手段，主要包括：

（一）中英文双语授课

由于我国电影产业还不够完善，而且缺乏和西方团队对话的专业人员，作为地方二本院校，如果希望毕业生能够真正进入电影圈，就必须实现弯道超车。在学习中，特别是关键词语的表述，尽量能够使用英文，这对老师和学生来说无疑都是一项挑战，希望学生能从另一种思考方式中去重新认识电影。学生用英语学习专业，无论对英语学习还是专业学习都有益处。有点类似于英语专业学生通过的表演话剧来提升英语，即从做中学。

（二）中西教材的整合

使用国外教材和国内教材相结合的形式，国外教材操作化更强，但更需要从国内出发。以学贯中西为目标，去更好地理解事物。将中国的优秀文化通过电影弘扬到世界。

（三）使用工作坊式的情境化教学

采用苏格拉底问答式和学生一起参与讨论来寻找答案，打破老师和学生沟通不畅和时间空间受限的壁垒，采用线上微信公众号《曹点》这是本人为本课程而设的可供学生匿名随意评论的线上阵地；线下工作坊，即上课以小组为单位，以项目驱动为主的师父带徒弟式的手工作坊式学习。由此达成线上线下互动，师生相互学习，共同进步的目的。

图6　演播室中正在授"影视导演"课程

（四）游戏化教学

课堂向游戏学习，采用小步原则，随时调整难度并且辅以加分制闯关的形式。

七、结论——理论与实践并行

总的来说，产教融合的"影视导演"课程研究与实践主要包括了 5 个大的方面：

1. 明确了课程内容，从宽泛的理论型变为可操作化的应用型；

2. 基于对行业的分析，提出培养具有国际视野的电影导演，试图在未来改变中国电影行业的颓势；

3. 基于对现状的分析，提出探寻可操作化的导演技巧，既仰望星空又脚踏实地；

4. 系统而全面地对理论和实训部分进行了产教融合的梳理；

5. 辅助以双语教学、工作坊、线上线下来强化"任务—学习—工作"系统，在扎实地推进应用型课程的同时，也关注学生足以应对未来各种挑战的"学贯中西"的思维方式的培养，既要动手也要动脑，为职业生涯打基础。

参考文献

［1］数据来自教育部高等学校戏剧与影视学类教学指导委员会会议内容.

［2］数据来自中华人民共和国国家统计局官网.

［3］数据来自于艺恩大数据平台官网.

［4］李婕. 要合拍，更要"合拍"人民日报海外版［N］. 2017－05－02.

［5］李冬阳. 电影局局长张宏森回应"电影票房增速放缓"［N］. 京华时报，2016－09－09（8）.

［6］孙佳山. 中国电影如何把握"一带一路"历史契机［N］中国文化报. 2017－05－22.

［7］曹勇安. 政校合作办学模式研究——应用型地方高校的办学探索［J］. 国家教育行政学院学报，2011，（1）：11－13.

［8］曹勇安. 政校企合一 产学一体——创业型经济视角下的人才培养［J］. 齐齐哈尔职业学院学报，2009，（4）：8－11.

［9］曹勇安. 高校转型的核心——课程建设［A］高校课改动力为课程改革聚焦发力［C］. 北京高校课改动态编辑部，2017（5）：8－9.

［10］姜大源. 论高等职业教育课程的系统化设计——关于工作过程系统化课程开发的解读［J］. 中国高教研究，2009，（4）：66－70.